—— 乡村振兴特色优势产业培育工程丛书 ——

中国油橄榄产业发展蓝皮书

（2022）

中国乡村发展志愿服务促进会 组织编写

中国出版集团有限公司
研究出版社

图书在版编目 (CIP) 数据

中国油橄榄产业发展蓝皮书（2022）/ 中国乡村发展志愿服
务促进会组织编写. -- 北京：研究出版社，2023.6

ISBN 978-7-5199-1500-1

Ⅰ.①中… Ⅱ.①中… Ⅲ.①油橄榄 – 产业发展 – 研
究报告 – 中国 Ⅳ.①F326.12

中国国家版本馆CIP数据核字(2023)第093807号

出 品 人：赵卜慧
出版统筹：丁　波
责任编辑：范存刚

中国油橄榄产业发展蓝皮书（2022）

ZHONGGUO YOUGANLAN CHANYE FAZHAN LANPI SHU (2022)

中国乡村发展志愿服务促进会　组织编写

研究出版社 出版发行

（100006　北京市东城区灯市口大街100号华腾商务楼）

北京中科印刷有限公司印刷　新华书店经销

2023年6月第1版　2023年6月第1次印刷

开本：710毫米×1000毫米　1/16　印张：15.5

字数：230千字

ISBN 978-7-5199-1500-1　定价：78.00元

电话（010）64217619　64217652（发行部）

乡村振兴特色优势产业培育工程丛书
编委会

本书编写人员

主　　编：邓　煜

副 主 编：伍思智　宁德鲁　肖星星　陆　斌

编写人员：（按编写顺序排序）

赵海云　张　军　刘　婷　朱申龙　海光辉

薛雅琳　姜德志　朱恒星　周立江　肖　剑

李勇杰

本书评审专家
（按姓氏笔画排序）

邓明全　刘明胜　李聚桢　金　旻　俞　宁　薛雅琳

编写说明

　　习近平总书记十分关心乡村特色优势产业的发展，作出一系列重要指示。2022年7月，习近平总书记在新疆考察时指出："要加快经济高质量发展，培育壮大特色优势产业，增强吸纳就业能力。"2022年10月，习近平总书记在陕西考察时强调："产业振兴是乡村振兴的重中之重，要坚持精准发力，立足特色资源，关注市场需求，发展优势产业，促进一二三产业融合发展，更多更好惠及农村农民。"2023年4月，习近平总书记在广东考察时要求："发展特色产业是实现乡村振兴的一条重要途径，要着力做好'土特产'文章，以产业振兴促进乡村全面振兴。"党的二十大报告指出："发展乡村特色产业，拓宽农民增收致富渠道。巩固拓展脱贫攻坚成果，增强脱贫地区和脱贫群众内生发展动力。"

　　为认真贯彻落实习近平总书记的重要指示和党的二十大精神，中国乡村发展志愿服务促进会认真总结脱贫攻坚期间产业扶贫经验，启动实施"乡村特色优势产业培育工程"，选择油茶、油橄榄、核桃、杂交构树、酿酒葡萄，青藏高原青稞、牦牛，新疆南疆核桃、红枣9个特色优势产业进行重点培育。这9个产业，经过多年的发展，都具备了加快发展的基础和条件。不失时机地采取措施，促进高质量发展，不仅是必要的，而且是可行的。发展木本油料，向山地要油料，加快补齐粮棉油中"油"的短板，是国之大者。发展杂交构树，向构树要蛋白，加快补齐肉蛋奶中"奶"的短板，是国之大者。发展青藏高原青稞、牦牛和新疆南疆核桃、红枣，加快发展西北地区葡萄酒产业，是脱贫地区巩固拓展脱贫攻坚成果和实现乡村产业振兴的需要，也是增加农民特别是脱贫群众收入的重要措施。中国乡村发展志愿服务促进会将动员和聚合社会力量，通过培育重点企业、强化科技支撑、扩大市场销售、对接金融资源、发布蓝皮书等工作，服务和促进9个特色优势产业加快发展。

发布蓝皮书是培育工程的一项重要内容，也是一项新的工作，旨在普及产业知识，反映产业状况，推广良种良法，介绍全产业链开发的经验做法，营造产业发展的社会氛围，促进实现高质量发展。我们衷心希望，本丛书的出版发行，能够在这些方面尽绵薄之力。丛书编写过程中，得到了各方面的大力支持。我们诚挚感谢所有参加蓝皮书编写的人员，感谢在百忙之中参加评审的专家，感谢为丛书出版提供支持的出版社和各位编辑。由于是第一次组织特色优势产业蓝皮书的编写，缺乏相关经验和参考，加之水平有限，疏漏谬误在所难免，欢迎广大读者批评指正。

丛书编委会

2023年6月

代 序

乡村振兴特色优势产业培育工程实施方案

中国乡村发展志愿服务促进会

2022年7月11日

民族要复兴，乡村必振兴。脱贫攻坚任务胜利完成以后，"三农"工作重心历史性转到全面推进乡村振兴。为贯彻落实习近平总书记关于粮食安全的重要指示精神，落实《国家乡村振兴局 民政部关于印发〈社会组织助力乡村振兴专项行动方案〉的通知》（国乡振发〔2022〕5号）要求，中国乡村发展志愿服务促进会（以下简称促进会）认真总结脱贫攻坚期间产业扶贫经验，选择油茶、油橄榄、核桃、酿酒葡萄、杂交构树，青藏高原青稞、牦牛，新疆南疆核桃、红枣9个特色优势产业进行重点培育，编制《乡村振兴特色优势产业培育工程实施方案》（以下简称《实施方案》）。

一、总体要求

（一）指导思想

以习近平新时代中国特色社会主义思想为指导，全面贯彻习近平总书记关于"三农"工作的重要论述，立足新发展阶段，贯彻新发展理念，构建新发展格局，落实高质量发展要求。按照乡村要振兴、产业必先行的理念，坚持"大食物观"，立足不与粮争地，坚守18亿亩耕地红线，本着向山地要油料、向构树要蛋白的思路，加快补齐粮棉油中"油"的短板、肉蛋奶中"奶"的短板，持续推进乡村振兴特色优势产业培育工程。立足帮助优质农产品出村进城，不断丰富市民的"米袋子""菜篮子""果盘子""油瓶子"，鼓起脱贫地区人民群众的"钱袋子"。立足推动农业高质高效、乡村宜居宜业、农民富裕富足，为全面推进乡村振兴、加快农业农村现代化提供有力支撑。

（二）基本原则

——坚持政策引导，龙头带动。以政策支持为前提，积极为产业发展和参与企业争取政策支持。尊重市场规律，发挥市场主体作用，择优扶持龙头企业做大做强，充分发挥龙头企业的示范带动作用。

——坚持突出重点，分类实施。突出深度脱贫地区，遴选基础条件好、带动能力强的企业，进行重点培育。按照"分产业、分区域、分重点"原则，积极推进全产业链发展。

——坚持科技支撑，金融助力。加强对特色优势产业发展的科研攻关、科技赋能作用，促进科研成果及时转化。对接金融政策，促进企业不断增强研发能力、生产能力、销售能力。

——坚持行业指导，社会参与。充分发挥行业协会指导、沟通、协调、监督作用，帮助企业加快发展，实施行业规范自律。充分调动社会各方广泛参与，"各炒一盘菜，共办一桌席"，共同助力产业发展。

——坚持高质量发展，增收富民。坚持"绿水青山就是金山银山"理念，帮助企业转变生产方式，按照高质量发展要求，促进产业发展、企业增效、农民增收、生态增值。

（三）主要目标

对标对表国家"十四五"规划和2035年远景目标纲要，设定到2025年、2035年两个阶段目标。

——到2025年，布局特色优势产业培育工程，先行试点，以点带面，实现突破性进展，取得明显成效。完成9个特色优势产业种养适生区的划定，推广"良种良法"，建设一批生产基地。培育一批龙头企业、专业合作社和家庭农场等市场主体，建立重点帮扶企业库，发挥引领带动作用。聘请一批知名专家，建立专家库，做好科技支撑服务工作。培养一批生产、销售和管理人才，增强市场主体内生动力，促进形成联农带农富农的帮扶机制。

——到2035年，特色优势产业培育工程形成产业规模，实现高质量发展。品种和产品研发取得重大突破，拥有多个高产优质品种和市场占有率高的产品。种养规模与市场需求相适应，加工技术不断创新，产品质量明显提升，销售盈利能力不断拓展，品牌影响力明显增强。拥有一批品种和产品研发专家，一批产业发展领军人才和产业致富带头人，一批社会化服务专业人才。市场主体发展壮大，实现一批企业上市。联农带农富农帮扶机制更加稳固，为共同富裕添砖加瓦，作出积极贡献。

二、重点工作

围绕特色优势产业培育工程目标，以"培育重点企业、建立专家库、实施消费帮、搭建资金池、发布蓝皮书"为抓手，根据帮扶地区自然禀赋和产业基础条件，做好五项重点工作。

（一）培育重点企业

围绕中西部地区，特别是三区三州和乡村振兴重点帮扶县，按照全产业链发展的思路遴选一批产业基础好、发展潜力大、创新能力强的企业，建立重点帮扶企业库，作为重点进行培育。对有条件的龙头企业，按照上市公司要求和现代企业制度，从政策对接、金融支持、消费帮扶等方面进行重点培育，条件成熟的推荐上市。

（二）强化科技支撑

遴选一批品种研发、产品开发、技术推广、工艺研究等方面的专家，建立专家库，有针对性地对制约产业发展的"卡脖子"技术难题进行联合攻关。为企业量身研发、培育种子种苗，用"良种良法"助力企业扩大种养规模。加强产品研发攻关，提高产品品质和市场竞争力。充分发挥企业家在技术创新中的重要作用，鼓励企业加大研发投入，承接和转化科研单位研究成果，搞好技术设备更新改造，强化科技赋能作用。

（三）扩大市场销售

帮助企业进行帮扶产品认定认证，给帮扶地区产品提供"身份证"，引导销售。利用促进会"帮扶网""三馆一柜"等平台和载体，采取线上线下多种方式销售。通过专题研讨、案例推介等形式，开展活动营销。通过每年发布蓝皮书活动，帮助企业扩大影响，唱响品牌，进行品牌销售。

（四）对接金融资源

帮助企业对接国有金融机构、民营投资机构，引导多类资金对特色优势产业培育工程进行投资、贷款，支持发展。积极与有关产业资本合作，按照国家政策规定，推进设立特色优势产业发展基金，支持相关产业发展。利用国家有关上市绿色通道，帮扶企业上市融资。

（五）发布蓝皮书

组织专家编写分产业的特色优势产业发展蓝皮书。做好产业发展资料收集、整理、分析工作，加强国内外发展情况对比分析，在总结分析和深入研究的基础上，按照蓝皮书的基本要求组织编写，每年6月前对外发布上一年度产业发展蓝皮书。

三、保障措施

（一）组建项目组

促进会成立项目组，制定《实施方案》并组织实施。项目组动员组织专家、企业家和有关单位，分别成立9个项目工作组，制定产业发展实施方案并组织实施。做好产业发展年度总结，编写好分产业特色优势产业发展蓝皮书。

（二）争取政策支持

帮助重点龙头企业对接国家有关产业政策、产业发展项目。协调相关部门，加大帮扶工作力度，争取将脱贫地区重点龙头企业的产业发展规划纳入国家有关部门和有关地区的专项发展规划并给予支持。争取各类金融机构对重点帮扶龙头企业给予贷款、融资优惠,助力重点帮扶企业加快发展。

(三)坚持典型引领

选择一批资源禀赋好、发展潜力大、市场前景广的种养基地作为示范种养典型,选择一批加工能力精深、技术先进、效益良好的龙头企业作为产品加工示范典型,选择一批增收增效、联农带农富农机制好的市场主体作为联农带农富农典型。通过典型示范,引领特色优势产业培育工程加快发展。

(四)搞好社会动员

建立激励机制,让热心参与特色优势产业发展的单位和个人政治上有荣誉、事业上有发展、社会上受尊重、经济上有效益。加强宣传工作,充分运用电视、网络等多种媒体,加大舆论宣传推广力度,营造助力特色优势产业培育工程的良好社会氛围。招募志愿者,创造条件让志愿者积极参与特色优势产业培育工程。

(五)加强协调促进

充分利用促进会在脱贫攻坚阶段取得的产业发展经验和社会影响力,协调脱贫地区龙头企业对接产业政策,动员产业专家参与企业技术升级和产品研发,衔接金融资源帮助企业解决资金难题。发挥行业协会的积极作用,按照公开、透明、规范要求,帮助企业规范运行,自我约束,健康发展。

四、组织实施

(一)规范运行

在促进会的统一领导下,项目组和项目工作组根据职责分工,努力推进9个特色优势产业培育工程实施。项目组要根据产业特点组织制定专家库、重点帮扶企业库的建设与管理办法、产业发展培育项目管理办法,包括金融支持、消费帮扶、评估评价等办法,做好项目具体实施工作。

(二)宣传发动

以全媒体宣传为主,充分发挥新媒体优势,不断为特色优势产业培育工程实施营造良好的政策环境、舆论环境、市场环境,让企业家专心生产经营。宣传动员社会各方力量，为特色优势产业培育工程建言献策。

（三）评估评价

发动市场主体进行自我评价，通过第三方调查等办法进行社会评价。特色优势产业培育工程项目组组织有关专家、行业协会、企业代表，对9个特色优势产业发展情况、市场主体进行专项评价。在此基础上，进行评估评价，形成特色优势产业发展年度评价报告。

CONTENTS | 目录

第四章

油橄榄产业科技创新 ／ 089

第七章
油橄榄产业联合组织及典型企业案例 / 147

附件 / 179

油橄榄概述

第一节　油橄榄的起源及引种历史

油橄榄（*Olea europaea L.*）是世界著名的木本食用油料树种，将其鲜果采用离心冷榨的纯物理工艺制成的果汁油，即橄榄油，保留了纯天然营养成分，是食用油脂中非常有益于人体健康的植物油，长期食用能增强消化系统功能，减少心血管疾病，促进骨骼发育，对人体健康具有重要作用。橄榄油不但是人类的主要食用油，而且工业用途也非常广泛，是酿酒、饮料、医药、日用化工、纺织印染、电子仪表等行业的重要原料、添加剂或润滑剂，被誉为"液体黄金"。

目前全球年产橄榄油300万吨左右，中国每年进口橄榄油5万~6万吨。1964年，周恩来总理心系人民健康，把油橄榄从阿尔巴尼亚引入中国，于3月3日在云南省海口林场亲植了一棵油橄榄树。通过半个多世纪的发展，中国成为新兴的橄榄油消费国、橄榄油生产国及橄榄油贸易国。大力发展油橄榄产业对于缓解我国粮油供需矛盾、维护国家食用油安全、优化膳食结构、保障人民健康、巩固拓展脱贫攻坚成果和促进乡村振兴具有重要意义。

一、世界油橄榄的起源与传播

油橄榄是古地中海盆地的古老物种，在早期的考古发掘中都发现了油橄榄及橄榄油生产、装罐和贸易的踪迹。考古工作者认为油橄榄的存在时间应该在12000年前。

野生油橄榄原产于小亚细亚，那里有极其丰富的野生油橄榄群落，并长成了茂密的森林。公元前6000年，在今巴勒斯坦地区，人们开始用野生油橄榄榨橄榄油。3000年后，在尼罗河和底格里斯河之间广大的肥沃地区，包括埃及、巴勒斯坦、叙利亚、裴尼斯（亚洲古国，位于叙利亚西部，黎巴嫩与地中海之间的狭长地带）、苏梅皇国（位于波斯湾的古国），人们开始人工栽培油橄榄。但卡鲁索认为,油橄榄树土生土长于整个地中海盆地,并认为小亚细亚在约6000年前一直是经过栽培的油橄榄树的发源地。

在确定了油橄榄树是从南高加索向伊朗高原发展之后,即可以说叙利亚和巴勒斯坦的地中海沿岸是油橄榄的原生地。在这两个地区,油橄榄栽培得到了长足发展,同时又由北向塞浦路斯岛扩展,并向安纳托利亚方向发展。之后,在利比亚的沙漠绿洲、克里特岛、基克拉迪群岛、斯波拉提群岛都出现了油橄榄产业并向埃及发展。

在公元前16世纪,腓尼基人开始把油橄榄向整个希腊诸岛传播,后来于公元前14—前12世纪,希腊人将油橄榄引种到希腊大陆。希腊人赛克罗(教导希腊人进行农耕和建设雅典的古代英雄)又从尼罗河流域的萨伊斯引进了油橄榄。从此,希腊大陆的油橄榄种植日益增多,并在公元前4世纪具有了重要地位。当时的梭伦(Solon,古希腊七贤之一,政治家,立法者,诗人,公元前638—公元前559年)曾发布命令规范油橄榄的种植方法。

自公元前6世纪以来,油橄榄遍及地中海沿岸国家,并抵达的黎波里、突尼斯和西西里岛。油橄榄被希腊人引入葡萄牙,并带去了油橄榄的种植方法。它又从那里传播到意大利南部,并由古代托斯康群岛的来自小亚细亚的埃脱罗人把种植油橄榄的知识传到意大利。有史学家认为第一棵油橄榄是于卢西乌斯·塔奎尼乌斯·普里斯库斯统治时期(公元前616年—前578年)被带到意大利的,可能是从的黎波里或加贝斯(突尼斯)带来的,其栽培地域从南向北发展,从卡拉布里亚向利古里亚发展。在交通要地的那不勒斯,50种外来的种植植物(来自伊比利亚半岛)中就有油橄榄。当古罗马人到达北非时,柏柏尔人已知道如何嫁接野生的油橄榄树,并在他们占领的所有领土上种植油橄榄。

公元前1050年,腓尼基人拥有海上统治权期间,油橄榄也被引入了西班牙,但直到公元前212年,大西庇阿来到西班牙并在罗马统治(公元前45年)之前,都一直没有发展到引人注目的程度。在第三次布匿战争后,油橄榄才"占领"了巴埃蒂卡流域的大部分地区,并向伊比利亚半岛的中部和地中海沿岸地区扩展。基督教的出现和宗教活动的开展,是油橄榄得以传播的一个重要原因——为了祭祀的需要，人们使用这种天然产品。阿拉伯人也把他们的油橄榄品种随身带到了西班牙南部，并对那里的油橄榄种植业发展产生了影响。这种影响是如此之大，以至西班牙语油橄榄树（aceituna）、橄榄油（aceite）和野生油橄榄树（acebuche）这些词都带有阿拉伯语的词根。大量史料和考古研究证明，油橄榄于公元前10000—前5000年间起源于小亚细亚，经叙利亚传播到希腊及地中海沿岸诸国。

随着美洲大陆的发现（1492年），油橄榄的种植范围超出了地中海地区。西班牙和葡萄牙的军队开船到海上寻找尚未发现的陆地，船上带着生活所需的橄榄油，也带着用于在新大陆（美洲大陆）肥沃的土地上建立第一批油橄榄园的苗木。首批油橄榄是从塞维利亚被带到西印度群岛的。到1560年，油橄榄逐渐被引入秘鲁、安的列斯群岛、智利、阿根廷、墨西哥。随后，西班牙圣方济各教会的传教士，又从这些地区把油橄榄引入加利福尼亚。在欧洲人对美洲征服过程中带去的一株古老的油橄榄树就一直活到现在。这些国家各地相继建起了油橄榄园。

在近现代，橄榄树的种植范围继续向地中海以外的地区发展，即使在远离其原生地的地方都已种植了，如南非、澳大利亚、中国和日本。正如法国小说家杜亚美所说："在那些没有橄榄树的地方，才是地中海的终端。"我们可以接着这句话说："只要是在那些温暖、阳光充足的地方，油橄榄树都会生根、发芽、开花、结果和繁衍后代（见表1-1）。"

表1-1 世界油橄榄传播纪年表

纪 年	传播扩散国家和地区
未知	伊朗图拉尼亚地区，中东
公元前10000—前5000年	石器时代、新石器时代野生橄榄树的考古发现
公元前5000年	高加索地区，伊朗
公元前3500年	克里特岛，希腊
公元前3000年	叙利亚
公元前3000—前1500年	希腊帝斯群岛，黎巴嫩
公元前21—前15世纪	埃及

续表

纪 年	传播扩散国家和地区
公元前16—前15世纪	塞浦路斯（腓尼基人）和小亚细亚岛
公元前16—前6世纪	爱琴群岛（腓尼基人、希腊人）
公元前15世纪	叙利亚、巴勒斯坦、安纳托利亚
公元前14—前12世纪	希腊（雅地加、塞萨利），意大利（伊比利斯）
公元前8—前7世纪	利比亚，突尼斯（腓尼基人）
公元前7—前6世纪	意大利（拉丁人）
公元2—3世纪	橄榄树在意大利得到最大发展
公元7世纪	西西里岛，坎波尼亚区，拉齐奥（赛比教徒），马什，威尼托区，利古里亚区，伊斯蒂利亚
公元600年	法国（马赛、罗纳河谷），伊比利亚半岛
公元1556年	阿根廷
公元1560年	秘鲁，智利，安的利斯群岛，巴西
公元1697年	墨西哥
公元1769年	美国加利福尼亚
公元20世纪	澳大利亚，新西兰，日本，南非，印度，巴基斯坦，中国等

（联合国粮农组织《油橄榄种质资源——品种及世界野生资源的收藏》）

二、世界油橄榄的分布

油橄榄是世界名贵优质木本油料树种，6000多年来随着人类的迁徙、航海、殖民战争、文化传播和科技交流，加之近年来由于全球气候变暖，适宜的种植区域也在不断扩张。油橄榄已由地中海沿岸国家传播至北纬45°到南纬37°的广大地带，目前在全球六大洲40多个国家广泛种植，欧洲有意大利、西班牙、希腊、葡萄牙、法国、阿尔巴尼亚等；亚洲有巴基斯坦、叙利亚、黎巴嫩、约旦、伊拉克、伊朗、土耳其、中国、日本等；非洲有突尼斯、摩洛哥、阿尔及利亚、利比亚、埃及、南非等；北美洲有美国、墨西哥；南美洲有智利、阿根廷、乌拉圭、秘鲁等国；大洋洲有澳大利亚。据初步统计，全世界油橄榄种植面积达1000多万公顷，为世界提供了300多万吨的橄榄油，300万吨餐用橄榄果。

三、中国油橄榄引种

油橄榄是木樨科（*Oleaceae*）木樨榄属（*Olea*）常绿经济树种，原产于地中海地区，中国仅有同科同属近缘种尖叶木樨榄天然分布，油橄榄为国外引进树种。

中国人最早称油橄榄为齐墩树、阿列布。根据李聚桢著《中国引种发展油橄榄回顾及展望》所述：我国历史上关于油橄榄最早的记载，可见于9世纪初晚唐段成式所著的《酉阳杂俎》。书中有"齐墩树，出波斯国，亦出拂林国"的说法。

在中华人民共和国成立前，我国云南、重庆、福建和台湾等均有零星引种。云南省有两株油橄榄树，一株在德钦县燕门乡茨中村天主教堂旁种植，它是法国传教士于1907年带到那里的，虽长期无人管护，仍多次开花结果，其树高8米，直径25厘米。据云南省林业厅和云南省林学会1995年所著《云南名木古树》一书记载：该树1980年曾产鲜果9.1千克。这株油橄榄树一直存活到20世纪90年代末。另一株在蒙自县（今蒙自市）草坝蚕种场，为1940年由我国留法学生从法国带回，种植在田间地坎上，长期生长不良，1978年被挖掉。此外，重庆也有法国传教士于20世纪40年代引入的一株油橄榄树。由于气候条件的差异，以及缺乏必要的管理，大多数植株不开花结果，也引不起人们的注意，多处于自生自灭的状态。重庆、福建和台湾三省、市引种的油橄榄树，其详情已难以查考。

1956年，农业部根据1954年10月14日中国与阿尔巴尼亚两国科技合作协定，组织了科技合作兼农业考察代表团。在访问结束时，阿政府作为礼物赠送我国农业代表团30株油橄榄苗木，其中有6株"贝拉"品种分给中国科学院南京中山植物园在室内盆栽。1959年移至室外定植，1961年开始开花，1963年有3株开了1万多朵花，并结了果。其余24株分别在中国科学院北京植物园等植物园试种。在中科院北京植物园试种的几株油橄榄（盆栽），分别于1961年和1963年先后开花结果。1958年中国科学院南京中山植物园向苏联黑海岸边的雅尔塔城尼基特植物园提出拟引种试验油橄榄的愿望。1959年4月，中国科学院北京植物园、南京中山植物园、广州植物园同时收到来自尼基特植物园的油橄榄种子。从1959年起，中国科学院南京中山植物园开始有计划地进行油橄榄引种驯化研究工作，特别是在实生苗中选择优良品种方面做了大量而有成效的工作，并取得了可喜成果。

1963年12月13日至1964年3月1日，周恩来总理对非洲、欧洲和亚洲14国进行了友好访问。在20多天的访问中，郁郁葱葱的油橄榄树和悠久的油橄榄文化，给周总理留下了深刻印象。在我国驻阿大使馆为周总理举行的元旦欢迎晚会上，周总理问前去参加晚会的徐纬英教授来阿尔巴尼亚做什么，徐教授向周总理汇报了来阿尔巴尼亚考察油橄榄培植、加工等技术情况。这再次加深了周总理对油橄榄的良好印象，并有意引种试验。与此同时，阿尔巴尼亚劳动党第一书记霍查和部长会议主席谢胡，在与周总理会见时也曾谈及油橄榄的有关事宜。阿政府为回报中方长期对其巨大无私援助，决定以部长会议主席谢胡的名义赠送周恩来总理1万株4年生油橄榄树苗。1964年2月17日，装载着油橄榄树苗的"发罗拉"号轮船到达广东湛江港，18日在湛江港举行了隆重而热烈的苗木交接仪式。随后，这些苗木分发给四川、云南、贵州、广西、湖北、浙江、江苏、广东8个省区的14个单位试种，拉开了我国规模引种、试验、栽植油橄榄的序幕。

1964年3月1日，周总理结束亚非欧14国友好访问，回到昆明。在2日晚得知阿尔巴尼亚护送油橄榄苗木的两位专家正在昆明海口林场指导职工种植油橄榄树苗时，决定第二天接见专家，并去林场种植油橄榄树苗。3月3日上午，周总理在昆明饭店接见了两位专家后，不顾旅途疲劳，与两位专家同车前往位于昆明市郊60千米的海口林场。途中周总理不停地向两位专家询问油橄榄的生活习性及种好、管好它的有关技术问题。周总理说："现在在这里种植油橄榄有几个问题值得研究：第一，树能不能长成？第二，到时候能不能结果？第三，能不能培育出第二代？第四，第二代能不能成长、结果？这些问题现在都不能解决。以后解决了，我也不会知道了。"这些，就是后来人们经常提到的油橄榄

"要过好五关"。在植树现场，周总理对林场副场长说："每棵树都要有记录，要像保护四岁的小孩子一样，细心地照管它。"1964年3月3日，周总理在昆明海口林场与阿尔巴尼亚两位专家和少先队员们共同栽下一株中阿友谊树——油橄榄。这充分体现了周总理心系人民生活，与人民心连心。他率先垂范，以身作则，带头种树，改善环境，为广大领导干部树立了光辉的榜样。每当我们回忆起周恩来总理生前亲手栽种油橄榄树苗的情景和对我们的谆谆教诲，就更加激起我们对他的无限崇敬和怀念，激励我们为实现周恩来总理的遗愿而努力奋斗。

中国引种油橄榄成功，得到了国际油橄榄理事会的认可，在其制作的世界油橄榄分布图上标注了中国油橄榄分布点，正式确认中国为世界油橄榄分布区。联合国粮农组织植物资源司的专家认为："油橄榄在中国引种成功，是世界引种科学上的一大成就，它是将在一种气候条件下塑造的物种引种到另一个不同的气候区的成功范例！"

第二节　油橄榄的功能价值

一、综合利用价值

从世界油橄榄的发展史来看，油橄榄的诞生发展史与人类命运紧密地联系在一起，古老的橄榄树见证了6000多年来人类的兴衰和繁荣，经历了人类迁徙、新大陆发现、殖民战争、文化传播和科技交流的全过程，目前已由地中海沿岸国家传播至北纬45°到南纬37°的广大地带，在全球六大洲40多个国家广泛种植。不论是平原还是丘陵，不管在土壤肥沃的田园，还是怪石嶙峋、干旱贫瘠的土地，油橄榄都能枝繁叶茂地生长，在缺水、大风和高温下仍能孕育果实、繁衍后代并给那里的人民带来丰收和富裕。据初步统计，目前全世界油橄榄种植面积为1500多万公顷，为世界1/3的人口提供了300多万吨的橄榄油，保障着食用者的健康。联合国粮农组织专家说："油橄榄的重要作用在于它能对那些不适合种植其他作物的土壤提高其使用价值。"

油橄榄是一个多功能树种。全树及枝、叶、花、木、果都具有文化寓意和功能价值。人们把橄榄枝作为和平、幸福、吉祥、友谊、崇高和胜利的象征，从古到今常作为奥运会获奖运动员的伴手奖品。油橄榄叶富含油橄榄苦苷、黄酮等生理活性物质，可作为制药中间体或功能性食品添加剂。油橄榄花为十字花瓣，初白渐黄，花形雅秀，是制作工艺品的上等材料，花粉金黄，有豆香味，可加工花粉保健品。油橄榄木纹理美观，木质细腻，是制作上乘细木工艺品的材质。油橄榄景观造型树树形优美、长绿，寿命很长，是优良的园林绿化树种。在山坡、丘陵等处建立橄榄园，还能起到水土保持、涵养水源的作用，具有较高的生态和社会效益。

油橄榄的主产品是橄榄果，也是主要可供利用的部分。油橄榄果实外形呈球形或椭圆形，纵径一般5~30毫米，横径一般3~20毫米。橄榄果由果肉和果核两部分组成。果肉占果实重量的70%~90%，果核占10%~30%。果肉的主要成分包括水分（40%~50%）、油（20%~25%）、固形物（25%~35%）。果肉中含糖类（2%~6%）、粗蛋白（1%~3%）、纤维（1%~4%）、灰分（0.6%~1%）、果胶（0.3%~0.6%）、多酚（1%~3%）、多种维生素（6~10毫克/100克干果肉）、胡萝卜素和叶绿素（9.8~124毫克/100克干果肉）。此外，果肉内还含有钙、磷、镁、硫、铁、钠、锌、锰、铜等微量元素。

人们对油橄榄果的加工利用主要是榨取橄榄油和制作餐用橄榄果。关于橄榄油的利用价值根据美国作者卡罗尔·费瑞兹所著的《液体黄金：橄榄油的101种用法》记载，橄榄油是不可缺少、无所不能的"万能"日常生活用品，也是制作高级化妆品的原料。用橄榄油制作的化妆品有独特的美容功效，是化妆品领域的极品。橄榄油还可作为制造罐头的汁剂、制作奶粉的油脂补充剂、制作维生素和抗生素针剂的溶剂，以及制作各种软膏的填充原料。橄榄果榨油后的剩余物油渣可作饲料、肥料或燃料，也可与榨油时剩余的果汁混合酿制橄榄酒。

二、餐用橄榄果的营养价值及加工方法

餐用油橄榄果营养丰富，富含人体必需的多种氨基酸、维生素及微量元素，可作为冷餐开胃菜、下酒菜或旅行时的方便食品。

在油橄榄原产国，油橄榄餐用果加工有悠久的历史。通常，只有果形较大、果形美观、均匀一致、成熟度适中、质量最好的油橄榄鲜果才能被加工成餐用油橄榄。餐用油橄榄的加工方式有数十种，根据产品形态和加工工艺不同，可分为完整橄榄果、去核橄榄果、橄榄果片（块）、破碎橄榄果、切口橄榄果、橄榄果酱等。根据产品原料和加工方式不同，可以分为青橄榄、黑橄榄、转色橄榄、特色橄榄、风味橄榄等。最基本的脱苦脱涩加工方法有以下四种：

水处理（水浴）：需要在7~10天内大量换水，直到成熟青橄榄、转色橄榄或天然黑橄榄脱苦。一旦脱苦完成，果实就被存储在10%的盐水中。

盐水处理（盐渍）：将成熟青橄榄、转色橄榄的果实浸泡在10%的盐水中发酵，6~8周后盐水中的盐度与果实中的盐度达到平衡即可。也可将完整或切开的天然黑色成熟油橄榄果或在树上部分脱水皱缩的黑橄榄在8%~10%的盐溶液中自然发酵3到6个月。也可将完整的、切开的或压碎的成熟青橄榄（已转色）放置在8%~10%的盐溶液中自然发酵6至12个月。

干盐腌制：将新鲜或半干的天然黑橄榄用干盐一层层交叠装入容器中或撒在干盐中并定期混合，直至脱苦。或将橄榄果放入热水中短暂焯一下，然后放入轻微加热的干盐中部分脱水。

碱液处理（烧碱）：最普通的加工方法是将洗净的油橄榄青果放入碱性溶液中8~12个小时以脱苦。然后清洗，装入盐水中使其经历完全的乳酸发酵或部分自然乳酸发酵。随后装罐、灭菌、保存。

三、橄榄油的营养成分及加工方法

（一）橄榄油的成分

特级初榨橄榄油为最高品质的橄榄油，为黄绿色不干性油，常温下为

液态，7℃以下会发生结絮呈脂固态，具有果香味、辛辣味和苦味，无负面味道。主要由脂肪酸甘油酯及非甘油酯组成，其中豆蔻酸≤0.05%，棕榈酸7.5%~20.0%，棕榈-烯酸0.3%~3.5%，十七烷酸≤0.4%，十七碳-烯酸≤0.6%，硬脂酸0.5%~5.0%，油酸55.0%~83.0%，亚油酸2.5%~21.0%，亚麻酸≤1.0%，花生酸≤0.6%，花生-烯酸≤0.5%，山嵛酸≤0.2%，木蜡酸≤0.2%。橄榄油的非甘油酯中不皂化物很低（0.3%~1.4%），所以人体对橄榄油的吸收值很高。非甘油酯中还含有较多的天然抗氧化剂角鲨烯、叶绿素和胡萝卜素等。这些组成成分的保健功能及医疗价值很高，因此，橄榄油是当今世界上对人体最有益的高级食用油，被誉为"液体黄金"。

（二）橄榄油的分类

橄榄油是种植油橄榄树的主要目的产品，是以油橄榄树所结的果实为原料，采用机械低温压榨等物理方式制取的油品。在榨油过程中仅可采用清洗、倾析、离心或过滤工艺对原料进行处理，采用溶剂浸提或重酯化工艺获得的油脂除外，不得掺杂其他种类的油脂。中华人民共和国国家标准（GB/T 23347—2021）《橄榄油、油橄榄果渣油（Olive oil and olive-pomace oil）》将橄榄油分为初榨橄榄油（virgin olive oil）、精炼橄榄油（refined olive oil）和混合橄榄油（blended olive oil）三大类。根据理化指标、感官评价指标和加工工艺，又细分为特级初榨橄榄油、优质初榨橄榄油、初榨油橄榄灯油、精炼橄榄油、混合橄榄油、粗提油橄榄果渣油、精炼油橄榄果渣油和混合油橄榄果渣油8个种类。其中特级初榨橄榄油（extravirgin olive oil）、优质初榨橄榄油（excellent virginolive oil）为可直接食用的初榨橄榄油（virgin olive oils fit for consumption）。

（三）橄榄油的加工方法

采用机械压榨等物理方式直接从油橄榄鲜果中制取的无任何添加剂的油品称为初榨橄榄油。特级初榨橄榄油是橄榄油中品质最高的橄榄油。现代加工方法如下：

1. 橄榄果的干洗

油橄榄鲜果要随采随运随时加工，不能长期存放。采摘后要分品种倒入专用硬质塑料果筐中即时运输，切忌用软袋装运。橄榄果进入一级投料坑后，就进入了橄榄油加工环节，现代化的生产线中所有加工环节都自动完成。经过一级传送带提升至二级进料斗，再经过二级提升，在二级提升机顶端安装有一台去枝去叶机，利用风机旋转产生的负压将橄榄果中的枝叶及较轻的固体杂物去除干净（俗称为干洗），并将杂物吹至加工车间之外的杂物间。

2. 油橄榄果的水洗

经过干洗的橄榄果要用清水进行水洗。小型设备一般在进料斗或提升机初段安装3~5个微型喷头对果实表面进行湿润式喷淋清洗。而大中型生产线则安装有气腾式洗果机，将干洗后的果实送入洗果机传送带，先用微型喷头对果实表面进行湿润式喷淋清洗，再用大流量循环水进行冲浪式彻底清洗，有些设备在清洗过程中鼓入空气使水翻腾，达到完美的清洗效果。清洗完成后的果实通过震动箅子沥去附着在果实表面的水分并滑向三级料斗，进入下一道工序。

3. 油橄榄果的粉碎

橄榄油主要存在于果肉中，要分离出橄榄油必须进行粉碎。在现代化的生产线上通常配备有齿形碎果机、辊式碎果机、锤式碎果机等不同类型的碎果机。从三级料斗提升上来的橄榄果经过粉碎后成为油橄榄果糊，再用柱塞泵打入融合箱。

4. 油橄榄果浆的融合

橄榄油的油胞存在于果肉细胞中，通过粉碎虽然打开了细胞壁，但仍然分散在果浆中。融合就是克服乳化，将分散的油胞聚合成大的油团便于分离。现代化的橄榄油加工生产线中都配置有数量不等、大小不同、形状各异的融合箱或融合罐，不同融合箱或融合罐立式串联或卧式并联。用柱塞泵将粉碎后的果浆送入融合箱，在搅拌桨叶的匀速转动下进行融合，通常在25℃~30℃的温度下融合45~60分钟即可送入卧式螺旋离心分离机进行分离。

5. 橄榄油分离

融合好的橄榄果浆送入卧式螺旋离心分离机后，在高速离心力的作用下依比重不同将橄榄果浆分成油环、水环和渣环。三相离心机把两种液态物质油和水分离到两个出口，第三种固态物质从另外一侧排出。而两相离心机有两个出口，一个口排出液体油，另外一个口排出果渣和果汁水。这些含油液体要泵入立式碟片离心分离机在5600r/min~6000r/min的工情下进行油水和果肉悬浮物再分离。通过油泵泵入储油罐进行静置自然沉降，在灌装前按照相应标准进行检测和感官评价，达到相应指标就得到特级初榨橄榄油了。

四、橄榄油与大健康

橄榄油不同于我们日常食用的种子油，它是天然的果肉油，由橄榄果直接冷榨而成，不经加热和化学处理，保留了天然营养成分，富含维生素、角鲨烯及其他多酚类化合物，是食用油脂中最适合人体营养吸收的油脂。

橄榄油中单不饱和脂肪酸的含量较高，因此，橄榄油被认为是一种保健食品。除丰富的油酸外，橄榄油的微量组分也受到越来越多的关注。橄榄油中大约含有230种化学组分，类胡萝卜素和酚类化合物是其中主要的抗氧化物，是阻止细胞内外自由基氧化的第一道防线。由于氧化性损伤是慢性生理病理疾病（如动脉粥样硬化、癌症和神经退行性疾病）的促进因子，橄榄油抗氧化物可以通过抗氧化保护机体健康。参考周瑞宝教授主编的《油橄榄加工与应用》，其作用如下：

（一）橄榄油对心血管疾病的影响

心血管疾病包括冠心病、脑血管病和其他微型疾病（如外周血管病、深静脉血栓和心脏瓣膜症等）。自科学家发现地中海饮食模式对健康的保护作用以来，橄榄油对缓解慢性疾病有有益作用也在临床研究中得到证实。地中海饮食的主要作用是降低心血管疾病的发病率和死亡率，橄榄油在地中海饮食模式中的重要作用已经得到认可，欧洲前瞻性癌症和营养调查研究中心的研究数据表明，橄榄油的摄入量与冠心病的死亡率和发生率呈负相关性。对来自法国三个城市的女性受试者进行的研究表明，橄榄油的摄入量与中风风险也呈现负相关性，在采用地中海饮食的前提下，摄入初榨橄榄油能够降低老年人群心血管疾病的发病率和死亡率。橄榄油的摄入对维持机体的血脂水平、抑制脂质和DNA的氧化、抑制炎症、提高胰岛素敏感性、增强血管内皮功能、阻止血栓因子形成和降低血压均起作用。

（二）橄榄油对血脂和脂质氧化的影响

橄榄油中含有大量的单不饱和脂肪酸（主要是油酸），具有改善血脂的功能。摄入橄榄油可以提高机体内单不饱和脂肪酸的水平，在保证多不饱和脂肪酸适量摄入的同时，又不会使饱和脂肪酸的摄入量显著增加。

橄榄油中的一些组分有利于减缓低密度脂蛋白的氧化。一方面，与多不饱和脂肪酸相比，单不饱和脂肪酸更不易被氧化；另一方面，橄榄油中的抗氧化物质（维生素E、类胡萝卜素、橄榄酚类化合物）会结合到低密度脂蛋白粒子上，从而抑制氧化修饰作用。机体内氧化的低密度脂蛋白的水平与摄入初榨橄榄油中的酚类含量呈负相关性。橄榄酚类化合物对冠心病受试者体内的低密度脂蛋白的保护作用具有剂量依赖性关系，大量的体外试验表明，单不饱和脂肪酸或富含酚类橄榄油的摄入，能够降低低密度脂蛋白的氧化程度。因此，橄榄油可以调节系统性的氧化状态，摄入25毫升的橄榄油有利于降低餐后体内的氧化应激反应。

（三）橄榄油对葡萄糖代谢和胰岛素敏感性的影响

摄入橄榄油有利于体内葡萄糖的代谢，可以降低20%~30%的Ⅱ型糖尿病发病风险，更好地控制血糖水平，也能够降低孕妇的妊娠糖尿病发病风险。橄榄油对葡萄糖代谢的保护作用已经在临床试验中得到证实。在对橄榄油酚类物质和初榨橄榄油的各项指标考察中发现，糖代谢异常病人摄入10毫升特级初榨橄榄油，其餐后血糖水平显著降低，摄入含有特级初榨橄榄油的饮食，能够显著降低空腹血糖受损患者的血糖水平，其体内的餐后血糖水平也显著降低。摄入10毫升特级初榨橄榄油的糖尿病前期患者以及摄入富含特级初榨橄榄油饮食的健康受试者，体内的餐后胰岛素水平也都会升高。连续 4周每天摄入25毫升富含酚类化合物的特级初榨橄榄油,可以降低Ⅱ型糖尿病受试者体内空腹血糖和糖化血红蛋白的水平。

(四)橄榄油对内皮功能紊乱和血压的影响

富含酚类的橄榄油可以降低心脏的收缩压,有利于改善高胆固醇血症患者、早期动脉粥样硬化患者以及具有正常高值血压或原发性高血压年轻女性的血管内皮功能。橄榄油中的酚类化合物,对抗动脉粥样硬化和对保护血管、抑制活性氧(如过氧化氢)引起的氧化损伤具有重要作用。

(五)橄榄油对凝血和血小板聚集的影响

血小板的聚集是成为血栓甚至心肌梗死或心绞痛的关键因素。橄榄油及其组分可通过改善凝血因子和血小板聚集相关生物标记物的产生,从而抑制血栓的形成。油酸占橄榄油脂肪酸的55%~83%,能在餐后阶段削弱体内促血栓的能力。摄入富含酚类的橄榄油有利于改善健康人群和高胆固醇血症患者的餐后促血栓因子的组成,研究试验表明,橄榄油中羟基酪醇浓度为400毫摩尔/升时,可以阻止血小板的聚集,与阿司匹林药物具有同样的作用。

(六)橄榄油对体重和脂肪组织功能的影响

橄榄油属于油脂,通常认为摄入橄榄油会引起体重的增加。然而,科学研究已经否定了这种假设,甚至认为摄入橄榄油可以起到控制体重的作用。超重的糖尿病患者每天摄入25毫升特级初榨橄榄油,其体重和体重指数都有所降低。研究还表明,将橄榄油作为儿童食物的烹饪油脂,其体重指数增长的可能性较低。

(七)橄榄油对炎症、免疫反应和微生物菌群的影响

氧化应激和炎症是两个相互交织的过程,它们持续的时间越长,便越可能引发慢性疾病,如心血管疾病、糖尿病、神经退行性疾病和癌症等。一些试验已经表明,橄榄油可以调节促炎症因子标记物的产生和一些免疫过程的活性以及体内不同微生物菌群的增殖。

初榨橄榄油结合地中海饮食,还具有抗炎症的功能。首先,研究表明,传统的地中海饮食(补充初榨橄榄油或坚果)可以降低心血管疾病高危受试者体

内C-反应蛋白、细胞白介素-6、可溶性VCAM-1和可溶性1CAM-1的浓度。从这个角度考虑，长期有规律地摄入橄榄油有利于减少餐后炎症的发生。

对橄榄酚类化合物的研究表明，功能性初榨橄榄油（含有500毫克/千克的橄榄酚类化合物）可以增加免疫球蛋白A（IgA）包裹细菌的比例，从而刺激并提高肠道黏膜免疫力。肠道中的动态微生物群落摄取吸收食物中的能量，是一个复杂的生态系统。酚类化合物可以选择性地刺激肠道内有益菌群，如乳酸杆菌的生长，从而有利于胆固醇水平的降低。酚类化合物也可促进其他微生物菌群，如双歧杆菌的增长，从而抑制动脉粥样硬化斑块的形成。

（八）橄榄油对神经退行性疾病和老龄化疾病的影响

氧化应激和炎症对神经退行性疾病及衰老起关键作用。橄榄油或其生物活性成分的摄入会对以上两种现象起到相应的改善作用。

橄榄酚类化合物除具有抗氧化特性外，还可以直接刺激与神经元内稳态有关基因的表达，可以提高细胞中抗氧化酶的生物利用率，对抑制神经元的退化起关键作用。低浓度的羟基酪醇、橄榄苦苷（尤其是橄榄苦苷的糖苷配基）可以有效抑制Tau蛋白的聚集，橄榄酚类化合物抗动脉粥样硬化、抗高血压、降低胆固醇、抗氧化和抗炎症等效果显著，从而防止神经退行性疾病的发生。

衰老会导致大脑认知相关功能的削弱，而富含抗氧化成分食物的摄入则可以部分抵消这种影响，从而起到保护作用。特级初榨橄榄油（橄榄酚类化合物210毫克/千克）可以对衰老相关的学习和记忆功能起到保护作用。

（九）橄榄油对癌症的影响

癌症是全球第二大死亡病因，仅次于心血管疾病。癌症的致癌因素很多，与机体的异常过程有关，包括过度氧化应激、慢性炎症反应、细胞周期失调、原癌基因的异常表达、心血管病、新陈代谢失调等。研究表明，坚持以橄榄油为主要脂肪来源的地中海饮食，能够降低所有癌症类型的死亡率。在西方国家，传统的地中海饮食模式可以降低约25%的大肠癌、15%的乳腺癌以及10%的前列腺、胰腺和子宫内膜癌的发病率。已有大量的研究表明橄榄油的摄入与不同癌症类型的发病率具有负相关性。

在脂肪酸方面，橄榄油中的单不饱和脂肪酸（油酸），可以调节人类癌症基因簇的表达（如HER2、FASN、PEA3），这些基因与人类癌症的发生有关。油酸通过与蛋白质（如α-乳白蛋白和乳铁蛋白）相结合，从而具有抗癌特性。橄榄油中含有丰富的角鲨烯，它具有细胞内抗氧化活性和抑制肿瘤的作用。

橄榄酚类化合物也对癌症具有一定的抑制作用。橄榄酚类化合物可以抑制DNA的氧化（DNA氧化可导致部分DNA突变，从而可能引发癌症）。因此，橄榄油的组成成分在预防和治疗癌症方面有巨大的生物化学潜质。

橄榄油作为日常健康饮食的一部分，对于预防如心血管疾病、神经退行性疾病和癌症等疾病都起到积极作用，尤其在改善一些心血管风险因子如血脂、血糖代谢、内皮功能和炎症反应上具有一定的效果。

第三节　橄榄油的认知及应用

一、橄榄油的科普认知

根据国家粮食和物资储备局科学研究院首席研究员薛雅琳提供的资料，人体所需的能量来自食物，我们每天都要从食物中摄取一定的能量以供生长、代谢、维持体温以及从事各种体力劳动等，而油脂正是我们人体所需能量的主要来源之一，所以摄入油脂的首要作用就是给人体供给能量。

植物油脂中含有人体生命活动必不可少的必需脂肪酸，摄入油脂是人体摄取必需脂肪酸的最直接、最有效的途径。此外，植物油脂中还含有多种有益成分，比如脂溶性维生素（维生素A、维生素D、维生素E、维生素K）、植物甾醇、谷维素等，这些都是对人体健康有益的成分。

近几年，我国大力发展油橄榄等木本油料产业，根据国家林业和草原局对油橄榄的不完全监测数据，我国油橄榄成片种植面积已达1.72万公顷，每年生产橄榄油达7000多吨。随着消费观念的更新，大众对橄榄油的消费量逐年增加，2020年我国橄榄油消费量已达6万多吨，而进口量为5.558万吨，主要来源于西班牙、希腊、意大利等国。除预包装的原装产品外，我国市场上还有大量吨级桶装橄榄油、油橄榄果渣油在国内进行二次罐装、分装后出售。由于国内橄榄油资源有限，我国市场上的大多数橄榄油大部分来源于地中海沿岸的西班牙等国，因而价格也较高。经常食用橄榄油对机体有很多好处，如可以软化血管，对心脑血管疾病有一定的防治作用等。另外，专家建议不要长期吃一种植物油，因为每一种植物油都有自己的独特之处，最好的选择是各种植物油经常换着吃。

二、橄榄油的选购常识

（1）看标签。橄榄油产品的名称有特级初榨橄榄油、优级初榨橄榄油、初榨橄榄油、精炼橄榄油、混合橄榄油5种。有些橄榄油产品会有原产地认证专用的标示图，说明这个产品已经通过欧洲有关国家或地区原产地认证。

（2）看外观。橄榄油的正常颜色为浅黄至淡绿，20℃以上时非常清澈，20℃以下时会有悬浮物。

（3）闻气味。特级初榨橄榄油、优级初榨橄榄油、初榨橄榄油具有橄榄油固有的气味，无异味。精炼橄榄油、混合橄榄油都无异味。

（4）看生产日期。原装产品一定要注意原产国的生产日期，进口分装产品应注意分装日期，特别是可直接食用的初榨橄榄油（特级初榨橄榄油和优质初榨橄榄油）应标注油橄榄鲜果的采收期。

（5）注意油橄榄果渣油。国内外标准规定：在任何情况下，油橄榄果渣油的产品名称都不得称为"橄榄油"。

三、橄榄油的烹饪应用

地中海饮食（Mediterranean diet），泛指希腊、西班牙、法国和意大利南部等处于地中海沿岸的南欧各国以蔬菜水果、鱼类、五谷杂粮、豆类、坚果、红酒和橄榄油为主的饮食风格。研究发现地中海饮食可以减少患心脏病的风险，还可以保护大脑免受血管损伤的伤害，降低发生中风和记忆力减退的风险。现也用"地中海式饮食"代指有利于健康的、简单的、清淡的以及富含营养的饮食。联合国教科文组织于2010年11月17日将地中海饮食列入了西班牙、希腊、意大利和摩洛哥联合拥有的非物质文化遗产,肯定了它不仅是这些国家重要的历史和文化产物,也是对世界文明的巨大贡献。

橄榄油是地中海饮食的核心。橄榄油味道有点儿辛辣,富含不饱和脂肪酸,是非常健康的油脂。在地中海国家居民的餐桌上,几乎都会放一瓶色泽青绿的初榨橄榄油。人们用它做菜、拌沙拉、做糕点,用面包蘸橄榄油。初榨橄榄油适用于任何烹饪方式,但特级初榨橄榄油有不同的用处:重度口味的可以用来烹制鱼、肉、卤汁,或者烧热后淋在菜肴上面加强胡椒和大蒜与食物风味的融合;中度口味的可以用来蘸面包,或者与甜辣酱一起淋在蒸熟的蔬菜和烤土豆上面增加香气;轻度口味的可以在烘烤蛋糕或蛋黄酱中使用。

根据周瑞宝教授主编的《橄榄油加工与应用》介绍,中国创意菜是指以现代中国烹饪流派中的传统饮食文化和世界多元文化合理结合的创意菜。橄榄油作为一种天然健康的果汁油,跟创意菜主题非常契合——以味为中心(食材本身的真味、本味),以养为目的(中医四季养理论),古为今用(五千年的饮食文化、烹调技法、国粹艺术),洋为中用(国外先进的科学技术、特有食材、科学的烹调方法),来创作新时代以健康、时尚、好看、好吃、民族文化为主题的菜品,主要体现在健康营养的理念、时尚美观的装盘和丰富多样的口感等方面,被非常广泛地应用于中国创意菜的菜肴中。总之,橄榄油在烹饪应用上非常广泛。现列举几道西方传统菜肴和中式创意菜,目的是把健康用油的理念跟中西式烹饪的特点结合起来,让更多的消费者体验橄榄油烹制食品的美味和魅力。

(1)夏季沙拉(希腊):将西红柿、洋葱、黄瓜、青椒切成小块,浇上特级初榨橄榄油和醋,与奶酪、橄榄果、香草碎混合,再加上少量的盐和黑胡椒。

(2)淮扬五香熏鱼(中国):在传统的糖醋汁出锅前淋入橄榄油,属于短时瞬间加热,橄榄多酚的损失很少,营养成分得以保留,同时又可以增加清香和光泽度。

（3）南瓜鱼蓉蛋（中国）：在制作鱼蓉时加入特级初榨橄榄油，可以增加鱼蓉嫩度、光亮度、光滑度，使菜品口感丰富，香味浓郁、持久。同时，制作鱼蓉时为冷水下锅，小火加热，且不能沸腾，时间一般不超过30分钟，可以很好地保留多酚等营养物质。

（4）橄榄油金瓜丝（中国）：在芥末汁中加入特级初榨橄榄油，调成混合调味汁，一方面橄榄油黏性强，可以增强调味汁与菜肴的附着力，菜肴更易入味均匀；另一方面，菜肴表面更加油亮，色香味均得到提升。

（5）橄榄油红茶鸭（中国）：鸭子卤制成熟，出锅时立即刷上特级初榨橄榄油，以使鸭皮更加红亮，同时保持鸭肉水分不容易挥发，肉质更嫩滑，亦可减少油腻感，并能起到增香效果。涂刷橄榄油可以使橄榄油特殊的香味与鸭子香味、茶香、葱香及甘蔗香味相互补充，香味更加浓郁、丰富，配以橄榄油、葱油、鲜甘蔗等调配的复合调料，蘸食口感更突出。

（6）橄榄油清蒸鲈鱼（中国）：特级初榨橄榄油的去腥能力非常强，清蒸前用橄榄油涂抹鲈鱼全身，可以有效去除鲈鱼的腥味，并在成熟后提升鱼肉嫩度和外表光泽度。蒸后将热橄榄油淋上，橄榄油特有的清香味与葱香极为协调，香气怡人，并能很好地入味。刷上橄榄油后可使鱼肉鲜嫩爽滑，富有弹性，回味鲜香。

（7）橄榄油八宝饭（中国）：在八宝饭煮熟后，将橄榄油与其混合最为适宜，既不丢失橄榄油的营养成分，又可保留橄榄油的特殊香味，同时加入桂花、蜂蜜能够减弱橄榄油的苦味和辛辣味，协调了多种香味后，更能凸显出橄榄油的清香。

油橄榄产业现状

第一节　发展油橄榄产业的社会价值

一、发展油橄榄产业的意义

当前，我国食用油供给安全形势严峻，食用植物油的自给率仅约30%，70%依赖国外进口。我国每年国内的大豆产量仅为1530万吨，而进口大豆量达到9600万吨，进口大豆份额高达86%。随着单边主义、保护主义抬头，国际贸易摩擦叠加和新冠疫情的双重影响，我国大豆进口的不确定性增大。习近平总书记在二十大报告中明确提出，要"确保中国人的饭碗牢牢端在自己手中"。我们必须综合自给，以发展产量为核心，为公众的油脂与蛋白需求提供坚实保障。发展木本油料具有不与农争地、不与人争粮、不与作物争水的独特优势，促进油橄榄产业发展意义重大，主要有六个方面：

（1）有利于调整农业产业结构，加快林业产业结构的升级。油橄榄是名、特、优经济林，是高投入、高产出、集约化经营的林业特色产业，发展油橄榄有利于适生区农业产业结构的调整，推动区域产业重组，优化资源配置，从而推进油橄榄种植区域的农业产业化进程。

（2）有利于拓宽适生区农村就业渠道，增加就业机会，增加农民收入，另外，对促进民族地区脱贫致富、维护社会稳定等均具有重要作用。目前油橄榄种植适生区域主要在中西部原贫困地区，如甘肃陇南、四川凉山、湖北十堰、重庆三峡库区移民区等地。

（3）有利于促进油橄榄产业开发技术水平的提高，增强适生区社会、经济可持续发展能力，满足消费者的需求。

（4）有利于缓解食用油市场供需矛盾，改善膳食结构，增进公民健康。橄榄油、橄榄果（加工品）是极好的保健食品和医药用品，大力发展油橄榄，增加橄榄油及餐用油橄榄果的供应，对降低目前的产品价格、扩大橄榄油的食用人群、改善公民膳食结构、提高公民健康水平具有十分重要的意义。

（5）增加生态效益。中国适合生长油橄榄的地区，大部分在中西部的干热河谷地区。这些地区大多经济发展比较缓慢，地广人稀，陡坡耕种情况比较普遍，生态环境相对脆弱。油橄榄是生态、经济效益兼具树种，主要在荒山荒坡和农田地埂上栽植，不会与农争地，并可建立起立体的农田防护林网，具有调节气候、抗灾减灾、保护农田、保持水土、涵养水源等作用，对提高适生区的整体生态环境质量具有重要作用。

（6）经过50多年的引种栽培，我国油橄榄已经发展到甘肃、四川、云南、重庆、湖北、湖南、浙江、陕西、江苏、广东、贵州、安徽12个省市37个地级市67个市县。油橄榄在中国的成功发展，不仅产生了良好的经济效益，成为老百姓的"铁杆庄稼"，更具有生态、社会效益。另外，发展油橄榄产业在乡村振兴中意义重大。

二、发展油橄榄产业的脱贫案例

油橄榄产业在脱贫攻坚和乡村振兴中发挥了显著作用，在全国涌现出了许多成功范例，比较典型的就是甘肃省陇南市和四川省凉山州。

（一）甘肃省陇南市油橄榄产业的扶贫案例

陇南市位于甘肃省东南部，地处青藏高原二级阶地，坐落于秦巴山地西段与岷山山脉、黄土高原交汇地带，地理坐标为东经104°01′~106°35′，北纬32°38′~34°31′。东西长221公里，南北宽220公里，总面积为27923平方公里。东连陕西，南接四川，西邻甘南藏族自治州，北依定西市和天水市。辖武都区和成县、徽县、两当、西和、礼县、康县、文县、宕昌1区8县，195个乡镇。境内有汉、回、藏等21个民族，人口281万人。陇南是甘肃境内唯一全境属于长江流域的市，境内高山、峡谷、丘陵、盆地交错，既有"北国之雄奇，又有南国之秀丽"。气候属亚热带向暖温带过渡区，垂直差异明显，"一山有四季，十里不同天"，气候宜人，雨量充沛、光照充足，森林覆盖率高，素有"陇上江南"之美誉。陇南的生物、矿产、水力、旅游等自然资源丰富，为经济社会发展奠定了良好基础。自然生长的树种达1300多种，其中经济树种有400多种，是甘肃森林覆盖面积最大、树种最多、植被最好的"绿色之肺"，为发展经济林孕育了得天独厚的自然条件。白龙江、白水江、西汉水、嘉陵江流域1500米以下川坝河谷区及半山地带具有与油橄榄原产地相似的环境条件，是全国油橄榄的一级适生区。

40多年来，在国家和甘肃省的大力支持下，陇南市各级领导干部和适生区广大群众以咬定橄榄不放松的精神，依托国家政策，创新办法机制，采取各种措施，推进了油橄榄产业的发展，对精准扶贫、精准脱贫的助推作用显著，联合国粮农组织的官员说：油橄榄在位于亚洲大陆腹地的甘肃陇南"有效地活了下来，并形成地域特色产业，为那里的人民造福！"

陇南油橄榄涉及武都、文县、宕昌、礼县4个县区42个乡镇、338个行政村、40万人口，其中建档立卡贫困户7600户、贫困人口3.44万人。通过油橄榄产业助推，贫困人口减少到2015年的4398户、18910人，贫困发生率由10.4%下降到5.7%。油橄榄适生区农民人均纯收入增加到4013元，同比增长17%，产业贡献值平均达到2200元。同时，陇南市的白龙江、白水江流域生态脆弱，是我国四大泥石流高发区之一。多年来，陇南市在白龙江、白水江二级阶地和泥石流沟道冲积扇上种植油橄榄91.93万亩，让白龙江、白水江两岸披上了绿装，不仅对人居环境美化起到了积极作用，而且发挥出了重要的生态功能。油橄榄产业对维护高端食用油安全起到了重要作用。据统计，近年我国每年进口橄榄油在4万~5万吨，目前以陇南为主的自产橄榄油仅占到市场份额的8.6%。只有大力发展中国自己的橄榄油，不断降低对进口的依存度，才能维护我国高端食用油的安全。甘肃省陇南市发展油橄榄产业的主要做法是：

第一，加大投入力度，强力组织推进。陇南市高度重视油橄榄产业发展，提出了"把陇南油橄榄产业做大做强"的奋斗目标，制订了一系列规划和三年倍增计划，市县区成立由党政领导任组长的领导小组，集中人才、资金，突出重点进行规模发展。陇南市财政筹措资金1000万元支持建设油橄榄工程育苗中心，破解产业发展难题；武都区出台《油橄榄产业发展扶持奖励办法》，财政每年拿出1000万元专项资金重点奖励扶持专业合作社和规模建园大户。市县区林草部门积极争取项目资金,市县区产业开发领导小组每年从财政、扶贫等部门筹措资金,投入油橄榄产业开发中,推动了油橄榄产业的快发展、大发展。

第二,强化工作措施,加快发展步伐。构建多主体、多层次、多形式的建设格局,不断创新工作方式方法,激发产业发展活力。一是土地流转,规模经营。通过鼓励成立油橄榄专业合作社,大办私有林业实体,采取拍卖、租赁、股份合作等形式流转土地,全市有60%以上的橄榄园通过流转,由专业合作社经营管理,实现了规模经营。二是退耕支持,建设基地。把适生区符合条件的油橄榄基地建设,全部纳入退耕还林范围,广大群众采取土地流转、土地入股等各种形式发展油橄榄产业,全市共建成500亩以上示范点256个。三是科技引领,提质增效。成立专门的油橄榄研究机构,完成重大科技项目4项,获得省市科技进步奖3项,获得专利2项,筛选出了油橄榄良种8个。持续开展特色产业提质增效活动,在正常年份下,每年油橄榄鲜果产量增幅达到15%以上。四是农企联动,互利共赢。陇南市区林草主管部门根据鲜果成熟的不同时期及时发布信息,指导农户适时有序采收。油橄榄加工企业定制专用果筐,采用订单收购、预约收购、就近收购的办法,方便了群众交果和企业加工,实现了互利共赢。五是推进改革,确权颁证。将过去能人大户建设的成年油橄榄园纳入林改范围,逐块确定面积,按户颁发林权证,已对9610亩油橄榄园进行了确权颁证,目前颁证工作正在有序推进。

第三,打造名优品牌,彰显产业优势。积极开展了"一注册""两标准""三认证"工作,注册了"祥宇""田园品味"等商标43件,无公害产地认证14项。陇南市获得中国食用油产业突出贡献奖,被国家原林业局命名为"国家油橄榄示范基地"。陇南橄榄油被国家原质检总局评审认定为"地理标志保护产品"。武都区被中国经济林协会授予"中国油橄榄之乡"荣誉称号,确定为"全国知名品牌示范区"。祥宇公司是参与国家橄榄油标准制定的企业,"祥宇牌"橄榄油获得业界第一个国家驰名商标。

第四,全面宣传推介,畅通销售渠道。一是全面立体宣传。在新闻媒体宣传的基础上,通过举办油橄榄产品推介会、中国油橄榄产业发展论坛和中国经济林协会油橄榄专业委员会年会，连续多年在北京举办陇南油橄榄新闻发布会，进一步扩大陇南油橄榄知名度。二是综合借机展示。借助全国各种节会，主动参与展示，陇南自产橄榄油在上海国际橄榄油展览会上与希腊、意大利、西班牙等七国原产地的橄榄油同期盲评，获得了轻度口味"金奖"。三是构建营销体系。多家油橄榄企业在北上广、青岛等城市建立了实体专营店和体验店，借助电商平台，建设电商运营中心，实现线上、线下同时营销。武都区发展1000多家网店，在阿里巴巴、京东等专业网店上建立了销售平台，形成了大城市有固定营销网点、电商营销全国的立体销售格局。

第五，建设美丽城乡，打造橄榄之城。在武都城区周围乡村，广大群众在庭院绿化、道路绿化和节点造景中将油橄榄作为首选树种，在国道212线白龙江沿岸打造百公里油橄榄绿色长廊。在武都城区建设油橄榄主题园，把油橄榄文化历史、地中海风情等各类文化元素融入其中，油橄榄文化得到全面展示。专门设计制作了具有油橄榄特色的街道景观灯，通过塑造景观"点"、延长行道"线"、扩大绿化"面"，初步展现了陇南作为"全国橄榄之城"的美丽景观。

第六，强化对外交流，搭建合作平台。全市先后派出11批次26名专业技术人员，赴地中海油橄榄原产地国家进修学习，邀请希腊、意大利、澳大利亚等11个国家36位世界著名的油橄榄专家到陇南市考察讲学。2016年8月成立了"中国油橄榄产业创新战略联盟"，为油橄榄产业发展搭建了深度合作平台；2022年成立了"陇南市油橄榄产业创新联合体"，与中国林科院、中科院兰化所、江南大学等科研院所和大学合作，组建专家创新团队和课题组，与企业联合开展科研攻关。

陇南市通过大力发展油橄榄产业，促进了当地群众脱贫致富，成效显著，荣获了由习近平总书记亲自颁发的"2015中国消除贫困创新奖"；在全国脱贫攻坚总结表彰大会上，陇南市祥宇油橄榄开发有限责任公司董事长刘玉红荣获"全国脱贫攻坚先进个人"称号并受到表彰奖励；2018年被评为全国"十佳精准扶贫创新城市"、2019年被授予全国消费扶贫典型案例奖；2020年全国产业扶贫工作推进会在陇南召开,向全国推广陇南油橄榄产业扶贫经验。

(二)四川省凉山州油橄榄产业的扶贫案例

冕宁因"山似冠冕,水曰安宁"而得名,位于四川省西南部、凉山彝族自治州北部,素有"凉山北大门"之誉。近年来,冕宁县将产业发展与文化旅游建设同步推进,推动全域产业加快嬗变,一片林种出"金山银山"。遍种橄榄树,种出绿水青山;滴滴橄榄油,淌出致富希望。

冕宁地处安宁河谷中上段,气候适宜,是我国油橄榄生长的一级适生区。从2012年冕宁元升农业科技有限公司正式落地冕宁以来,以冕宁县宏模镇为主体,辐射带动泸沽、河边、漫水湾等乡镇发展油橄榄产业,目前,冕宁油橄榄产业面积达25000多亩,已形成初具规模的产业格局,距未来建成以宏模镇为核心区的10万亩油橄榄种植示范区目标更进一步。走进宏模镇优胜社区,集中连片的橄榄树在烈日的照射下泛着灰白绿光,颗颗还未长成的橄榄绿果在枝叶间格外明显。公路主干道边,村民文化广场、旅游观光道等设施一应俱全,不时可见掩映在橄榄绿树间的农家乐、民宿与销售店,位于山顶的平顶山观景平台,可以俯瞰美丽的油橄榄种植园区,遥望响水崖瀑布,感受古树林之美。沉浸在美景中,一幅村民在橄榄地劳作后,邻里乡亲同聚广场跳舞休闲的画面不觉浮现眼前,橄榄绿浪伴随欢声笑语,岁月静好不过如此。"2014年土地流转给公司后,每年有1000元/亩的土地补贴,我现在负责辅导修枝,每月都有固定工资。"65岁老人吉文华正在地里劳作时说。据介绍,类似吉文华这样在基地务工的村民很多。园区年用工人数为1500人以上,年用工量达到20多万人次,带动了宏模、泸沽、河边、漫水湾等乡镇6800多户农户脱贫致富。"以前,我们这里的山地只能种玉米、土豆,一亩地收入只有800元左右。"吉文华谈到过去和现在的变化很激动。元升公司流转土地发展油橄榄后,吸纳当地村民到基地做工,采取"公司+科技+农户(贫困户)+基地"的模式,流转土地第六年后,按土地入股分红农户利润36%,让农户实现土地分红和打工"双收入"。创新的经营机制,将经营主体与农户建立了合理分享全产业链增收效益和利益联结机制。

"我在凉山就做了一件事情——做顶级橄榄油。"冕宁元升农业科技有限公司董事长林春福说。油橄榄园区引进以色列滴灌技术，采用压力补偿式节水、节肥滴灌系统，提高肥料利用率达30%以上，油橄榄基地产生的枝条、果渣等副产物，通过有机肥生产线处理，既满足了有机发展的需要，又减少了残余物对环境的破坏。元升公司加工厂设计安装生产线3条，每条生产线具备日榨60吨鲜果的生产能力，还建有储油面积300平方米的仓储间，目前有储油罐24个，两条灌、包装设备生产线与储油相连，可实现自动泵油灌装。冕宁元升公司参照世界优质冷榨橄榄油果实采摘标准，结合冕宁气候特点，果子颜色在10%青色、70%黄色、20%紫色时手工采摘，在24个小时内压榨完成，生产出的"Aoilio澳利欧"初榨橄榄油，经送国家权威机构检测，各项指标完全达到特级初榨橄榄油标准。2021年元升公司生产"Aoilio澳利欧"特级初榨橄榄油200吨（产值6000万元），随着园区投产面积增加，产量将呈几何倍数增长，园区全面投产后，年产量可达2000吨以上，年产值在6亿元以上。橄榄树成为引导百姓致富的"黄金树"，从这里看到了冕宁产业带动脱贫攻坚及乡村振兴等方面的发展成果和发展后劲。

冕宁油橄榄逐渐发展成为该县继樱桃、脆红李等产业后，另一张打得响的名片。"冕宁造"橄榄油在国际国内赛事上摘金夺银，产业富民效应得到有力彰显。主要做法是：

第一，以点带面，布局产业发展。冕宁油橄榄产业园区，以冕宁元升农业科技有限公司为龙头企业，园区结合当地自然特点，集成创新，引进了先进的矮化密植丰产园建设技术，力求打造高标准油橄榄产业园。园区集品种试验区、良种繁育苗圃、高标准矮化密植园区、生产研发基地为一体，面积达1.5万亩，在政府引领下，于2021年完成了2.5万亩高标准丰产园建设。以"创建省级油橄榄现代林业产业园区"为目标，合力推动产业发展。宏模镇油橄榄基地正如发展"圆心"，将示范引领作用逐步扩散，推动全县油橄榄产业发展走上正轨。当前，冕宁油橄榄产业以"政府引导、企业带动、农户参与"的生产化经营模式推进，以宏模镇为中心，正逐步辐射带动泸沽镇、河边镇、漫水湾镇等油橄榄适生区同步发展。连点成线，连线成网，全县油橄榄产业发展布局已经清晰，为筑牢发展基础,全县整合项目资源,加强油橄榄基地路网、水系等必要产业基地基础设施建设,夯实油橄榄产业发展"底部根基",以牢固的基础设施建设夯实产业持续发展的基石。

第二,科技引领,开启发展引擎。科技是第一生产力,对现代农业产业发展而言,科学技术的运用尤为重要。为此,冕宁为企业搭桥,通过政府支持,推动企业技术引进和升级。冕宁元升农业科技有限公司与国家林科院、省林科院签订科技合作协议,聘请多名科研、生产专家,组建了"公司+科技+生产单位"的科技联盟,健全了以农技站、龙头企业、农民专业合作社、农业科研机构等力量广泛参与的油橄榄种植技术研究体系,总结出适合冕宁本地的生产技术规程,其成果获省级科技进步奖。与此同时,全县强化技术应用,建立县乡村三级专业化油橄榄技术队伍,以种植基地为平台,对园区技术人员和基地务工农民开展全方位、分层次的培训,致力打造专业化油橄榄技术队伍。园区更秉承绿色、有机、健康、安全的发展原则,全园测土配方和有机肥使用率达100%。此外,园区建立了有机肥生产线,基地产生的枝条、果渣等残余物,通过生产线处理,既能满足油橄榄有机发展需要,又能减少残余物对环境的破坏。

第三,强质塑形,擦亮金字招牌。据公司董事长林春福介绍,在科学采摘的同时,基地还建立了橄榄油生产加工厂,引进了新式环保榨油设备,当天采摘的鲜果在12个小时内完成压榨,生产出特级初榨橄榄油。创建的"Aoilio澳利欧"特级初榨橄榄油品牌,在2015年至2020年间,连续6次获"中国国际食用油及橄榄油产业博览会金奖"。在2018年,获全球最大规模橄榄油竞赛——洛杉矶特级初榨橄榄油竞赛金奖和包装设计铜奖。该县油橄榄产业靶向延伸产业链和价值链,以精细加工、循环经济、用鲜果开发等为原则。基地内建成了规模化加工厂区,建有低温避光成品库房等附属设施,并拟逐步建成3条大型榨油生产线,目前,生产线已部分投入使用,初加工率实现了100%。分类推出了各等级初榨橄榄油产品,并研发出护理精华油、沐浴露、洗发水、手工冷皂等深加工产品,使油橄榄价值最大化。在产品包装上,基地聘请专业机构,通过设计品牌形象和注册商标，突出其"健康、生命、活力、美丽"品牌理念，建立冕宁油橄榄产品追溯体系，着力打造产业发展金字招牌。冕宁油橄榄产业在保障产品质量同时，更在销售环节下足功夫。产品除在线下实体销售外，还建立了以京东、淘宝等互联网平台销售为主的线上商店，实现"线上+线下"有机融合，有力打响了冕宁油橄榄品牌，将产品推向更广阔市场。

第四，创新引领，延伸产业链条。"富民"是产业发展的宗旨，立足于此，冕宁油橄榄产业在发展之初，便以创新引领和产业融合为抓手，将带动群众共同致富的理念融入了基地发展当中。基地采取"公司+科技+农户（贫困户）+基地"模式，动员农民按土地流转和入股方式合作，农民在基地打工，实现土地分红和打工"双收入"。"我家是这里最早一批接受土地流转的村民，全家7亩多地，每亩每年可以得到1000元租金，我和我妈都在油橄榄基地务工，一年下来可以收入5万元左右。"宏模镇优胜社区村民张帆如是说。在当地，类似张帆这样在基地务工的村民很多。据介绍，基地每年用工人数在900人左右，用工量达7万多人次，带动了当地3800多户农户致富。在基地带动下，老百姓的腰包鼓了起来，与此同时，基地在产业发展中起到的"接二连三"作用，更是令人振奋。在三产连接上，冕宁依托油橄榄产业科技示范基地，以乡村振兴战略为抓手，以绿色为底色，产业为基色，文化为灵魂，将园区周边山林、景观综合规划利用，建设生态保育区、游憩体验区、产业发展区、管理服务区、生活居住区"五大功能区"，打造集产业园区观光体验、绿色生态旅游、休闲康养等多元功能于一体的"产业园区型"森林小镇。该项目已成功申报为四川省第三批省级森林小镇，建成后，预计每年可实现接待游客3万人次，预计实现增收1500万元。

该县橄榄油产业发展并未止步，全县以"规划引领""科技引领""品牌引领""创新引领"为抓手，正全力推动油橄榄产业转型升级，朝着创建省级油橄榄现代林业产业园区目标迈进。回眸过往，展望未来，一抹"橄榄绿"绘在冕宁产业发展的蓝图上。数年时间，全县油橄榄产业发展从无到有，从小到大，逐渐成为当地一张响亮的名片。当前，全县油橄榄产业找准了与二产、三产契合的发力点,继续朝着规模化、科技化、品牌化方向持续发力,冕宁油橄榄产业,未来可期。

第二节 油橄榄的产业现状

一、世界油橄榄的产业现状

(一)种植区域及国家

据国际油橄榄理事会(International Olive Council, IOC)和联合国粮农组织的最新统计资料表明,目前全球油橄榄种植总面积约1500万公顷,超过10亿株。迄今为止,全球六大洲已有47个国家种植油橄榄,遍布北纬45°到南纬37°的广大地带。亚洲有巴基斯坦、叙利亚、黎巴嫩、约旦、伊拉克、伊朗、土耳其、日本、中国等;非洲有突尼斯、阿尔及利亚、摩洛哥、利比亚、埃及、南非等;北美洲有美国、墨西哥;南美洲有智利、阿根廷、乌拉圭、秘鲁等国;大洋洲有澳大利亚;欧洲有意大利、西班牙、希腊、法国、阿尔巴尼亚等。

(二)主栽品种

1.油橄榄的品种演变及品种鉴别

野生油橄榄原产于小亚细亚,那里有极其丰富的野生油橄榄群落,大约6000年前,在耶利哥(现属巴勒斯坦)野生油橄榄结果并被榨出橄榄油,有考古证据表明,油橄榄、葡萄、无花果和枣椰树是该地区人类最早栽培的果树。这4个树种有一个共同的特点:它们都易于通过简单的方法进行繁育(利用种子、硬枝扦插、根萌蘖)。可以肯定的是,人工栽培的油橄榄树种不同于野生树种,它们的果实更大,含油率更高,这两个标准加上产量要求和对环境的适应性,就是人工栽培优树的选择标准。

油橄榄的种植随着文化的传播遍布地中海流域。当迁徙者带着最初的栽培品种的后代树到达新的油橄榄种植区,地中海沿岸各个国家的栽培树种逐渐形成。那些能够与栽培树种交互授粉的野生油橄榄,在品种的多样化中扮演了关键角色，最终形成了如今油橄榄的遗传变异性和对不同环境的适应性。

油橄榄在被推广过程中带来了品种的巨大差异。法国、希腊、意大利、葡萄牙、西班牙、突尼斯和土耳其等国对油橄榄栽培品种的研究揭示了一个品种结构特征——大量的古老品种通常被限定于它们假定的原生地区。在地中海地区以外，油橄榄种植的发展基本是通过从其他国家引入，诸如美国、阿根廷和澳大利亚以及现在的中国。

在传统油橄榄栽培国家繁殖材料交易的增长改变了这种状况，这在很大程度上要归功于多叶茎繁育所需要的繁殖体大小的降低和随之带来的苗圃行业的相应发展。例如，西班牙在近年来就经历了油橄榄果园的惊人增长，这些果园超过90%仅仅种植三个品种：皮瓜尔（picual）、豆果（arbequina）和贺吉布兰卡（Hojiblanca）。这三个品种正被不断推广到距离它们的传统种植区很远的地区，而在这些新种植区并没有经过前期试验。在意大利情况也相似，油橄榄种植区的传统品种在新的果园中正逐渐让位于更加适宜于油用或餐用果生产的新品种。另外，苗圃行业近年来开始向许多国家大量出口苗木。诸如埃及、摩洛哥、阿根廷、智利、葡萄牙、澳大利亚以及中国等国的新兴油橄榄园也有了来自各种渠道的种质材料。

种质资源收集面对的首要问题就是正确辨认新增资源。在品种选择和传播过程中，人类采用了类属命名标准。这种命名一般根据品种的某些显著突出特征（如果实、树体、叶片等），或其最终用途，或根据它们的产地命名。这也导致相同的名字用于不同品种（同名异种）或者不同名字用于同一品种（别名），这些造成品种命名相当混乱。

正确的品种鉴别在一个种质材料交易飞速增长的时代显得尤为关键，这就是在分配到种植园之前需对种质库中的种质进行鉴别的重要原因。品种收集面临的第二个问题是持有的品种在多大程度上具有代表性，因为收集的品种仅仅只是一个国家品种财富的一部分，对于国内分布区域所栽培的种质材料而言可能并不具有足够的代表性。因此，种质收集和鉴别必然是一个长期不断完善、不断修正的过程。

2.世界油橄榄的主栽品种及特点

每个种植区的成熟的栽培品种都是在现有的种质库中选择出来的, 很少被引种扩散到其他地区。直到最近一些年, 一些在具有悠久历史的传统油橄榄种植国家表现最佳的油橄榄品种, 逐渐被引入世界各地。随着产品质量管理、机械化管理和抗病虫害的需求变得越来越重要, 品种选择的重要性也凸显出来。如今, 得益于近年来建立的种质资源库, 世界上主要的油橄榄栽培品种的特性已逐渐被人们所了解。

目前, 世界上名称不同的油橄榄品种有2000多个, 从形态学、分子生物学、遗传学的角度进行分类, 有600多种, 其中主要栽培品种有320种。我们根据油橄榄的种植表现, 对广泛栽培的部分品种进行了划分:

· 早实及丰产品种: 奇迹、豆果、毛里诺(Maurino)、皮瓜尔、小苹果

· 油质好: 佛奥、豆果、莫莱罗(Moraiolo)、皮瓜尔

· 抗寒: 劳斯垂奥·迪·里加利(Nostrale di Rigali)、莱星、奥贝塔纳(Orbetana)、多尔切·阿格加(Dolce Agogia)

· 耐酸性: 皮库多、Cobrançosa、加莱戈(Galego)、莱芹·塞维利亚(Lechín de Sevilla)、莱芹·格拉纳达(Lechín de Granada)、贺吉布兰卡

· 耐盐碱: 皮瓜尔、豆果、莱芹·塞维利亚(Lechín de Sevilla)、卡尼瓦诺(Canivano)、内瓦迪友(Nevadillo)

· 抗油橄榄叶斑病: 莱芹·塞维利亚、莱星、毛里诺、阿斯(Ascolana tenera)

· 抗黄萎病: 佛奥、豆果、截风龙(Cipressino)

· 抗油橄榄肿瘤病: 莱星、多尔切·阿格加、奥贝塔纳、金泰尔·基耶蒂(Gentile di Chieti)、科多维尔·塞尔帕(Cordovil de Serpa)、Galega vulgar、摩洛哥皮削利(Picholine marocaine)、塞维利亚戈达尔(Gordal sevillana)

在选择品种时, 我们应考虑每个油橄榄种植区的传统经验, 因为当地现有品种通常是最适合该地区的, 并有利于凸显出当地所产橄榄油的特色。由于目前成本效益管理和机械化操作是关键目标, 在所有其他条件相同的情况下, 我

们应优先选择适合机械采收、抗病虫害且高产优质的品种（见表2-1）。

表2-1　油橄榄品种的产量和机械采收产出（平均3年）

品种	作物产量（千克）	机械采收产出（%）
佛奥	11.28	87.00
莱星	12.91	85.90
莫拉约	14.08	89.91

目前，在意大利和其他油橄榄主产区广泛使用的品种所产油质好，但在产量和抗病虫害方面表现较差，我们还需要进一步开展研究，以克服或减少这些缺点，同时培育更适应机械化栽培的品种。从中期来看，现有最佳品种的杂交有可能产生新品种。因此，我们需要对现有最佳品种进行长时间的性能观察试验，以确认它们至少在某一些重要性状方面的优势。

3. 中国油橄榄的主栽品种及特点

1964年，周恩来总理从阿尔巴尼亚引进了米扎、佛奥、爱桑、卡林、贝拉5个品种嫁接苗10680株，分别在云南、四川、贵州、广西、广东、湖北、浙江、江苏8个省区的12个点试种。20世纪，我国先后从阿尔巴尼亚、意大利、西班牙、希腊等9个国家引进158个油橄榄品种。其中，1959年—1980年，经林业部（农业部、农林部）总共引进油橄榄种子9794千克；1960年—1986年，先后由阿尔巴尼亚、苏联、南斯拉夫、希腊、意大利、西班牙、法国、突尼斯、阿尔及利亚等9个国家引进优良穗条3万余条。随后，油橄榄种质资源损毁严重，幸存下来的仅约20%。近20年来，随着油橄榄产业的复苏，人们的品种意识逐步加强，幸存的品种都得到了一定保护，基本没再丢失。经过60多年的探索研究，目前已确定了油橄榄在我国的适生区，筛选出了比较适应我国自然条件的品种，研究出了综合配套栽培技术。但是，由于栽培区的气候、土壤等生态因子及生长指标与原产地（地中海地区）相比有一定差异，通过引种驯化和区域栽培试验，我国引种的大量品种中普遍受到认可的主栽品种有26个，其中国家级良种4个（见表2-2），省级良种22个。

表2-2　油橄榄国家级良种

名称	原产地	品种特性
佛奥	意大利	树冠扁圆形,抽枝能力强,生长旺盛,成枝率高,枝条易下垂;叶片披针形,叶片扁平;花序长而大,果实长椭圆形,黑色,果汁多,果点凸起,果实表面光滑,果核卵形,褐色,果肉率80%,成熟果实含水率48.3%~51.03%,全果干基含油率37.48%~42.93%,出油率高;适应性强,适宜在土壤疏松、肥沃、排水良好的石灰质土壤上种植。对叶斑病、肿瘤病、果蝇等抗性低。
皮瓜尔	西班牙	树势旺盛,树冠单锥形,抽枝能力强,枝条密,生长旺,柔软而下垂;叶片窄披针形,叶向背凹,叶间距短,密集;早实,花期中,自花授粉,花絮短,花量中,开花中到晚,坐果率较高,成熟期较晚,果形卵圆形,果顶微具乳凸,果面粗糙;果肉率89.2%,鲜果含油率23%~27%。抗性强,特别耐寒,适应性强,可适应不同的气候和土壤条件,耐盐碱、耐涝不耐旱。
豆果	西班牙	树势中等,树形较小,树冠单锥形,抽枝能力较强,枝条疏密度中等,长势较旺,叶面中间凸起,边缘下卷;结果早,开花花量中,可自花授粉;果面光滑,果实近球形,对称,果顶圆形,乳凸退化,果肉率83.4%。它具有较高的生根能力,其以高产稳产而著称,适应性强,抗性强,非常耐寒,抗盐碱,耐高空气湿度。
柯基	希腊	树势中等,树形矮小,树冠卵圆形,抽枝能力强,枝条密集,长势旺;叶片扁平,窄披针形;结果早,果实小,果顶具乳凸,成熟晚;产量高,大小年不明显,果实成熟期特晚,耐瘠薄,抗盐碱,耐旱,耐水分胁迫,抗风,干旱时不能忍受低温,要求气候温和。抗油橄榄叶斑病,较抗立枯病。

（三）面积及产量

1.油橄榄的种植面积及分布

目前全球油橄榄的种植总面积约1000万公顷。根据联合国粮农组织的统计数据,20世纪60年代世界油橄榄种植面积约为260万公顷,在世界各国经济快速增长的刺激下,经过30年的发展,到了90年代,就已增长到741万公顷,激增185%。21世纪以来的20年间,全球油橄榄种植面积继续增长,但受可利用土地总量的制约,近10年,全球种植面积稳定在1000万公顷左右。近5年来,受全球气候变化的不利影响,油橄榄种植面积也出现了较大的波动。

从种植区域来看,世界最重要的油橄榄种植区始终是其原产地地中海沿岸国家,其中以南欧国家为主。仅西班牙、意大利、希腊三国就分别占全世界油橄榄种植面积的25%、11%、8%,在21世纪初,其种植面积更是分别占到了全球总面积的28.4%、13.8%、9.3%，仅三国种植面积就达到了世界油橄榄总面积的50%以上。在非洲，传统的油橄榄种植区包括突尼斯、摩洛哥、埃及等地中海国家，其种植面积也分别达到了110万公顷、128万公顷和10万公顷。亚洲则主要分布在土耳其、以色列等西亚国家，面积分别为89万公顷和将近3万公顷。所以，时至今日，地中海沿岸的欧洲和非洲国家始终是油橄榄的最主要的种植区，面积将近世界油橄榄总面积的80%。但随着食用橄榄油的推广和全球种质资源的交流，近年来，东亚、美洲、澳洲等非原产地的油橄榄种植业也开始蓬勃发展，在全球贸易的大潮中，油橄榄也走出了地中海，在北纬45°和南纬39°的广大地区生根繁衍。澳大利亚、美国、中国等国不仅为橄榄油的消费提供了广阔的新市场，也为油橄榄提供了新的适生区。这一变化在20世纪初的20年间，表现得尤为突出。2001年，欧洲和非洲油橄榄种植面积分别占56%和27%，亚洲和美洲分别占约16%和1%。到2021年，传统欧洲原产国占比下降到了49%，非洲占31%，亚洲和美洲则分别增长到了18%和2%。

2. 全球橄榄油的产量

根据联合国粮农组织和有关国家的资料，20世纪的前10年，世界初榨橄榄油年平均总产量仅为60万吨，到20世纪50年代，世界年平均产油量不足100万吨；60年代年均产油达到141万吨；70年代，年均产油155万吨；80年代，年均产油173万吨；90年代，年均产油209万吨。90年代后，地中海沿岸国家为满足国内橄榄油的消费需求和增加的外贸出口，开始重视油橄榄的科学研究，生产上从传统式栽培技术向现代栽培技术发展。所谓现代栽培技术就是选用良种、实行集约经营管理，提高单位面积产量，以机械代替人力，以求得较高的经济效益。通过现代集约栽培，平均产量由过去的700~800千克/公顷提高到2000~3000千克/公顷，2018年，西班牙油橄榄鲜果产量甚至达到了3800千克/公顷的历史最高水平。到21世纪初，世界橄榄油平均年产量为277万吨。根据IOC数据统计，近10年来，受全球气候剧烈变化的影响，橄榄油生产出现了较大的波动，2012/2013榨季橄榄油全球产量较上年下降达28%，2013/2014榨季又上升35%，直到2018/2019榨季，波动才较趋平缓。近5年来世界橄榄油年均产量约310万吨,其中,2018/2019年度约330万吨,2019/2020年度约327万吨,2020/2021年度约301万吨,2021/2022年度榨季预计全球产量为339.8万吨(见表2-3),增长率见表2-4。

表2-3　2000—2020年度全球初榨橄榄油产量统计表

单位:万吨

年度	2000/01	2001/02	2002/03	2003/04	2004/05	2005/06	2006/07	2007/08	2008/09	2009/10
产量	256.5	282.6	249.6	317.4	301.3	257.3	276.7	271.3	267	297.4
年度	2010/11	2011/12	2012/13	2013/14	2014/15	2015/16	2016/17	2017/18	2018/19	2019/20
产量	307.5	332.1	240.2	325.2	245.8	317.7	256.2	337.9	330.4	326.7
年度	2020/21	2021/22(prev.)								
产量	301.9	339.8								

注:数据来源于IOC

表2-4　2000—2020年度全球橄榄油产量增长率

近20年增长率		20世纪90年代增长率		近10年增长率	
累计	年均	累计	年均	累计	年均
127.3%	2.3%	58.3%	8.0%	35.7%	2.2%

世界橄榄油主产国多集中在地中海沿岸和周边国家,欧洲地区橄榄油产量占世界橄榄油产量的76.7%。在20世纪80年代前,意大利一直稳坐世界橄榄油年产量第一位的宝座,西班牙位居第二位,希腊第三。20世纪70年代后,意大利油橄榄鲜果产量大小年变动极为明显,最高变动幅度超过100%,种植面积亦逐年下滑,由70年代初的135万公顷,降至2020年的121万公顷。而西班牙则由20世纪80年代初的115万公顷,逐年增至2021年的262万公顷,橄榄油产量更是由20世纪70年代的40万~50万吨增至2020年的156万吨,成功跻身世界第一大油橄榄种植国和橄榄油生产国。根据联合国粮农组织数据,目前世界10个主要橄榄油生产国为:西班牙、突尼斯、意大利、希腊、土耳其、摩洛哥、叙利亚、阿尔及利亚、葡萄牙、埃及。2020年10国的橄榄油总产量达到318.5万吨,占世界橄榄油总产油量的97.5%。其中,西班牙、突尼斯、意大利、希腊四国的年

产油量分别占世界橄榄油总产量的41.5%、11.4%、10.1%、9.4%，四国合计占世界总产量的72.5%。值得关注的是，突尼斯从国土面积来说只是一个非洲小国，在21世纪后快速成为世界橄榄油市场上的主角之一，年产油从2001年的3万吨，逐年猛增至2020年的37.3万吨，增长超过10倍，而其种植面积根据联合国粮农组织收集的官方数据，变化并不大，仅仅从2001年的约130万公顷，增长至2016年的160万公顷，从中可以看出现代管理技术对油橄榄产量的提升作用。

进入20世纪90年代，东亚、澳洲、美洲等地的新兴橄榄油生产国也相继出现。20世纪90年代初，传统的欧洲橄榄油主产国产量平均为183万吨，占世界橄榄油总产量的77.43%，非洲产区为12.4%，亚洲和美洲分别仅为9.44%和0.72%。到2005年，欧洲主产区产量占世界总产量占比下降为75.09%，非洲产区占11.35%，而亚洲和美洲产量占世界总产量分别升为12.61%和0.91%。截至2020年，欧洲主产区产量占比已变为63%，非洲占21%，亚洲和美洲产区的产量占世界总产量的占比则分别为14%和2%（见图2-1）。

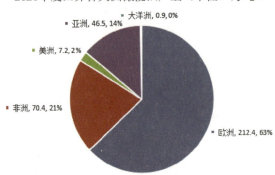

2020年度世界各大洲橄榄油产量（单位：万吨）

图2-1 2020年各大洲橄榄油产量及占比

注：数据来源于联合国粮农组织官网

地理气候条件、先进的栽培及加工技术决定了欧洲地中海沿岸成为橄榄油的绝对优势产区，但随着栽培技术的发展和橄榄油消费的普及，世界油橄榄种植区也在不断扩展。从总产量来看，全球橄榄油产量虽然个别年份起伏较大，但总体来说呈上升趋势。值得关注的是，地中海区域以外的其他国家橄榄油产量也在逐渐增长,并渐渐显示出增长潜力,虽然客观来讲发展相对缓慢,却是橄榄油全球化市场发展的生力军。

(四) 橄榄油的消费量

橄榄油是当今世界上唯一采用鲜果冷榨而获得的纯天然木本食用油,是世界上公认的最好的食用油。橄榄油约占国际食用植物油市场的3%,长期处于供不应求、价格较高的状态,橄榄油的价格是一般食用油的3~6倍。近20年来,国际橄榄油消费量逐年增长。橄榄油的传统消费市场主要在地中海沿岸国家,也就是橄榄油主产国。据IOC数据,1990年,欧盟国家消费橄榄油121.45万吨,占当年世界消费总量的72.9%。到2010年,欧盟消费占比已逐年降至63.6%。2021年,欧盟消费橄榄油总量为147.65万吨,占世界消费总量的47.2%。从这一变化可以看出,非橄榄油主产国的消费量正在稳定上升,橄榄油新兴市场呈现出巨大的潜力。数据显示,其他非主产消费国主要为美国、巴西、日本、加拿大、中国、澳大利亚。2020/2021年度,这6个国家橄榄油的消费量分别为38.9万吨、10.7万吨、5.9万吨、5.8万吨、5.3万吨和5.3万吨。2001—2021年全球橄榄油的消费量,见表2-5。

表2-5 2000—2021年全球橄榄油消费量统计表

单位:万吨

年度	2000/01	2001/02	2002/03	2003/04	2004/05	2005/06	2006/07	2007/08	2008/09	2009/10
消费量	259.1	260.7	267.8	288.3	292.4	269.1	279.9	275.5	283.2	290.2
年度	2010/11	2011/12	2012/13	2013/14	2014/15	2015/16	2016/17	2017/18	2018/19	2019/20
消费量	306.1	308.6	298.9	307.6	291.6	298	272.6	303.9	311	326.8
年度	2020/21	2021/22 (prev.)								
消费量	317.4	323.9								

注:数据来源于IOC

2000—2020年全球橄榄油产消量对比情况,见图2-2。对比产量大小年波动较明显,世界橄榄油消费量20多年来基本上以较为稳定的态势缓慢增长。

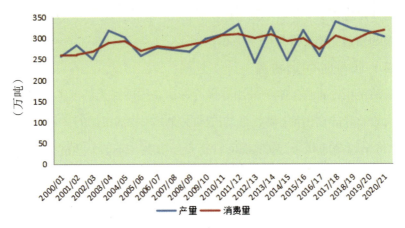

图2-2　2000—2020年全球橄榄油产消量对比

注：数据来源于IOC

1. 橄榄油的进出口贸易

近几年由于世界人民对油橄榄的日益关注，国际油橄榄市场得到了空前的发展。2021年，全球橄榄油出口量将近120万吨，出口额为35亿美元；进口量为114万吨。2000—2021年度全球橄榄油进出口贸易量，见表2-6。

表2-6　2000—2021年全球橄榄油进出口贸易量统计表

单位：万吨

年度	2000/01	2001/02	2002/03	2003/04	2004/05	2005/06	2006/07	2007/08	2008/09	2009/10	2010/11
进口量	51.7	43.7	49.3	66.3	63.4	63.9	70.4	63.6	60.1	65.2	70.5
出口量	50.2	39.5	48.3	65.8	63.4	60.4	66.2	56.3	60.9	65.3	69.6
年度	2011/12	2012/13	2013/14	2014/15	2015/16	2016/17	2017/18	2018/19	2019/20	2020/21	2021/22
进口量	77	85.3	78	92.1	79.1	78.2	94.3	97.5	124	114.7	113.9
出口量	80.3	84.3	78.5	92.9	78.9	78.3	94.5	97	124	114.7	120

注：此表数据来源于IOC

各个主产国在进出口贸易中表现出不同特点。在2011年以前，意大利一直是世界橄榄油第一大出口国，也是欧洲第一大进口国。2001—2010年，10年间意大利平均每年出口橄榄油18.7万吨，进口橄榄油10.4万吨，是全球第二大橄榄油生产国，第二大橄榄油出口国，同时也是全球第一大橄榄油进口国，可以说是全球当之无愧的橄榄油贸易中心。作为全球橄榄油贸易的重要集散地，意大利除了自产橄榄油，还每年从西班牙、希腊及其他非欧盟原产国进口大量散装橄榄油，进行分装，每年均出口24万吨的瓶装橄榄油。紧随其后的是西班牙和葡萄牙两国。这三个欧洲国家的出口量就占到了全球出口贸易总量的60%以上。2010年后，意大利在橄榄油国际贸易中的地位逐渐下降，西班牙开始真正建立起在全球橄榄油市场上的主导地位，十几年来一直保持着橄榄油产量和出口量全球第一的位置，并且出口量占全球出口总量的比例由2010年的28%，稳定增长至2021年的将近40%。在欧盟主要的橄榄油原产国中，希腊是唯一的纯出口国，它每年特级初榨橄榄油出口量不超过2万吨。突尼斯是地中海南部最重要的油橄榄种植国，虽然国土面积只有16万平方公里，但却有油橄榄190万公顷，占其全国可耕种面积的1/3，橄榄油产量占世界橄榄油总产量的4%~9%，是该国主要的出口创汇农产品。进入21世纪，特别是近10年来，突尼斯逐渐取代意大利，成为全球橄榄油第二大出口国，年出口橄榄油10万~20万吨。突尼斯本国人口少，所产橄榄油80%用于出口，其中最大的出口市场是欧盟市场，约占突尼斯橄榄油出口量的70%。地中海原产国中的西班牙、意大利、突尼斯三国橄榄油出口贸易量之和占到全球橄榄油出口总量的78%（见图2-3）。

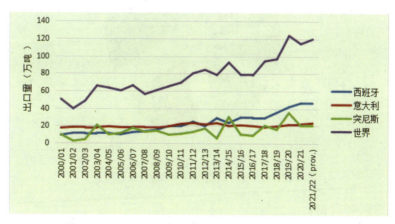

图2-3　2000—2021年全球及主要出口国橄榄油出口量

注：数据来源于IOC

从商品类别来说，根据IOC的数据统计，2021/22年度榨季全球橄榄油出口总量为120万吨，其中70.9%是特级初榨橄榄油，初榨橄榄油比重为5.2%，其他橄榄油（包括精炼橄榄油、混合橄榄油等）占19.3%，橄榄油灯油占4.6%。进口方面，美国始终是最大的橄榄油进口国，年进口橄榄油30万~40万吨，占全球进口总量的35%以上。近几年来，巴西橄榄油进口经历了井喷式的增长，由2015年的不足5万吨，到2019年连续3年超过10万吨，超过西班牙一跃成为第二大进口国，占全球进口量的9%。美洲另一个大国加拿大，其橄榄油进口量也占到了全球的5%。加上墨西哥，整个美洲在全球橄榄油进口中的占比超过50%，成为全球最重要的橄榄油进口区。同时，作为快速崛起的新兴市场，亚洲地区虽然与欧美国家在饮食上存在巨大差异，随着国家经济实力的增长和全球一体化的趋势，橄榄油进口也显示出了旺盛的增长势头。亚洲地区以日本、中国为代表，拥有最庞大的消费者基数，该地区必将成为未来橄榄油消费的最重要的潜在市场（见图2-4）。

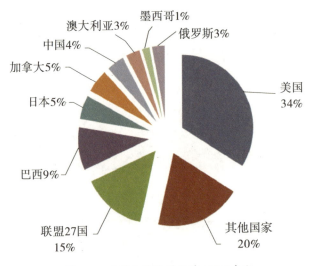

图2-4　世界主要橄榄油进口国及占比

注：数据来源于IOC

二、中国油橄榄的产业现状

中国油橄榄产业走过了半个多世纪的艰难历程。50多年过去了，油橄榄已经在我国长江以南的12个省市推广开来，并在局部地区实现了产业化。中国引种油橄榄的成功，得到了国际油橄榄理事会（IOC）的认可，在其制作的世界油橄榄分布图上标注了中国油橄榄分布点，正式确认中国为世界油橄榄分布区。

（一）发展区域

在国家制定的"十三五"规划中，把粮油安全纳入国家战略。2014年国家林业局、国家发改委和财政部联合发布了《全国优势特色经济林发展布局规划（2013—2020年）》，把油橄榄列入特色经济林特色树种，规划在以甘肃武都为中心的白龙江低山河谷区、以四川西昌为中心的金沙江河谷区、长江三峡低山河谷区建设7个重点基地县。但实际上，油橄榄的种植已远远超出这个范围，目前已有甘肃、四川、云南、重庆、陕西、湖北、湖南、浙江、江苏、广东、贵州、安徽等12个省市37个地级市67个市县引种栽培。

（二）种植面积

根据本次不完全调查统计，我国现已种植油橄榄177.59万亩。其中：甘肃省陇南市武都区、文县、宕昌共发展91.93万亩；四川省现有45万亩，主要栽培在凉山州西昌市、绵阳市、广元市、达州市开江县和成都市金堂县、眉山市仁寿县、南充市阆中市等8市8县；云南省现有20.32万亩，主要栽培在丽江市、楚雄州、昆明市、迪庆州、玉溪市、文山市、曲靖市和大理州的8市23个县；重庆市现有14.89万亩，主要栽培在奉节县、合川区、万州区、巫山县、巫溪县；湖北省现有5万亩，主要栽培在十堰市、宜昌市、襄樊市、随州市和黄石市；浙江省现有0.3万亩，主要栽培在杭州市、金华市、丽水市、温州市、衢州市、湖州市、台州市等8市15个县；贵州省现有0.1万亩，主要栽培在黔南州瓮安县和都匀市；陕西省现有0.05万亩，主要在汉中市城固县。全国油橄榄种植面积从2018年的120万亩增长到2022年的177.59万亩，5年间净增长了57.59万亩，增长了近48%，平均年增长9.6%（见表2-7）。

表2-7　中国油橄榄产业发展现状统计表

省（市）	涉及市县	面积（万亩）	鲜果产量（吨）	橄榄油产量（吨）
合计	8—37—67	177.59	90009	11021
甘肃省（2—6）	陇南市（武都区、文县、宕昌县、礼县、西和），甘南州（舟曲县）	91.93	47200	6200
四川省（8—8）	广元市，绵阳市，德阳市，成都市（金堂县），眉山市（仁寿县），达州市（开江县），凉山州（西昌市），南充市（阆中市）	45	36000	3960
云南省（8—23）	昆明市（海口林场、嵩明县、宜良县），楚雄州（永仁县），丽江市（古城区、玉龙县、永胜县、华坪县、宁蒗县），迪庆州（香格里拉市、维西县、德钦县），玉溪市（峨山县、易门县、新平县），文山市（砚山县、丘北县），曲靖市（沾益区、麒麟区、陆良县），大理州（宾川县、弥度县、南涧县、大理市）	20.32	3329	533
重庆市（4—5）	奉节县、合川区、万州区、巫山县、巫溪县	14.89	980	98
湖北省（5—7）	十堰市（郧阳区、郧西县、丹江口市），宜昌市（宜都市），襄阳市（襄阳区），随州市（随县），黄石市（大冶市）	5	2500	230
浙江省（8—15）	杭州市（萧山区、淳安县），金华市（义乌市、金东区、婺城区、武义县、永康市），丽水市（松阳县、遂昌县、青田县），温州市（苍南县），衢州市（常山县、江山市），湖州市（德青县），台州市（仙居县）	0.3		
贵州省（1—2）	黔南州（都匀市、瓮安县）	0.1		
陕西省（1—1）	汉中市（城固县）	0.05		
其他省市				

（三）产量产值

　　总体上，我国油橄榄鲜果的产量在逐年增加，但由于油橄榄生物学特性中存在的大小年结果现象，加之受气候和栽培管理水平的影响较大，鲜果产量会出现波动。据了解，由于油橄榄的种植面积较小，属于非重点监测树种，国家林业和草原局尚未统计全国及各省市橄榄油的产量及综合产值。据本次甘肃、四川、云南、重庆、湖北5个主产省市的初步统计（仅作参考），全国油橄榄鲜果总产量从2018年的47172.5吨增长到2022年的90009吨，5年间净增长了

42836.5吨，总增长率为90.8%，平均年增长18.16%。全国初榨橄榄油总产量从2018年的6677.38吨增长到2022年的11021吨，突破了万吨大关，5年间净增长了4343.62吨，总增长率为65.0%，平均年增长13%。全国油橄榄产业总产值从2018年的13亿元增长到2022年的43.24亿元，5年间净增长了30.24亿元，总增长率为232.6%，平均年增长46.5%。

（四）加工能力

近年来，全国油橄榄挂果面积不断增加，产量上升，加工能力提升很快。据2022年初步统计，全国现有初榨橄榄油加工企业51家，初榨油生产线62条，总加工能力超过了6万吨，榨油设备有西班牙（RAPANELLI、PIERRLIS、UVNX9111、阿法拉伐ALFALAVAL-MM353-X3）、德国（FLOTTWEG、GEA）、土耳其（HAUS）、安徽赛尔特、四川丹阳9种机型。按处理能力分：每小时鲜果处理量5吨以上的生产线4条，5吨以下58条，1~2吨/小时的小型机占绝对优势。按工艺水平分：节能、节水、减排、环保的"两相法"生产线11条，传统的"三相法"生产线51条，淘汰落后产能任务量大。其中陇南祥宇、重庆江源、云南田园3家企业购置了"精品"生产线。按区域分：甘肃省陇南市有加工企业21家，生产线31条，占全国初榨油生产线的50%；四川有加工企业9家，生产线10条，占全国初榨油生产线的16.1%；重庆市有加工企业4家，生产线5条，占全国初榨油生产线的8.1%；云南有加工企业13家，生产线13条，占全国初榨油生产线的21%。四川元升公司、云南省林科院、陇南市经济林研究院和陇南祥宇公司先后购进了MC2微型榨油机用于榨油工艺参数优化试验和出油率分析。

（五）消费市场

橄榄油是世界四大食用木本植物油脂之一，占世界植物油产量的2%，橄榄果的产量受气候和大小年的影响，全球年产油量在300万吨左右波动。国际油橄榄理事会前主席说过这样一句话：中国市场是世界上最后一块最大的潜在橄榄油消费广场！我国油橄榄的种植和加工规模正逐年增加，但赶不上消费市场的扩张速度，由于国外橄榄油的价格优势，进口量逐年增加。从2006年起，中国橄榄油的进口量增长了6倍，预计到2025年橄榄油消费量将达到10万吨。据海关总署统计，2022年中国进口橄榄油4.5万吨，目前中国自产橄榄油仅占进口量的11.1%，但由于企业规模小，种植技术不精，以及其他主客观原因，尽管质量普遍较好，但成本依然较高，缺乏价格优势，有的年份会出现"压库"现象。

（六）种质资源

世界上有油橄榄品种1700多种，其中主要栽培种有320种。50多年来，我国先后引入有登记的油橄榄品种157个。近年来甘肃、四川、云南等省的科研院所和中泽、华欧、聚峰谷等公司又从以色列、西班牙等国进行了多批次引种。重复统计数据表明：甘肃省引进油橄榄品种（种质）171个（份），获批省级良种8个，建有国家和地方种质资源库2个，良种基地1处，推广良种45万亩；四川省引进油橄榄品种（种质）256个（份），获批省级良种12个，建有国家种质资源基因库1处，良种基地2处，推广良种12万亩；云南省引进油橄榄品种（种质）132个（份），获批国家级良种2个，省级良种14个，建有良种基地1处；重庆市获批省级良种6个；湖北省引进油橄榄品种（种质）78个（份），推广良种0.5万亩；浙江省引进油橄榄品种（种质）113个（份）。截至2022年，全国共审（认）定国家级良种4个，省级良种22个，建有种质资源基因库3处，收集种质资源750份（重复计算），建设国家良种基地4处，良种推广面积57.5万亩。奇迹（柯基）、豆果、阿尔波萨纳3个新引进品种已经实现了早实、丰产和高抗性。在品种资料收集整理方面，已编辑出版《油橄榄品种图谱》，收集品种101个；《世界油橄榄品种图谱》已翻译出版，收集全世界24个油橄榄种植国的主要栽培品种145个，占世界油橄榄主栽品种的85%。现参考邓明全、俞宁所著《油橄榄引种栽培技术》、邓煜所著《油橄榄品种图谱》（品种图片由邓煜研究员提供）和生长表现，将目前主栽良种简要介绍如下：

1. 佛奥（Frantoio）

佛奥是世界著名的油用品种，现为中国国家审定良种，2012年由云南省林科院申报，良种号：国S-ETS-OE-027-2012。已推广到甘肃、云南、四川、湖北、重庆等省市油橄榄种植区。

佛奥适应性强，适宜在年平均气温16℃左右的地区生长，是一个较好的油用品种,油质佳。定植后3~5年开花结果,7~10年进入盛果期,但大小年非常明显,管理粗放时甚至有一个大年两个小年的情况,不耐寒,不耐旱,长期干旱时叶片卷曲失绿,果实皱缩。在云南、四川表现出结实率高、丰产稳产的特点。适宜在土壤疏松、肥沃、排水良好的石灰质土壤上种植。对叶斑病、肿瘤病、果蝇等抗性低。以马拉纳罗(Morachiaio)及配多灵(Pendolino)做授粉树可提高结实率(见图2-5)。

图2-5 佛奥(Frantoio)

2. 豆果(Arbequina)

豆果是一个早实、稳产、高产的国际油用品种。别名有阿贝奎纳、阿贝基娜、阿尔贝吉纳等。2018年由中国林科院等多家单位联合申报,认定为国家良种,良种号:国R-ETS-OE-0042018。也是云南、四川省级良种,已推广到甘肃、云南、四川、湖北和重庆等省市油橄榄种植区。豆果以高产稳产而著称,适应性强,抗性强,耐寒抗盐碱,耐高空气湿度,能在1月平均气温2℃的地区生长。适度耐旱,对钙质非常高的土壤敏感。具有较高的生根能力,采用半木质化枝条扦插容易生根,但易落叶,扦插成活率66%。抗油橄榄叶斑病和油橄榄瘤,不抗橄榄果蝇和孔雀斑病,会被油橄榄果蝇和枯立病侵染。干果含油率48.04%,鲜果含油率26.46%,工业出油率17.8%,单品种油含

图2-6 豆果(Arbequina)

油酸71.36%。新鲜油具有良好的感官性，果味浓，苦味和辛辣味淡，属轻度口味橄榄油，非常适合东方人口味，但加工后保质期较短（见图2-6）。

3. 柯基（Koroneiki）

图2-7　柯基（Koroneiki）

柯基是一个早实、稳产、高产、出油率高、油质好的国际油用品种，又名科罗莱卡、奇迹、科罗内基、科拉喜等。2018年由中国林科院等多家单位以科罗莱卡品种名申报，认定为国家良种，良种号：国R-ETS-OE-005-2018，也是甘肃、四川、云南省级良种，已推广到甘肃、云南、四川、湖北和重庆等省市的油橄榄种植区。柯基结果早，产量高，大小年不明显，果实成熟期特晚，耐瘠薄，抗盐碱，耐旱，耐水分胁迫，抗风，干旱时不能忍受低温，要求气候温和。扦插不易生根，成活率较低。抗油橄榄叶斑病，较抗立枯病，适宜于山地建园、地埂栽植和栽植行道树（见图2-7）。

4. 皮瓜尔（Picual）

皮瓜尔是著名的油用品种。2017年由陇南市油橄榄研究所申报，甘肃省林木良种审定委员会认定为甘肃省林木良种，良种号：甘R-ETS-P1-022-2017。2020年由云南省林业和草原科学院申报，审定为国家良种，良种号：国S-ETS-OE-006-2020。已推广到甘肃、云南、四川、湖北和重庆等油橄榄种植区。

皮瓜尔是适应性最强的品种之一，抗性强，特别耐寒，能耐-10℃低温，而且适应性强，可适应不同的气候和土壤条件，耐盐碱、耐涝、不耐旱。对栽培条件要求不严，在1月平均气温8.1℃，年降水量600~800毫米的地方生长最好，适宜在长日照、夏季降雨偏少、土壤通气性好、有灌溉条件的地区栽培，可按400株/公顷的高密度种植，也适合农户小果园种植，可进行间作。夏季高温、高湿

图2-8　皮瓜尔（Picual）

可造成落叶，影响成花。萌蘖性强，耐修剪，重剪后枝条抽枝力强，在3年或4年生的枝条上都能长出新枝条。皮瓜尔以其产量高、稳定、含油率高和易生根而闻名。抗油橄榄瘤和油橄榄炭疽病，对油橄榄叶斑病、孔雀斑病、根腐病和枯立病敏感，也易被油橄榄果蝇危害。不论硬枝扦插还是嫩枝扦插，嫁接成活率高，无性繁殖容易生根。果实易脱落，有利于机械采收。果可制作绿色或黑色的餐用橄榄（见图2-8）。

5. 莱星（Leccino）

莱星因原生于意大利莱星城而得名，现为甘肃、云南、四川省和重庆市认定良种，良种号分别为：甘S-ETS-EZ-017-2011、云S-ETS-OE-013-2013、川R-ETS-005-013-2017、渝S-ETS-OE-007-2019，是甘肃省陇南市主栽品种。

莱星适应环境能力强，较耐寒，对孔雀斑病、叶斑病、肿瘤病、根腐病有较强的抗性。生长季如遇高温、潮湿天气，在通透性不良的酸性黏土上生长不良，生理落叶重，产量低。适应碱性土壤，耐干旱，在土层深厚、通透性良好的钙质土上生长旺，结果早，产量高，丰产性好，但大小年明显，自花不孕，适宜的授粉品种有马尔切、配多灵和马伊诺（Maurino）（见图2-9）。

图2-9　莱星（Leccino）

6. 鄂植 8 号（Ezhi 8）

鄂植8号简称鄂植、鄂8，为我国实生选育的油果两用品种，现为甘肃、四川、云南省和重庆市审定良种，良种号分别为：甘S−ETS−EZ−018−2011、川S−SC−OE−004−2015、云S−ETS−OE−021−2016和渝S−ETS−OE−006−2019。现已被引种到甘肃、四川、云南、湖北、浙江、重庆等省市。

鄂植8号适应性强，较耐寒，早实中晚熟，单株产量高，丰产稳产，大小年不明显。在土壤质地疏松、排水良好、光照充足的地方种植后通常5年可开花结果，病虫害少，树体矮小，采果方便，长势弱，可密植，适合农户小果园种植。但若结果

图2-10　鄂植8号（Ezhi 8）

后不注意更新复壮，及时恢复树势，则干性差，树体容易早衰。在高湿度地区种植，如果空气湿度大、土壤含水率高、排水不良、果园管理不善、杂草丛生、下垂枝修剪不到位时，秋雨季容易感染炭疽病，造成落叶或烂果，应及时防治（见图2-10）。

7. 科拉蒂（Coratina）

科拉蒂是油果兼用品种，现为甘肃、四川、云南省审定良种，良种号分别为：甘S−ETS−C−019−2011、川S−SC−OE−005−2015和云S−ETS−OE−004−2017。现已在甘肃、四川、云南、湖北、重庆等省市推广种植。

科拉蒂适应性广，结果较早，大小年明显，小年结果部位上移，自花结实率高，异花授粉条件下产量更高，适宜授粉品种为切利那（Cellina di Nardo）。扦插易生根。不抗孔雀斑病，密度过大、通风不良或干旱、水渍都易感病落叶。不宜在寒冷、生长季雨水多、空气相对湿度高于75%、易板结的黏土地上种植，适宜于土层深厚、通透性好、阳光充足的地方集约栽培，抗旱性中等，抗寒性差、适合农户小果园种植，进行间作。油浅绿色，油质中上等，色、香、味很适合

东方人的口味（见图2-11）。

图2-11　科拉蒂（Coratina）

8. 阿斯（Ascolana Tenera）

阿斯又名软阿斯，是世界著名的果用品种之一，也可做油用。为甘肃、云南省审定良种，良种号分别为：甘S-ETS-AT-021-2011和云S-ETS-OE-003-2017。现已在甘肃、四川、云南、湖北、重庆等省市种植。

阿斯对栽培条件要求很严，高温、高湿及酸性黏土条件下生长不良，易落叶、早衰、不结果。喜光，耐寒性强，怕热喜凉爽气候。树体长势强、生长快，树干基部早期易形成营养包。结果早，定植5年后开花结果，果实大，产量高，较稳产，自花

图2-12　阿斯（Ascolana Tenera）

不孕，坐果率中等，以塞维利诺（Sevillano）及列阿（Lea）做授粉树可提高结实率1.2%，其他授粉品种有Santa Caterina、Itrana、Rosciola、马拉纳罗。果熟时遇干旱如不及时灌溉，果实易趋缩，抗叶斑病，遇到冰雹灾害后果实易感染炭疽病，抗孔雀斑病和油橄榄果蝇。果实成熟后易脱落，果实含水率高，易变软难运输、存放，扦插生根率较低（见图2-12）。

9. 皮削利（Picholine）

皮削利原产于法国，因果实形状像鸽子蛋，别名"鸽子蛋"，宜做餐用青橄榄，也可榨油，为油果两用品种。2015年由陇南市经济林研究院油橄榄研究所申报，甘肃省林木良种审定委员会审定通过为甘肃省林木良种，良种号为：甘S-ETS-OE-004-2015。

图2-13 皮削利（Picholine）

皮削利适应性很强，喜光，抗寒，耐瘠薄，较耐旱，怕水渍，喜石灰质土壤，忌通透性差的土壤，要求通风透光，不宜密植。在半山干旱区的钙质土上长势强，叶片寿命长，开花结果早，皮削利与莱星混栽5年可开花结果，大小年明显，耐修剪，丰产性较好。半木质化枝条扦插生根困难，与城固53号做砧木嫁接亲和力强。抗孔雀斑病。油质好，为重度口味，凝固点低（见图2-13）。

10. 阿尔波萨纳（Arbosana）

阿尔波萨纳为早实、丰产、晚熟油用品种。该品种最早由陇南市经济林研究院油橄榄研究所、冕宁元升农业科技有限公司引入我国。2016年由冕宁元升农业科技有限公司申报，被认定为四川省林木良种，良种号为：川S-ETS-OE-002-2016。

该品种是适合篱状高密度栽培的品种。在甘肃省陇南市表现出早实丰产性，栽植后第二年即开花结果，大小年不明显，但不抗寒，气温过低或低温期过长会造成全树落叶，但第二年春季气温转暖时又长出浅绿色新叶，仍正常开花结果。对水分胁迫敏感。无性繁殖易生根，扦插成活率79%。在高湿地区通风不良时叶片及果实易感染霉污病，抗叶斑病，抗油橄榄果蝇和假单胞菌（savastanoi）（见图2-14）。

图2-14　阿尔波萨纳（Arbosana）

（七）创新体系

创新是油橄榄产业发展的不竭动力，我国的油橄榄产业创新体系为国家—省（大学）—地州市（县、区及区域协会）—企业（合作社）四级架构，有相关单位123个，专业技术人员324人。从国家层面看，以中国林业科学研究院、江南大学、中国科学院兰州分院、西北师范大学、陕西师范大学、甘肃农业大学、四川农业大学为主干力量，国家林业和草原局成立了国家林业草原油橄榄工程技术研究中心，由甘肃省林业科学研究院牵头，联合甘肃、四川、云南等省市研究院所，目前专职研究团队有30多个。近年来，参与油橄榄研发的人员越来越多，研究的深度和广度不断扩大，油橄榄发展区的省林（农）科院及大学逐步加入油橄榄相关研究中来，研发能力不断加强，研发团队不断壮大。截至2022年，国家和国内4个省市共成立了6个创新团队，从事油橄榄研究的中高级科研人员71人；涉及油橄榄种植的37个地州市仅有甘肃省陇南市和武都区成立了专门的油橄榄研究所，有专业技术人员36人。据不完全统计，目前全国直接长期从事油橄榄科学研究的机构有18家，从事油橄榄相关研究的专业技术人员有324名，其中博士10人，硕士、研究员及高级工程师57人，工程师及中级以下技术人员257人。

（八）合作交流

油橄榄是纯引进树种，只有开展广泛的合作交流才能助推产业持续发展。我国引种油橄榄50多年来，在单树种方面开展合作交流最多，与联合国粮农组织及世界油橄榄主产国开展了广泛、有深度的合作交流，在品种引进、栽培技术、制油技术等方面取得了丰硕成果。特别是近年来四川、云南和重庆的油橄榄对外合作交流更为活跃，华欧公司、西昌市中泽公司先后聘请西班牙、意大利、以色列资深的油橄榄专家常驻公司进行技术指导，当地项目管理官员和专业技术人员也组成培训考察团先后赴西班牙、意大利、希腊、以色列、突尼斯、土耳其、澳大利亚和南美进行考察学习，带回最新的栽培品种和先进的种植技术。据不完全统计，近5年来与油橄榄产业相关的赴国外考察培训活动共有22次，其中国家相关科研机构5次，四川省8次，云南省3次，浙江省3次，重庆市2次，甘肃省1次。

（九）存在问题

中国的油橄榄产业经过了50多年的发展，成效显著，但随着产业化发展，一些宏观问题凸显出来，一些微观问题依然存在，主要是：

1. 宏观层面组织机构不健全，影响产业顶层设计和宏观指导

在国际上，由于我国目前还不是国际油橄榄理事会（IOC）成员国，进口橄榄油无需执行IOC标准，在国际油橄榄俱乐部无话语权。建议由商务部牵头，启动加入国际油橄榄理事会程序，争取在国际油橄榄俱乐部中的话语权。2016年，由陇南市人民政府牵头起草的申请报告已通过市商务局报省商务厅，我国政府领导已多次会见IOC官员，初步答应以观察员国身份承担义务享受权利，但至今进展缓慢，影响了加入进程。在"一带一路"的大背景下，我们应加快谈判入会步伐，促进中国油橄榄产业与国际接轨。

在国家和省市层面没有产业管理机构，影响宏观协调指导和顶层设计。建议设立油橄榄产业发展办公室，加强油橄榄产业发展的宏观指导。从行政上协调、处理油橄榄产业发展中的一系列问题，如制定产业规划、修订油品标准、监管橄榄油市场等，使油橄榄产业发展走上产品标准化、生产科学化的道路。

2. 没有专项扶持资金，投入严重不足

中国的油橄榄主要适生区是白龙江、金沙江和长江三大河谷区。三地立地条件差，生态脆弱，整地、造林、建园投入高，水、电、路综合配套难度大，按退耕还林、生态修复等一般造林项目的补助标准过低，只能建低产林，影响生产能力和产业效益。油橄榄产业属于高投入、高产出、长周期的产业，前期投入大，但投资渠道单一，投资力度不大，支持规模小。在乡村振兴的大背景下，6个主产省市都投入了一些资金，但资金量不大，一些贫困地区财政困难，自筹配套资金难落实。除此之外，涉农资金整合操作难度大，各项强农惠农政策，如粮油大县补贴、农机具补贴、东西扶贫衔接资金等很少用于扶植油橄榄产业；地方财力和农民自身实力有限，各地的支持力度相差很大，多数地方心存疑虑，金融、税收、抵押担保以及市场流通等配套政策不尽完善，难于落实到位。

建议借鉴油茶产业发展的成熟经验，加大对油橄榄基地建设的支持力度。国家有关部委和各省市参照支持油茶产业有关政策，设立油橄榄产业发展基金，提高新造林的补助标准，加快基地建设。把油橄榄基地纳入"碳汇"、国家储备林和生态补偿范围，加大转移支付力度，切实解决基础设施配套，提升基地的标准化建设水平。把油橄榄发展区纳入"全国粮油大县"补贴县和"全国好粮油试点县"，建立扶持橄榄油生产的长效机制。

3. 科技创新能力不强，人才严重不足

总体来看，油橄榄产业的创新能力不强，特别是中高级专业研究人员不足，老一辈油橄榄专家虽心系油橄榄，但年事已高，都已退休，新进人才少，"青黄不接"，人才断层现象严重，呈"外强中弱"，即国外强，国内弱；国家强，地方弱。专门从事油橄榄的科研机构屈指可数，一些油橄榄发展县和种植加工企业专业技术人才奇缺。建议把国家和地方联合共建的"国家林草油橄榄工程技术研究中心"做实，由中国林科院牵头，依托相关省市成立面向全国的油橄榄科研机构，加强科学研究，加快品种引进、选育、改良和新建、复壮国家油橄榄种质资源基因库，加强丰产优质栽培技术研究，加快新产品研发步

伐，促进油橄榄产业提质增效。

　　建议在中南林业科技大学、北京林业大学、中国林业科学研究院及6个主产省市的农林院校设立油橄榄方向专业，帮助油橄榄产区培养一批油橄榄专业技术人才。同时建议国家有关部委协调、组织人员赴油橄榄原产地的西班牙、意大利、希腊、以色列等国进行一个生产周期的中长期专业技术培训，不断壮大专业技术人才队伍，切实提高油橄榄的栽培管理、精深加工、质量控制、油品鉴评等技术水平。

4. 市场鱼龙混杂，自主产能不足

　　中国的橄榄油市场比较混乱，商品名称五花八门，"超级纯质橄榄油""特醇橄榄油""纯正橄榄油""原生橄榄油""橄榄葵花油""烹调橄榄油"等不规范名称随处可见。市场鱼龙混杂，掺杂使假、以次充好的现象屡见不鲜，使消费者无所适从。我国超市销售的橄榄油大部分都是进口油，进口橄榄油中特级初榨橄榄油不超过40%，其他的都是精炼橄榄油、橄榄果渣油或混合油、调和油。但销售市场上公开标明精炼橄榄油或橄榄果渣油的很少。从北京、上海、广州每年举办的国际食用油及橄榄油博（展）览会和大中型超市可以看出，目前，我国市场各类橄榄油已达几百个品牌，多在北京、上海、广东等经济发达地区和全国中东部省会城市的食品超市和卖场中销售，西部省会城市中也偶见销售。主要品牌有祥宇、御圣康、贝蒂斯、奥丽薇兰、品利、渝江源、伯爵、田园品味、阿格利司、金龙鱼、融氏等。近年来，人们对橄榄油的知晓度、关注度不断提高，但可以看出我国油橄榄市场基本被西班牙、意大利、希腊等国的产品占据。虽然我国已有十几个橄榄油品牌，但在超市货架上还没有一席之地，市场份额极低。

　　由于橄榄油不同于普通食用油，仅有理化指标的达标是不够的，更重要的是感官评价，但目前国内对感官评价重视不够，致使国内橄榄油市场鱼龙混杂，质次价低的灯油、果渣油、精炼油、调和油冒充"特级初榨橄榄油"的现象时有发生，"劣币驱逐良币"，严重扰乱了橄榄油市场，造成真正的国产特级初榨橄榄油因失去价格竞争力而销售困难，使加工企业举步维艰，最终伤害了广

大种植户和消费者的利益。为此建议制定、出台团标，并加强市场监管，为国产橄榄油的市场推广和民族健康保驾护航。

5. 缺乏科学规划，盲目扩区种植

油橄榄是我国引进的"洋树种"，引种栽培时间短，技术储备不足，我们对其生态学特性和生物学特性的掌握不是十分清楚。我国多年的引种栽培证明，油橄榄对温度、光照、湿度的要求十分严格，超出其适生的环境条件，发展必然失败。但一些地方只看到了栽植油橄榄的理论经济价值，缺乏认真的科学论证和科学规划，急于求成，过度追求发展规模，不考虑油橄榄的生态学、生物学特性，不经过科学的区域试验，超出适生区种植，盲目推广，不能做到适地适树适品种，造成产业效益低下。加之优良种苗跟不上，导致新建种植基地品种混杂，出现品种适应性差、坐果率低或不开花结果的情况。在新一轮的油橄榄发展浪潮中，许多企业、公司纷纷介入油橄榄加工和销售环节，盲目投资，盲目引种，无序竞争，这种现象还有越来越激烈的趋势，将影响我国油橄榄产业的健康发展。

6. 品种混杂，良种率低

我国的油橄榄引种地多，引入批次多，引种材料类别多，引种渠道多样，种质资源收集保存工作不连续，当时编号命名不规范，使部分品种遗失、部分品种引种试验资料混淆不清。目前只有引入品种名录，没有保存品种名录，品种保存情况不详。20世纪油橄榄推广中，各地不分品种争相引种，越引越乱，存在着同种异名、同名异种甚至张冠李戴、自行更名的现象。在近年的发展中，油橄榄品种仍然比较混杂，随意剪取插穗，混合扦插，造成苗木混杂，良莠不齐，更新换优任务艰巨。适应性广、抗逆性强的中国本土当家品种和育种种质材料少，特别缺少抗寒、抗旱、抗病、耐湿、耐酸性黏土、含油率高的油用品种和优质餐用品种，造成品种布局不合理，早、中、晚熟品种搭配不当，致使果实成熟采收期过于集中、企业收购加工压力大。目前生产中使用的主栽品种老化、退化严重，含油率低，结果晚，丰产性和抗逆性差，严重影响了鲜果产量和种植户收入。

7. 管理粗放，效益不高

一些橄榄园建园初期未能做到适地适树适品种，不分品种，有什么苗建什么园，在栽植主栽品种时未充分考虑授粉品种，大量栽植低价劣质苗，造成先天不足。在经营管理中园主不懂修剪和病虫害控制技术，病虫害问题在局部地区有扩大的趋势。土肥水管理不到位，不能做到"良种良法"，还处于粗放经营为主的管理阶段，标准化、机械化作业水平不高，丰产栽培技术示范推广力度不够，一些先进技术普及率低，树体老化严重，结果晚，产量低而不稳，经济效益不高，形成了很多低产低效园，更新改造投入大、成本高、见效慢，造成我国油橄榄产业的经济效益远低于国际水平。

第三节　油橄榄产业发展历程

一、中国油橄榄产业发展历程

我国油橄榄引种以来，在半个多世纪的发展中，潮起潮落，跌宕起伏，螺旋式上升，周期性特征明显。根据李聚桢著《中国油橄榄引种与产业发展》所述，主要经历了五个时期：

（一）引种试验时期（1964—1973年）

1964年以前，我国民间通过不同渠道进行了零星少量引种，这些油橄榄树现在留存很少。我国政府引种开始于1964年，在周恩来总理的倡导下，我国从阿尔巴尼亚引进了米扎、佛奥、爱桑、卡林、贝拉5个品种的油橄榄苗10680株，分别在云南、四川、贵州、广西、广东、湖北、浙江、江苏8个省区的12个点试种。

（二）推广发展时期（1974—1980年）

1974—1980年是我国油橄榄发展的鼎盛时期，在前期引种工作初见成效的基础上，我国油橄榄产业发展步入良性发展时期，本阶段是种植株数最多、分布最广、单产量最高、参与人员最多的时期，到1980年，全国定植油橄榄的总株数已达2300万多株，分布于四川、陕西、云南、甘肃等16个省区。

（三）巩固提高时期（1981—1990年）

因为对油橄榄的生物学特性缺乏充分的认识，加上缺乏栽培经验，缺乏市场和企业支撑，引种栽培带有一定的盲目性。随着我国油橄榄规模不断扩大，逐步暴露出建设布局不合理、品种选择不科学、经营管理粗放等问题，虽然发展速度仍然很快，但质量不高。为此，林业部在1985年11月在重庆市南川县召开了"油橄榄适生区讨论会"，提出今后油橄榄的生产方针是：调整布局、建设基地、集约经营、提高效益。

（四）衰退低谷时期（1991—2000年）

20世纪80年代末期，受国家政策调整影响，油橄榄生产处在一无资金二无人员的局面，再加上种植技术方面的原因，造成经营橄榄园经济效益低，伤害了林农种植油橄榄的积极性，无奈之下砍树改种其他作物。到1995年最低谷时全国约保存90万株，资源锐减，陷入低谷。

（五）恢复发展时期（2001年至今）

2001年以后，在国家和适生区各级政府的重视和支持下，科研单位联合攻关突破了良种培育、栽植管理、加工利用、市场开拓等一些技术瓶颈，在甘肃、四川、云南三省和重庆市一些成功范例的示范带动下，各地再次掀起了发展油橄榄种植的热潮，如今已发展到12个省市37个地级市67个市县。据本次调查不完全统计，全国油橄榄总面积11.84万公顷，年产初榨橄榄油11021吨，中国初步实现了由引种国、栽培国、消费国向生产国、贸易国的转变，油橄榄已经成为产区群众脱贫致富、乡村振兴和保障食用油安全的特色产业，大力发展油橄榄产业对于缓解我国粮油供需矛盾、维护国家食用油安全、优化国民膳食结构、保障人民健康、巩固脱贫攻坚成果、实现乡村振兴具有重要意义。

二、主产省市油橄榄产业发展历程

（一）甘肃省油橄榄产业发展历程

甘肃省的油橄榄主要种植在南部的陇南市，是我国引种油橄榄起步较晚的地区，开始于1975年，在近50年的引种发展过程中经历了引种试验（1975—

1988年）、示范推广（1989—1995年）、产业开发（1996—2010年）和创新驱动（2010—2022年）四个阶段。

1. 引种试验阶段（1975—1988年）

1975年，当时作为科技交流，原武都地区林业科学研究所（陇南市经济林研究院前身）首次从汉中褒河林场引进4株卡林品种苗试栽，5年后开花结实。从此，揭开了陇南油橄榄引种史上的第一页，一个独具地方特色的"新兴产业"开始孕育。1978年，在宋平同志的关怀下，武都地区林科所又从陕西省城固县油橄榄场引种了米扎、佛奥、贝拉、莱星、白橄榄、城固32号等1年生油橄榄苗500株，分别在地区林科所、武都县（今武都区，下同）汉王乡林场和石门乡下白杨坝村试种。1979—1981年，甘肃省科委立项进行油橄榄引种试验研究，先后在地区林科所、武都县园艺场、文县碧口镇、康县平洛苗圃、成县林业站修建简易扦插育苗温室各一座，进行扦插育苗和丰产栽培技术试验研究，1982年9月地区林科所承担的油橄榄引种扦插育苗（甲）和丰产栽培管理技术（乙）成果通过了技术鉴定；1982年前后，又从陕西汉中、城固、湖北九峰林场、江苏连云港、贵州独山林场、南京植物研究所等4省5地引进40个品种（现存27个品种）66600株，分别在文县中庙、肖家、碧口、范坝、横丹、尚德、城关、临江、石坊，武都区外纳、透防、三河、桔柑、汉王、城关、城郊、锦屏、两水、石门、角弓以及宕昌县沙湾镇，康县平洛镇，成县镡河、镡坝、索池等30多个乡镇的69个村（点）和地、县一些机关单位栽植，目前保存尚少。

2. 示范推广阶段（1989—1995年）

本阶段以创建武都县大湾沟油橄榄示范园为标志。经徐纬英、张崇礼、邓明全等专家向国家计委汇报争取，1989年，国家计委下达"发展甘肃武都油橄榄生产"项目，中国林科院提供项目技术支撑，陇南市武都区人民政府负责项目实施，项目建设地点位于武都区两水镇大湾沟，项目组组长徐纬英，成员有邓明全、俞宁、彭雪梅、崔大同等，项目组参加单位有中国林科院、中国农业大学、湖北省林科院。项目建设区域属于泥石流沟道和泥石流冲积扇，项目组成员同吃、同住、同劳动，开荒坡、造梯田，呕心沥血、勤勉工作，通过采取生态修复治理和工程治理相结合的方式，共移动土石方23万立方米，治理泥石流沟道7条，开垦建设了我国第一个国家级标准化油橄榄栽培丰产示范园，总面积104亩，共栽植佛奥、莱星、皮削利、皮瓜尔、鄂植8号等18个品种和实生品系2500株。1994年，有7个品种821株油橄榄开花结果，生长量、结果量指标居国内之首，有的接近或超过原产地水平。1991年，用国产和自制设备组装并投产了可年加工50吨橄榄油的生产线。为切实加快示范园建设，夯实技术支撑基础，提高工作效率，1990年武都县政府组建了武都县油橄榄工作站，由站长祁治林具体负责油橄榄引种试验、科技创新、技术推广等工作。通过引进和推广国外先进智力技术成果、承担国家油橄榄科研课题、强化科技创新等项目的实施，从当初引进的13个品种中筛选出适宜陇南种植的省级油橄榄良种6个，推广实用技术18项，总结出了一套科学合理的栽培管理技术，培养了一批产业发展急需的技术骨干队伍，指导建成了一批规范化的油橄榄示范基地。在全国油橄榄处于低谷之际，正是由于武都大湾沟油橄榄示范基地在油橄榄试验示范方面取得的显著成绩，国际油橄榄理事会绘制的《世界油橄榄分布图》上，第一次标注上了中国的名字。目前，陇南市武都区及大湾沟油橄榄示范基地被国家有关部委认定为"中国油橄榄之乡""中国地理标志保护产品""国家引才引智示范基地""国家重点林木良种基地""全国科普惠农先进单位""全国油橄榄标准化示范基地"等。抚今追昔，大湾沟无疑是中国油橄榄的重生之地，中国林科院资深油橄榄专家邓明全说："武都大湾沟挽救了中国油橄榄产业，中国油橄榄看陇南！"

3. 产业开发阶段（1996—2010 年）

1996年国务院将甘肃省陇南市武都县列为"全国山区林业综合开发试点县"，陇南展开了以规模开发油橄榄支柱产业为主的山区林业综合开发。1997年原陇南地区行署出台了《关于大力发展油橄榄产业的实施意见》，这是我国油橄榄向产业化方向发展迈进的第一步。2000年原国家计委把武都县列为"山区经济产业化油橄榄示范项目县"，投入资金900万元进行基地建设和配套基础设施建设。2000年后，为推动油橄榄产业开发，甘肃省陇南市政府多方筹集资金，通过以奖代补的方式对油橄榄产业开发大户给予重点扶持，通过拍卖、承包、租赁、股份制等各种形式，制定多项优惠政策，吸引民间资金投入，按照"公司+基地"模式，积极发展国有橄榄园4处，大户经营橄榄园145处，农户连片橄榄园192处，在长江上游的白龙江、白水江、嘉陵江、西汉水流域谷地和半山区等干旱贫瘠的生态脆弱区建成生产基地1.8万公顷，年产鲜果6000吨，兴办加工企业9家，引进生产线13条，生产初榨油900吨，培育成年产值过亿元的大产业，基本形成了较为完备的产业化格局。研发生产出橄榄油、化妆品、保健品、洗涤用品、橄榄茶、橄榄酒等6大类40多种产品，在展销会、博览会、农高会等国内国际会展上荣获40多个奖项，通过了国家地理标志保护认证，一些龙头加工企业通过了ISQ 9000、ISQ 14000、HACCP、质量、环境、食品安全管理体系、有机食品、绿色食品认证、QS认证、GMP生产许可证证书，注册了19项专用商标和专利技术，获得了进入国内外市场的"入场券"。武都区大湾沟油橄榄示范园、武都区将军石油橄榄科技示范园先后被国家外国专家局命名为"国家引进国外智力成果示范推广基地"，被原国家林业局确定为"948项目试验基地"，被中国林科院确定为"全国油橄榄种质资源及丰产栽培研究基地"，武都区被国家质检总局命名为"标准化示范基地"。陇南市逐步引领中国油橄榄走上产业化发展的道路。

4. 创新驱动阶段（2010—2022 年）

在国家有关部委和省委、省政府的大力支持下，40多年来，陇南市把油橄榄产业发展作为解决适生区群众脱贫致富的特色产业，精心谋划，科学布局，强力推进，取得了喜人成效。截至2022年，全市油橄榄基地面积已达到91.93万亩，年产鲜果47200吨，生产初榨油6200吨，产值29.34亿元。面积、鲜果产量、初榨橄榄油产量、产值均居全国第一位。全市现有27家橄榄油加工厂，拥有意大利、西班牙、德国和中国制造的31条初榨油生产线，建成了亚洲最大的初榨油生产线和世界最先进的油橄榄苦苷萃取工厂。市、区成立了油橄榄研究所，通过联合攻关，在品种引进、种植技术、橄榄油加工、制药中间体、衍生新产品研发等方面处于全国领先水平，取得了20多项科研成果，获得省政府科技进步一等奖1项，二等奖1项，三等奖1项；市政府科技进步一等奖2项，二等奖3项；引进品种171个，建成了油橄榄种质资源库；研制成功了油橄榄专用肥，引进了世界先进的水肥一体化智能节水灌溉设施，研发出了食用橄榄油、保健橄榄油软胶囊、橄榄油系列化妆品、洗涤用品、橄榄茶、橄榄酒、橄榄醋、制药中间体等10大类80多种产品，陇南祥宇公司生产的特级初榨橄榄油近年来在美国纽约和洛杉矶、日本、澳大利亚、以色列、希腊等国际橄榄油大赛中荣获金、银、铜奖牌30多枚，田园公司生产的特级初榨橄榄油2018年荣获国际油橄榄理事会马里奥·索利纳斯专业金奖。陇南的油橄榄产业在增加农民收入、促进扶贫开发和乡村振兴等方面发挥着重要作用。

（二）四川省油橄榄产业发展历程

自20世纪90年代末以来，四川省广元市、达州市、绵阳市、凉山彝族自治州（以下简称"凉山州"）的一批企业家，预测到在我国恢复发展油橄榄产业的广阔前景，先后自发地投入发展油橄榄产业热潮中。

1999年下半年，广元蜀北橄榄油开发有限公司等，在当地政府的大力支持下，率先带领青川县、市中区等59个乡（镇）的7万余户农民恢复发展油橄榄，到2006年种植面积达到14.2万亩。2002年国家有关部门批准建设的四川广元青川现代化油橄榄榨油厂已于2008年全部建成投产。四川天源油橄榄有限公司，积极利用开江县20世纪70～80年代保存下来的3600亩油橄榄品种资源的有利条件，于2000年开始启动新一轮的种植与加工项目，几年来先后在全县的20个乡（镇）、84个村、243个社，积极发展油橄榄，到2006年共完成基地建设任务7.3万亩。该公司已开发出"绿升"牌特级初榨橄榄油、油橄榄酒、护肤产品等7大系列、63个品种。其特级初榨橄榄油先后荣获"四川省农产品知名品牌""四川省名特优产品"称号，2005年获中国西部国际农业博览会金奖等。

绵阳是四川省油橄榄产业发展较早的地区之一，20世纪70年代中期，三台等县率先引种发展油橄榄产业，80年代中期，那里的油橄榄基地建设和加工已走在全国的前列（油橄榄已达60万株）。1985年，三台县成立了我国第一家油橄榄公司，并生产出自己的橄榄油。21世纪以来，在市委、市政府的大力支持下，绵阳市努力恢复发展油橄榄产业，2006年全市已有油橄榄面积0.5万亩，现已达到3万亩，全市力争在最短时间内，实现10万亩的优质油橄榄基地建设任务。四川华欧油橄榄开发有限公司是四川省和绵阳市油橄榄产业的龙头企业，是集种植、生产、销售、进出口贸易、科研开发、培训、技术服务、咨询为一体的民营企业。2006年分别被评为四川省和绵阳市"农业产业化重点龙头企业"。

"华欧"牌特级初榨橄榄油被评为"消费者喜爱产品"。公司以国家、省级大专院校和科研单位为依托，积极开展油橄榄科研工作，这些都为绵阳市油橄榄产业的健康发展提供了可靠保证。目前，公司正在游仙区、涪城区、三台县建设优质油橄榄示范园和高标准育苗、生产基地。华欧公司还十分重视公司和农民技术员的业务培训工作，连续三年聘请中国林科院油橄榄专家邓明全讲授理论与实际操作，许多农民技术员已基本掌握幼树和结果树的整形修剪技术。

凉山州是我国早期油橄榄引种试验点之一（1960年米易亚热带作物研究所即开始引种试验油橄榄），实践证明这里是我国油橄榄最佳适生区之一，1964年以后开始批量种植，到1983年西昌市已定植油橄榄近万亩，30多万株。1998年成立的凉山州中泽新技术开发公司，是一家主要从事计算机农业及网站建设、农产品种植与加工、旅游产品开发及销售的民营企业。从2000年开始，公司将目光投向了油橄榄产业这片广阔天地。2002年，中泽公司做出了"可行性研究报告"，到2003年，油橄榄的种植、加工进入具体运作阶段。他们采取"公司+基地+农户+科研"的模式推动油橄榄产业稳步健康发展，西溪乡北河基地已建成200亩品种资源库，包括品种园、苗圃和种植示范园，已收集油橄榄资源材料256份，100亩的苗圃每年可提供高质的优良品种苗木80万株。目前，公司已与西昌市34个乡（镇）和会理、喜德、宁南、冕宁等县，签订种植合同2.2万亩，签约农户2000多户，全州已种植油橄榄面积1万多亩，如今中泽新技术开发公司已成为凉山州油橄榄种植的龙头企业。

（三）云南省油橄榄产业发展历程

1964年3月3日，周恩来总理在云南昆明海口林场亲手栽植1株油橄榄树，拉开了中国引种栽培发展油橄榄产业的序幕。21世纪初，云南省油橄榄产业的恢复发展与其他省一样，一批热心于油橄榄产业的企业家，先后在楚雄、丽江、昆明市（州）的部分县自发地恢复发展油橄榄产业。那里的人们对油橄榄并不十分陌生，因为早在1907年和1940年，外国传教士和我国留法学生分别从国外带来几株油橄榄苗木，并分别栽种在德钦县和蒙自县（今蒙自市）。中华人民共和国成立后的1960—1979年，农业部、林业部又先后将国外引进的油橄榄苗木和穗条共4批分配给昆明海口林场、云南省林科所、昆明植物所等单位。1973年后，我国油橄榄进入推广发展阶段，巧家、永胜、永仁、宾川等县，先后集中成片引种发展，到1982年全省种植点近100个，总株数达16万株，至今这些地方仍有零星残留的小片油橄榄树。2006年，由云南省林业厅会同云南省农业厅、云南省财政厅、云南省科技厅和云南省发展和改革委员会等有关部门共同商讨了全省油橄榄发展问题，并由云南省林业规划院、云南省林科院和绿原实业发展有限公司对云南省油橄榄情况做了广泛深入的调查研究，确定了适宜发展油橄榄的重点地区有：迪庆、丽江、楚雄、昆明等州（市），最佳适生区为金沙江干旱河谷地带，初步规划全省到2020年油橄榄发展到120万亩。目前，永仁县共有4家企业从事油橄榄产业，其中云南绿原实业发展有限公司自2004年开始投资建设油橄榄基地，现有2000亩，5万余株；云南丽江美贻油橄榄开发有限公司，自2004年开始发展油橄榄，现已建高质量油橄榄园50多亩，2000多株，苗圃存有优质品种苗几十万株。据不完全统计，到2009年云南全省已定植油橄榄面积6000亩，5万多株。

（四）重庆市油橄榄产业发展历程

重庆市歌乐山林业试验场，是1964年阿尔巴尼亚政府赠送给我国1万株油橄榄树苗，分别种植在南方8个省份的12个种植点之一，也是当时的四川省唯一获得该批苗木的单位。当时，林业部分配给该场的苗木共计1503株，经检疫后，定植1365株。到1978年因青枯病、肿瘤病等致死的植株达548株，保存817株。1966年开始有3株开花；1967年70株开花，13株坐果；1968年有216株开花，28株结果，产果14.6千克；1981年82株佛奥共产鲜果5512千克，平均株产果67.2千克，高单株产果132千克。到1979年全市共栽植油橄榄85万株，并培育出了500多万株苗木支持省内外。可以说，重庆市在我国油橄榄发展史上，曾创造过辉煌，并做出了重要贡献。但由于重庆市年日照不足、空气湿度过大等原因不利于油橄榄生长发育，到20世纪80年代末期，植株开始衰退，直至一蹶不振。自21世纪以来，国内外的一些企业家纷纷到重庆所属县（区）洽谈合作、独资发展油橄榄事宜。2006年，上海熙可携农农业科技有限公司开始在巫山县独资发展果用油橄榄产业。他们从北美墨西哥引进小苹果（Manzanillo）的穗条进行扦插、嫁接繁殖苗木，并建成高标准采穗圃，到2009年已建成7000余亩（30万株）的油橄榄园。与此同时，他们还在四川西昌、甘肃陇南等地引种建设100~300亩的采穗圃和试验园。2005年，重庆金峡油橄榄开发公司在奉节县开始建设油橄榄苗圃和基地，到2009年已建油橄榄种植基地3万亩（60万株），建苗园150亩，有的植株已开始开花坐果。重庆市除以上两家公司栽植的较大规模的油橄榄外，忠县、垫江、南川、万州等区（县）仍有小面积新造油橄榄园和20世纪80年代末残留的散生或小片油橄榄。

（五）陕西省油橄榄产业发展历程

陕西省是我国引种油橄榄较早的省份之一，起始于1962年。该省的油橄榄适生区，主要分布在秦岭以南的亚热带湿润气候区的汉中、安康、商洛3个地（市），其中汉中地区引种早，发展面积大。其经历与全国其他省份大致相同，即自行引种试验时期（1962—1972年），推广发展时期（1973—1983年），调整巩固提高时期（1984—1990年），衰退低谷时期（1991—2004年），恢复试验时期（2005年至今）。

汉中地区第一次引进油橄榄是在1962年11月，中国林科院林业研究所受农业部和林业部的委托，将两部1960年和1962年先后从阿尔巴尼亚引进的3批油橄榄苗木中的9件送至陕西省林业厅。其中4件分给汉中县褒河林场栽植，5件分配给汉中县武乡林场栽植。当时品种记载是：米扎4株，卡林2株，贝拉2株，其余均为实生苗。汉中地区第二次引进油橄榄是在1965年，中国科学院南京植物研究所将60株2~5年生的油橄榄苗木，送到汉中城固县柑橘育苗场进行区域化试验。1962—1972年，汉中地区油橄榄基本处于自发引种试验状态。1973

年10月，农林部林业局在广西柳州召开了"十四省、市、区油橄榄经验交流现场会"。同年12月，汉中地区行署即作出"关于大力发展油橄榄的决定"，很多县林业部门在县委、县政府的领导与支持下，成立了国营和社队集体办油橄榄场。1974年，就地取材扦插育苗。1980年陕西汉中、安康和商洛3个地区的油橄榄面积已发展到5万余亩，80多万株，其中汉中地区的油橄榄保存面积已达3.5万亩，52万株，年产鲜果5000千克左右，1984年和1985年分别产鲜果8500多千克。此时，陕西省不仅是我国油橄榄主要产区，同时在油橄榄科研方面也位居全国前列。他们与省内外科研、大专院校等单位合作，特别是与北京林业大学、中国林科院等共同合作，在油橄榄良种选育、大树高接换种、苗木标准、整形修剪、土肥水管护以及榨油加工等方面，都做了大量而有成效的研究工作，总结了不少具有实用价值的经验，有的至今仍有很高的参考价值。1983年和1984年，城固油橄榄场先后有两名科技人员赴意大利考察和培训学习。1979—1992年，该场还先后接待联合国粮农组织官员，法国、意大利、德国等国油橄榄专家、学者，并到场视察和交流经验。

21世纪初，我国油橄榄生产进入恢复发展时期，陕西也像四川、甘肃等省一样掀起发展油橄榄热潮。在认真总结20世纪60~70年代引种试种油橄榄的基础上，针对陕南的气候、土壤及适生主栽品种等实际情况，提出先进行试验，成功后再推广的总体思路。在试验未获得成功以前，作为政府和主管部门，不宣传、不支持、不鼓励、不提倡农民群众和企业发展油橄榄。尤其要谨防一些企业和个人借发展油橄榄之名进行炒作，获取国家财政支持，诱导农民种植，从而靠出售种苗牟取不正当利益，使国家和农民群众蒙受巨大经济损失。2005年以来，汉中市的城固、洋县、南郑、西乡、勉县和安康市的汉阴、石泉等县，先后进行了小面积引种试验，一些地方还保留有20世纪70年代栽种的残留小片林或单株。

第四节　油橄榄产业政策及发展环境分析

一、国家油橄榄产业促进政策

中国的油橄榄产业得到国家和各级政府的重视和支持。国家和适生区省市都把油橄榄纳入木本油料当中，相继出台了一系列支持发展的政策，创造了良好的发展环境。大力发展木本油料产业，是贯彻落实习近平生态文明思想、践行绿水青山就是金山银山理念的重要举措，是全面推进乡村振兴、切实维护和巩固脱贫攻坚战伟大成就的必然要求，是建立健全生态产品价值实现机制、推动形成具有中国特色的生态文明建设新模式的关键路径。目前，我国木本油料产业规模稳步增长，发展质量明显提高，市场主体持续壮大，富民成效日益显现，为建设美丽中国、健康中国作出了重要贡献。

国务院对食用油发展极为重视，2007年、2008年相继出台了《国务院办公厅关于促进油料生产发展的意见》（国办发〔2007〕59号）、《国务院关于促进食用植物油产业健康发展保障供给安全的意见》（国发〔2008〕36号），明确提出要大力发展木本油料，确保食用油供应安全。2009年11月，国家林业局、国家发改委、财政部、商务部、国家税务总局等5部门联合发布了《林业产业振兴规划（2010—2012年）》，文中明确提出，"三年内重点扶持100家国家级林业重点龙头企业和10大特色产业集群，逐步形成森林资源培育、人造板、家具、木浆造纸、竹产品、林化产品、木本粮油产品、生物制药、林业机械制造和生物质能源等支柱产业……建立油茶、油橄榄、核桃等高产油料林基地……"。

2014年12月，国务院办公厅印发《关于加快木本油料产业发展的意见》（国办发〔2014〕68号），将发展木本油料产业提高到维护国家粮油安全高度，提出进一步加快木本油料产业发展，大力增加健康优质食用植物油供给，切实维护国家粮油安全。加快发展油茶、核桃、油橄榄等木本油料产业，明确要求在资金投入、金融扶持、科技研发和推广等方面进行政策支持。农业农村部

2020年印发的《全国乡村产业发展规划（2020—2025年）》（农产发〔2020〕4号）中，明确提出集聚资源、集中力量，建设富有特色、规模适中、带动力强的特色产业集聚区。打造"一县一业""多县一带"，在更大范围、更高层次上培育产业集群，形成"一村一品"微型经济圈、农业产业强镇小型经济圈、现代农业产业园中型经济圈、优势特色产业集群大型经济圈，构建乡村产业"圈"状发展格局；建设优势特色产业集群，依托资源优势和产业基础，突出串珠成线、连块成带、集群成链，培育品种品质优良、规模体量较大、融合程度较深的区域性优势特色农业产业集群。用3~5年的时间，培育一批产值超1000亿元的骨干优势特色产业集群，培育一批产值超100亿元的优势特色产业集群。2020年11月，国家发改委、国家林业和草原局等十部门联合印发《关于科学利用林地资源促进木本粮油和林下经济高质量发展的意见》（发改农经〔2020〕1753号），提出科学规划木本粮油和林下经济产业布局，持续加大政策引导力度，全面推动木本油料产业高质量发展，到2025年木本食用油年产量达250万吨，成为国家粮油安全的重要支撑。国家发展改革委、财政部不断增加中央预算内投资和中央财政造林补助等相关资金规模，支持木本油料产业发展。同时，国务院还出台了一系列配套文件给予政策支持。如《中共中央、国务院关于加快林业发展的决定》（中发〔2003〕9号），中共中央、国务院印发《关于全面深化农村改革加快推进农业现代化的若干意见》，《国务院关于促进食用植物油产业健康发展保障供给安全的意见》（国发〔2008〕36号），《国务院办公厅关于加强林木种苗工作的意见》（国办发〔2012〕58号），《国务院办公厅关于促进油料生产发展的意见》（国办发〔2007〕59号），《国务院办公厅关于加快木本油料产业发展的意见》（国办发〔2014〕68号），《国家林业局关于进一步加强集体林权流转管理工作的通知》（林改发〔2013〕39号），《国家林业局关于加快林木种苗发展的意见》（林场发〔2004〕135号），《全国乡村产业发展规划（2020—2025年）》（农产发〔2020〕4号）。业务主管部门又配套编制了一系列规划，如《全国经济林产业发展规划（2011—2020年）》《全国林木种苗发展规划（2011—2020年）》。

党的十八大以来，习近平总书记先后两次到甘肃考察调研，要求甘肃加快高质量发展，加强生态环境保护，保障和改善民生，加快建设幸福美好新甘肃。甘肃地理位置独特，气候类型多样，适宜种植核桃、花椒、油橄榄、文冠果等多种木本油料树种。为全面贯彻落实习近平总书记重要讲话和指示精神，甘肃将发展木本油料产业作为实现生态产品价值、助推乡村振兴和维护国家粮油安全的重要之策，出台了《甘肃省关于加快现代林业产业基地建设的意见》，启动实施《甘肃省木本油料产业发展规划（2016—2020年）》《甘肃省现代丝路寒旱农业优势特色产业三年倍增行动计划总体方案（2021—2023年）》。经过多年的发展，全省木本油料区域化布局基本形成，产业化水平稳步提高，已成为国家重要的木本油料种植基地。靠近南部的陇南市，在第五次党代会上提出"大力发展山地特色农业，大力实施特色产业三年倍增行动，加强科技应用、标准引领、管理创新、配套服务，巩固提升油橄榄等特色优势产业"，通过多措并举，强龙头、补链条、聚集群，打造百亿产业园区，培育百亿产业集群，推动油橄榄一、二、三产业融合发展，努力构建油橄榄产业更具竞争力的现代产业体系。在新的发展阶段，市委、市政府针对全市油橄榄产业发展和乡村振兴工作的实际，审时度势，立足全局、着眼长远，全面把握，适时提出编制《陇南市百公里油橄榄产业长廊建设规划》《陇南市油橄榄产业三年倍增行动计划》《陇南市百亿油橄榄产业集群建设规划》《陇南市油橄榄全产业链建设方案》等。这些规划和方案的落实，为进一步创建全国名优产品奠定了基础，积极开展了"一注册""两标准""三认证"等工作，注册了"祥宇""田园品味"等商标43件，无公害产地认证14项。陇南市获得中国食用油产业突出贡献奖，被国家林业局命名为"国家油橄榄示范基地"。陇南橄榄油被国家市场监督管理总局评审认定为"地理标志保护产品"。武都区被中国经济林协会授予"中国油橄榄之乡"荣誉称号，确定为"全国知名品牌示范区"。此外，在第11届中国（广州）国际食用油及橄榄油产业博览会和第12届中国（北京）国际食用油及橄榄油展览会上，陇南市人民政府荣获"中国油橄榄产业卓越成就奖"，武都区政府荣获"中国橄榄油卓越品质奖"，龙头企业祥宇、田园公司生产的特级初榨橄榄油,在美国、澳大利亚、以色列等国际橄榄油大赛上也多次获得金奖。

这些配套政策的出台和各级中长期规划的制定实施,为油橄榄产业的快速发展营造了良好的政策氛围。在甘肃、四川、云南三省和重庆市一些成功范例的示范带动下,形成了第三轮"冲击波",发展的县域越来越多,面积越来越大,鲜果产量不断增加,国产橄榄油产量逐年上升,促进了中国油橄榄产业的再度发展。在国家制定的"十三五"规划中,粮油安全被纳入国家战略。2014年国家林业局、国家发改委和财政部联合发布了《全国优势特色经济林发展布局规划(2013—2020年)》,把油橄榄列入特色经济林特色树种,规划在以甘肃武都为中心的白龙江低山河谷区、以四川西昌为中心的金沙江河谷区、长江三峡低山河谷区建设7个重点基地县,优先得到国家的政策支持。但实际上已远远超出这个范围,目前已有甘肃、四川、云南、重庆、陕西、湖北、湖南、浙江、江苏、广东、贵州、安徽等12个省市37个地级市67个市县引种栽培。

二、油橄榄产业发展环境分析

近年来,进口油脂油料一直占据着我国植物油市场大头,"洋油"的大量进入,不仅使国内油料产业不断萎缩,而且已左右中国食用油市场。利用广大的荒山荒坡,大力发展木本油料,建设"树上油库",在耕地供给日益紧张情况下可有效缓解油粮争地的矛盾,腾出更多的耕地用于发展粮食生产。同时,可以节省大量的外汇,通过提高食用油自给水平,可有效调控市场油价,保障居民粮油安全。各地均有适合当地发展的优质木本油料树种,具有很好的经济效益和良好的产业化发展前景,是农民增收的重要来源,特别是经济相对落后、"三农"问题较为突出的山区更是如此。发展油橄榄等木本油料产业,是劳动密集型和效益多元型的综合产业,涉及种养、加工、贸易多种生产经营,是实现从"输血式"扶贫到"造血式"致富转变的有效抓手,从根本上实现产业增效、农民增收,助推乡村振兴。

木本油料树种作为森林资源的重要组成部分,兼具"水库、钱库、粮库、碳库"等多种功能,其营造的良好生态环境和提供的绿色产品是最公平的公共产品，是最普惠的民生福祉。大力培育生态友好型、质量安全型、效益多元型的木本油料产业，打造"绿水青山就是金山银山"实践创新基地，为广大人民提供更多优质生态产品，是满足人民日益增长的优美生态环境需要。同时，木本植物油是一类健康食用油，长期食用有利于保障国民膳食健康水平。木本植物油含有较多的不饱和脂肪酸和必需脂肪酸，它们对降低血小板凝聚、减少血栓的发生有重要作用，还有助于降低心血管疾病的发生风险。高质量发展木本油料产业，增加木本食用油供给，对优化现有食用油的消费结构，助力实施健康中国战略和食品安全战略具有重大意义。

油料安全是国家粮食安全的重要组成部分。近年来，木本油料产业发展的内外部环境发生了深刻变化，机遇和挑战并存，要科学研判形势，以系统观念谋篇布局，创新发展思路，全面加快木本油料产业高质量发展。从食用油市场来看，需求继续呈刚性增长，消费者收入提高带动了食用油消费量逐年提高。

我国食用油的人均年消费量已由改革开放前的不足3千克增长到2020年的29千克，超过了全球2020年度食用油人均年消费量27千克的水平，是全球食用油消费量最大的国家。2020/2021年度，我国食用植物油消费量3794万吨。全国木本油料种植面积已经超过1333万公顷（2亿亩），生产食用油约100万吨，占国产植物食用油产量的8%，占全国植物食用油消费量的3%。随着我国经济社会的快速发展，国民收入不断提高，食用油消费量将持续增长。随着广大群众对饮食健康的日益重视，对木本油料认识的不断加深，食用油的消费将不断从价格导向转向综合营养价值导向，对核桃油、橄榄油等高端油脂、健康油脂消费量有望呈现快速增长趋势，对以医疗保健、美容洗护等各类高端品牌木本油料产品以及相关文旅产品的需求也将大幅攀升。

目前，我国食用植物油供给以草本油料为主，受耕地面积等因素制约，单纯依靠发展草本油料难以满足日益增长的食用油需求。面对如此巨大的食用油消费量，我国现有的生产能力无法实现自给自足，油料供需不平衡，进口依存度上升，70%左右需进口。过度依赖于进口，导致我国缺少世界食用油定价权，只能被动接受世界食用油市场的价格波动，食用植物油安全问题日益突出。国家在油料产能提升中,除了重视大豆、油菜籽、花生等大宗油料外,近年来也非常重视发展木本油料,提升油料产能,做到"多油并举"。如果未来木本油料的消费占总消费量的10%,则每年需要提供至少380万吨木本食用油,其市场前景十分广阔。

国内外油橄榄市场分析

第一节　世界橄榄油生产及贸易分析

一、世界橄榄油生产国

油橄榄的种植已由当初的地中海沿岸扩散、传播到了世界五大洲，橄榄油的生产涉及51个国家，其中：

欧洲：西班牙、希腊、意大利、葡萄牙、法国、克罗地亚、阿尔巴尼亚、黑山共和国、斯洛文尼亚、塞浦路斯、格鲁吉亚；

亚洲：土耳其、约旦、叙利亚、黎巴嫩、以色列、沙特阿拉伯、科威特、亚美尼亚、阿塞拜疆、伊朗、乌兹别克斯坦、阿富汗、印度、中国、日本、也门、巴勒斯坦、巴基斯坦；

非洲：摩洛哥、突尼斯、阿尔及利亚、埃及、利比亚、埃塞俄比亚、安哥拉、莫桑比克、博茨瓦纳、南非；

大洋洲：澳大利亚、新西兰；

美洲：阿根廷、智利、美国、墨西哥、萨尔瓦多、哥伦比亚、秘鲁、巴西、乌拉圭、巴拉圭。

二、世界橄榄油产量

图3-1是1990/1991至2020/2021收获年的世界橄榄油的产量、欧盟成员国的橄榄油产量、其他IOC成员国的橄榄油产量和非IOC成员国的橄榄油产量的走势对比图。除了非IOC成员国的橄榄油产量走势线波动不明显，其他走势线在每个收获年的波动都较大，主要原因是受天气和虫害的影响。除了非IOC成员国的橄榄油产量走势线方向不明显外，其他走势线基本都是上升趋势。

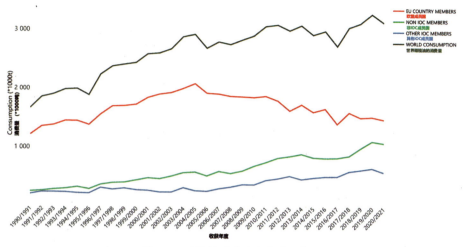

图3-1 世界橄榄油连年产量曲线图

世界橄榄油的总产量在300万吨上下徘徊，其中93%是IOC成员国生产的，欧盟占了世界橄榄油总产量的68.1%，西班牙几乎生产了世界橄榄油总量的50%。在过去5个收获年度，欧盟、IOC成员国、非IOC成员国的橄榄油产量见表3-1。

表3-1 近5年全球橄榄油产量统计表

产地（×1000吨）	2016/17	2017/18	2018/19	2019/20 (1)	2020/21 (2)	世界
世界产量	2561	3379	3304	3266	3010	100.0%
IOC 成员国	2372	3195	3072	3078	2810	93.3%
欧盟	1752	2188	2264	1920	2051	68.1%
西班牙	1291	1262	1790	1125	1389	46.1%
希腊	195	346	185	275	275	9.1%
意大利	182	429	174	366	274	9.1%
葡萄牙	69	135	100	140	100	3.3%
欧盟其他成员国	15	16	15	13	14	0.5%
IOC 欧盟外的其他成员国	620	1007	808	1158	758	25.2%
土耳其	178	263	194	230	210	7.0%
摩洛哥	110	140	200	145	160	5.3%
突尼斯	100	325	140	440	140	4.7%
阿尔及利亚	63	82	97	126	70	2.3%

产地（×1000吨）	2016/17	2017/18	2018/19	2019/20 (1)	2020/21 (2)	世界
阿根廷	24	45	28	30	30	1.0%
埃及	30	40	41	40	30	1.0%
黎巴嫩	25	17	18	14	26	0.9%
约旦	20	21	21	34	24	0.8%
IOC剩余成员国	70	74	70	99	68	2.2%
非IOC 成员国	190	184	232	188	200	6.7%
叙利亚	110	100	154	118	115	3.8%
澳大利亚	21	21	20	8	23	0.8%
智利	20	22	18	20	20	0.7%
美国	15	16	16	16	16	0.5%
非IOC剩余国家	24	24	24	26	26	0.9%

注：IOC是指国际油橄榄理事会，IOC有45个会员国，其中欧盟会员国28个（包括英国），非欧盟的会员国有17个。

三、世界橄榄油消费量

从近5年的情况来看，全球橄榄油的消费量与生产量基本持平，产销保持基本平衡。要指出的是，中国作为新兴的发展中国家，近年来橄榄油的消费量保持稳中有增长的趋势，进口量超过5万吨，约占全球橄榄油消费量的1.7%，排在非IOC成员国家的第六位。疫情过后，随着消费升级，中国橄榄油的消费量将会大幅增加。根据以上数据，IOC成员国的橄榄油消费量占65.7%，非IOC成员国的橄榄油消费量占34.3%（见表3-2）。

表3-2　近5年全球橄榄油消费量统计表

消费量（×1000吨）	2016/17	2017/18	2018/19	2019/20 (1)	2020/21 (2)	世界
世界	2726	3039	3110	3268	3125	100.0%
IOC 成员国	1906	2185	2124	2165	2053	65.7%
欧盟	1402	1595	1509	1520	1477	47.2%
西班牙	443	478	495	522	538	17.2%

续表

消费量（×1000吨）	2016/17	2017/18	2018/19	2019/20 (1)	2020/21 (2)	世界
意大利	439	580	453	404	479	15.3%
法国	109	102	137	130	128	4.1%
希腊	105	130	121	115	112	3.6%
德国	61	61	64	78	62	2.0%
葡萄牙	70	75	56	71	55	1.8%
欧盟其他成员国	176	169	182	201	102	3.3%
IOC 其他成员国	504	590	616	645	576	18.4%
土耳其	150	176	163	170	160	5.1%
摩洛哥	120	120	150	140	140	4.5%
阿尔及利亚	67	82	92	115	80	2.6%
埃及	22	40	45	43	30	1.0%
突尼斯	21	40	40	38	30	1.0%
以色列	21	21	25	28	25	0.8%
约旦	19	22	21	34	22	0.7%
黎巴嫩	20	20	11	8	20	0.6%
IOC剩余成员国	64	68	68	70	70	2.2%
非 IOC 成员国	820	854	986	1104	1072	34.3%
美国	315	315	351	402	389	12.4%
其他非生产国	60	74	70	127	135	4.3%
巴西	60	76	86	104	106	3.4%
叙利亚	98	80	136	104	86	2.8%
日本	54	56	69	70	59	1.9%
加拿大	40	47	46	58	58	1.9%
澳大利亚	45	48	50	42	53	1.7%
中国	44	44	52	58	53	1.7%
沙特阿拉伯	28	34	38	42	33	1.1%
俄罗斯	20	20	24	27	32	1.0%
墨西哥	14	15	15	17	18	0.6%
瑞士	14	14	15	18	16	0.5%
非IOC成员国的其他国家	29	32	34	36	34	1.1%

四、世界橄榄油消费趋势分析

全球橄榄油的消费量逐年上升，欧盟成员国的橄榄油的消费量在最近15年有下降的趋势，而非IOC成员国家橄榄油的消费在不断增加，例如，美国、中国、巴西、日本、加拿大、俄罗斯、澳大利亚等几乎都在逐年增加。

五、世界橄榄油进口情况

（一）世界橄榄油进口数据

从表3-3看出，非IOC成员国的橄榄油进口量占到全球橄榄油进口量的82.9%，橄榄油进口量排名前9名的国家分别是：美国、巴西、日本、加拿大、中国、澳大利亚、俄罗斯、沙特阿拉伯以及墨西哥。

表3-3　近5年全球橄榄油进口量统计表

进口量（×1000吨）	2016/17	2017/18	2018/19	2019/20 (1)	2020/21 (2)	占比
世界进口量	782	943	975	1240	1123	100.0%
IOC 成员国	110	212	172	281	192	17.1%
欧盟	90	180	145	250	168	14.9%
西班牙	41	99	84	152	101	9.0%
意大利	36	64	49	82	51	4.6%
法国	8	9	7	9	8	0.7%
欧盟其他国	6	8	5	8	7	0.6%
以色列	3	4	10	12	10	0.9%
摩洛哥	7	12	6	6	8	0.7%
IOC其他成员国	10	16	12	12	6	0.5%
非 IOC 成员国	671	732	802	958	931	82.9%
美国	305	310	346	391	380	33.8%
巴西	60	76	86	104	106	9.5%
日本	54	56	69	70	59	5.3%
加拿大	40	47	46	58	58	5.2%

续表

进口量（×1000吨）	2016/17	2017/18	2018/19	2019/20 (1)	2020/21 (2)	占比
中国	39	38	46	50	46	4.1%
澳大利亚	29	31	32	36	36	3.2%
俄罗斯	20	20	24	27	32	2.9%
沙特阿拉伯	23	34	34	38	28	2.5%
墨西哥	14	15	16	20	19	1.7%

从图3-2的走势图看，其他IOC成员国橄榄油的进口量是逐年增加的，并呈引领世界橄榄油进口的趋势。IOC其他成员国和欧盟的进口量变化不大，他们也是主要的橄榄油生产国，可以自足的同时大量出口到其他非IOC成员国。

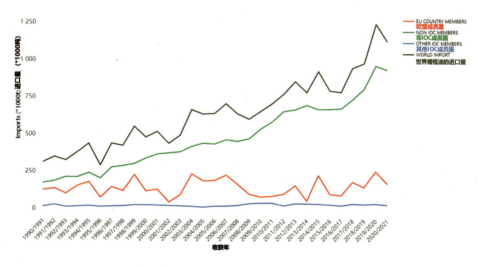

图3-2 世界橄榄油进口量趋势图

（二）世界油橄榄制品生产及贸易

种植油橄榄不仅收获橄榄油，而且其副产品、下游产品和衍生产品多样，产业链条长。油橄榄制品有很多，除了橄榄油外还有餐用橄榄果、橄榄果小吃、橄榄酱、橄榄饮料、橄榄酒等，其中餐用橄榄果的生产量、贸易量和交易金额都比较大（见表3-4、表3-5、表3-6）。

表3-4　欧盟对外出口餐用橄榄果统计表

收获年份	2017/2018		2018/2019		2019/2020		2020/2021		2021/2022	
国家	出口量	金额	出口量	金额	出口量	金额	出口量	金额	出口量	金额
西班牙	175 616	438.1	201 346	464.0	188 925	455.5	179 551	449.6	186 313	501.3
希腊	91 614	277.0	74 934	277.8	68 933	265.2	90 166	290.8	95 134	364.5
葡萄牙	13 826	32.1	15 836	35.3	15 425	31.8	14 957	30.6	11 425	27.5
意大利	13 208	45.1	14 894	51.2	13 855	48.5	18 574	65.1	20 108	73.6
其他国家	8 394	29.6	8 224	29.0	8 278	29.1	8 599	32.7	9 689	35.2
总计	302 658	821.9	315 234	857.3	295 416	830.1	311 847	868.7	322 670	1 002.0

　＊主要欧盟出口国家在收获年份餐用橄榄果的出口量（吨）和出口金额（百万欧元）。2021/2022收获年是指的2021年9月至2022年8月。

表3-5　欧盟内出口餐用橄榄果统计表

收获年份	2017/2018		2018/2019		2019/2020		2020/2021		2021/2022	
国家	出口量	金额	出口量	金额	出口量	金额	出口量	金额	出口量	金额
西班牙	118 578	267.8	127 399	273.6	126 566	280.8	128 102	278.8	134 974	322.4
希腊	89 182	226.9	81 063	235.5	82 281	253.9	92 836	261.0	90 061	279.9
葡萄牙	31 798	23.6	23 571	18.3	26 026	18.7	15 021	13.2	30 648	22.9
比利时	14 409	55.4	15 066	57.7	18 091	65.7	15 504	55.2	15 520	62.2
意大利	8 178	27.5	8 350	29.9	8 381	28.2	9 982	30.9	10 790	38.5
德国	4 982	18.8	5 037	18.8	5 561	21.6	5 184	21.4	4 296	18.4
其他国家	12 454	34.8	14 332	41.5	13 426	36.2	18 845	57.5	16 008	48.4
总计	279 581	654.8	274 819	675.4	280 333	705.1	285 474	717.9	302 295	792.7

　＊欧盟内出口国家在收获年份餐用橄榄果的出口量（吨）和出口金额（百万欧元）。2021/2022收获年是指的2021年9月至2022年8月。

表3-6　欧盟对外进口餐用橄榄果统计表

收获年份	2017/2018		2018/2019		2019/2020		2020/2021		2021/2022	
国家	进口量	金额	进口量	金额	进口量	金额	进口量	金额	进口量	金额
美国	116 910	336.2	123 973	357.4	105 246	327.1	112 222	345.9	111 614	404.3
俄罗斯	24 816	76.3	26 430	81.4	27 200	82.4	27 959	80.1	22 852	74.7
英国	24 676	77.0	24 539	72.4	24 028	69.0	28 755	86.4	30 480	99.6

续表

收获年份	2017/2018		2018/2019		2019/2020		2020/2021		2021/2022	
国家	进口量	金额	进口量	金额	进口量	金额	进口量	金额	进口量	金额
沙特阿拉伯	19 477	43.7	20 487	45.1	21 596	47.5	18 264	40.5	22 242	55.1
加拿大	18 195	43.8	18 231	45.2	18 520	48.8	20 350	52.5	19 188	57.4
澳大利亚	14 411	40.6	13 912	41.0	12 477	36.4	15 300	39.3	14 885	43.9
巴西	5 344	8.7	9 163	12.0	7 458	11.2	6 350	9.6	9 859	14.6
阿尔巴尼亚	6 971	8.2	5 864	10.3	7 046	12.2	9 324	17.3	9 337	17.3
墨西哥	5 606	15.5	6 335	17.3	6 159	18.2	5 492	16.3	7 286	23.5
乌克兰	4 901	14.2	4 699	14.0	6 058	17.6	6 435	19.2	4 677	14.2
瑞士	5 454	18.5	5 280	18.9	5 850	20.8	6 169	22.3	6 344	24.1
其他国家	55 898	139.3	56 319	142.3	53 778	138.7	55 228	139.3	63 904	173.3
总计	302 658	821.9	315 234	857.3	295 416	830.1	311 847	868.7	322 670	1 002.0

* 按进口国和收获年份列出的欧盟对外出口餐用橄榄果的出口量（吨）和金额（百万欧元）。2021/2022收获年是指2021年9月至2022年8月。

欧盟内主要是意大利、德国、法国、西班牙以及葡萄牙等国进口了大量的餐用橄榄果，它们占欧盟进口餐用橄榄果的64%左右（见表3-7）。

表3-7 欧盟对内进口餐用橄榄果统计表

收获年份	2017/2018		2018/2019		2019/2020		2020/2021		2021/2022	
进口国	进口量	金额	进口量	金额	进口量	金额	进口量	金额	进口量	金额
意大利	59 069	123.4	58 091	124.4	53 143	118.3	48 917	107.3	52 932	131.5
德国	45 019	134.7	48 604	146.3	50 163	155.7	49 988	153.4	50 190	162.8
法国	32 296	89.3	33 861	96.0	36 004	102.8	37 459	106.6	37 355	119.0
西班牙	32 154	26.0	23 793	20.5	25 608	20.1	14 893	14.3	30 081	24.9
葡萄牙	13 617	15.9	14 868	15.7	16 083	18.2	22 086	23.9	21 609	25.0
荷兰	14 248	49.5	14 199	50.2	14 586	54.0	17 412	57.6	17 337	59.7
比利时	10 864	27.4	12 331	31.7	13 616	38.3	15 757	42.4	14 456	40.2
波兰	9 114	25.3	10 656	29.3	12 365	34.6	16 749	41.6	16 054	47.7

续表

收获年份	2017/2018		2018/2019		2019/2020		2020/2021		2021/2022	
进口国	进口量	金额	进口量	金额	进口量	金额	进口量	金额	进口量	金额
其他国家	63 201	163.2	58 417	161.4	58 765	162.9	62 214	170.8	62 282	181.9
合计	279 581	654.8	274 819	675.4	280 333	705.1	285 474	717.9	302 295	792.7

* 按进口国和收获年份列出的欧盟内餐用橄榄果的进口量（吨）和金额（百万欧元）。2021/2022收获年是指2021年9月至2022年8月。

第二节　中国油橄榄市场分析

一、橄榄油进口量及消费量分析

近10年，中国的橄榄油市场开始形成并逐步与国际接轨。根据海关总署统计的信息，表3-8列出的是不同橄榄油类别近6年的进口数据：

表3-8　近6年中国进口橄榄油统计表

海关编码	商品名称	2017年	2018年	2019年	2020年	2021年	2022年
15091000	初榨橄榄油	32605.52	28241.02	37564.60	35476.96	34094.00	36136.69
15099000	其他橄榄油及其分离品	4544.88	7845.91	12851.61	14367.16	12526.85	13320.06
15100000	未经化学改性的其他橄榄油	5428.87	3498.21	3280.07	5190.95	5575.12	3281.32
	合计（吨）	42579.26	39585.14	53696.28	55035.07	52195.97	52738.07

从图3-3可以看出，从2017年到2022年，中国进口橄榄油在4万~6万吨之间徘徊，尽管中国经历了3年的疫情，但橄榄油的进口量走势平稳。

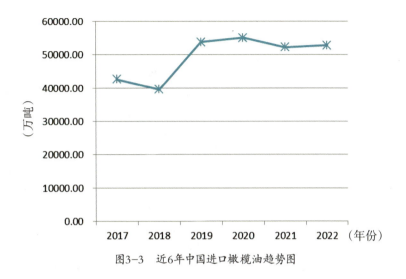

图3-3　近6年中国进口橄榄油趋势图

二、自产橄榄油的产量及消费量分析

（一）国内橄榄油的生产情况

我国油橄榄产业虽然开始于20世纪，已经历了50多年的发展，但期间因为各种原因几经起伏，真正进入稳定发展期不过是近20年的事。根据本次蓝皮书编写之需，从主产省市的不完全统计来看，截至2022年，我国油橄榄鲜果产量为9万吨，生产初榨橄榄油11021吨，产业综合产值43.24亿元人民币。其中，甘肃省陇南市年产橄榄油6200吨，种植面积、鲜果产量、自产初榨油产量、产值均居全国第一位。目前，全国有橄榄油生产加工企业51家，拥有连续式橄榄油提取生产线62条，其中陇南市现有油橄榄加工企业21家，生产线31条，占全国生产线总数的50%，日加工能力约1500吨，形成了每个榨季处理油橄榄鲜果6万吨的生产能力。

虽然我国橄榄油加工在近10年里几乎经历了井喷式的增长，从2011年的1330吨，到2015年初榨橄榄油产量首次达到2500吨，再到2022年产量达到11021吨，10年间增长率超过了8倍（见表3-9）。但随着国内消费者对食品营养健康的重视和对高端食用油需求的不断增长，国内橄榄油的消费增长同样迅猛。2008年，我国橄榄油消费量首次破万吨。截至2021年，我国消费量已达到

5.3万吨，预计2021/2022年，可达5.75万吨。较之自产橄榄油的产量，市场缺口很大，年进口橄榄油4.6万吨（见图3-4）。据统计，我国2000年进口橄榄油为330吨，到2010年增加到2.95万吨，2020年则增至5.05万吨，近10年平均增长率为5.8%。

表3-9　近10年我国橄榄油产量、消费量与进口量

年度	2010/2011	2011/2012	2012/2013	2013/2014	2014/2015	2015/2016	2016/2017	2017/2018	2018/2019	2019/2020	2020/2021	2021/2022
产量（吨）	1330	1460	1570	1732	2500	5000	5000	6000	5500	7000	7500	11021
消费量（吨）	29500	40000	39000	32000	33500	39000	44000	44000	51500	57500	53000	57500
进口量（吨）	29500	40000	39000	32000	31000	34000	39000	38000	46000	50500	45500	52738

注：数据来源于IOC

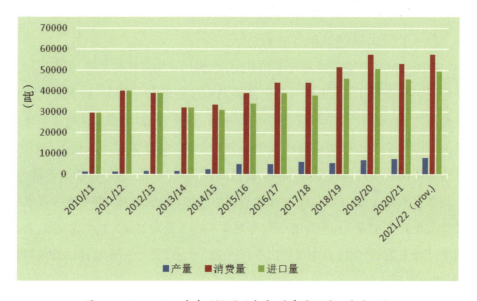

图3-4　2011—2022年中国橄榄油产量、消费量及进口量对比图

注：数据来源于IOC

（二）中国橄榄油的消费市场分析

目前全球橄榄油年产量约300万吨，欧洲国家橄榄油的年消费量在100万吨以上，而中国年消费花生油、豆油等传统食用植物油2000万吨。按国际橄榄

油消费占食用植物油消费3%的比例测算，中国的年市场消费量需要60万吨。进入21世纪以来，随着人民生活水平的提高，人们更加注重营养和健康，加之"地沟油事件"的频频曝光，消费者对橄榄油认知度的不断提高，橄榄油成为提高生活品味和生活质量的标志性食用油产品，这些因素促使我国橄榄油的消费市场持续快速增长。根据数据统计，2002年我国橄榄油消费量为9365吨，到2004年首次超过1万吨，此后，国内橄榄油消费量始终保持稳定快速的增长，2011年首次超过2万吨，到2020/21年度，我国橄榄油消费量已经达到53000吨（见图3-5）。

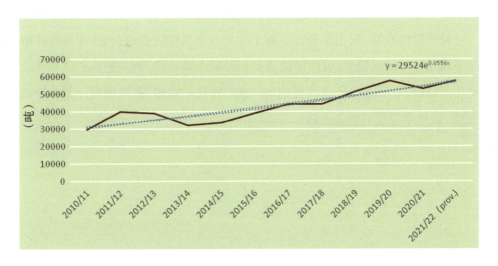

$$y = 29524e^{0.0556x}$$

图3-5　2011—2022年中国橄榄油消费量变化趋势图

注：数据来源于IOC

近10年间，我国橄榄油消费量增长80%，年均增长率约7%。因此，国际油橄榄理事会称"中国将是世界上最大的橄榄油消费国"，国外橄榄油主产国和生产企业普遍看好中国橄榄油市场这块"全球最后也是最大的蛋糕"，通过贸易直销、委托代理、分装贴牌、参加展会等多种贸易形式，加大了培育和拓展中国橄榄油消费市场的力度。

从产品品牌来看，我国橄榄油市场上有大大小小进口橄榄油品牌120多个，400余类产品，其中，具有较高知名度的品牌有贝蒂斯、欧丽薇兰、欧蕾、克里特大地、品利、伯爵、阿格利斯等，主要以西班牙进口品牌居多。我国国产橄榄油品牌虽然有30多个，但比较有知名度的只有祥宇、田园、橄榄时光等少数品牌，其自主产能很低，满足不了国际连锁大超市的采购需求，因此很难进入大型综超，主要通过直营店、旗舰店、品牌代理和网店等渠道销售，市场占有率低，在主产区之外，尤其在橄榄油消费的主要市场，北上广深等一线城市知名度很低，甚至很多人还不知道中国能生长橄榄树，能自主生产橄榄油。总体来说，我国橄榄油市场正在快速发育，目前市场定位为食用油高端市场，高端市场已趋成熟，有从高端市场向中档市场普及的趋势，但国产橄榄油只占极小份额，因此，国产橄榄油发展的市场空间十分广阔。

需要指出的是，餐用橄榄在国际上生产和消费比较普遍，而中国目前种植的餐用品种和面积较少，餐用橄榄还处在科研小试阶段，尚未进入中试和产业化生产阶段，在商超中还很难见到国产餐用橄榄的踪影，而用橄榄油制作的橄榄菜、橄榄酱很受消费者欢迎。

油橄榄产业科技创新

第一节　国外油橄榄产业科技创新

一、种质收集、保存与评价研究

（一）种质收集与保存

1994年，国际油橄榄理事会在欧盟各国建立了种质资源库网络。这一网络已逐步扩展到23家，收集品种1700多种。这个网络由3家国际种质资源库——科尔多瓦（西班牙）、马拉喀什（摩洛哥）和伊兹米尔（土耳其），以及20家国家种质资源库（阿尔巴尼亚、阿尔及利亚、阿根廷、克罗地亚、塞浦路斯、埃及、法国、希腊、伊朗、以色列、意大利、约旦、黎巴嫩、利比亚、黑山、巴勒斯坦、葡萄牙、斯洛文尼亚、突尼斯和乌拉圭）组成。近30年来，由于社会经济的发展，特别是油橄榄种植模式的巨大变化，生产上推广种植的品种集中在少数适宜机械采收的优良品种，原先种植的大量地方品种则被替代，从而产生严重的遗传流失风险。在这种情况下，建立种质圃/种质银行收集、保存地方品种具有重要的价值。至21世纪初全球已建立了100多个油橄榄种质圃，其中西班牙科尔多瓦油橄榄种质资源圃（World Olive Germplasm Bank of Cordoba, WOGBC）和摩洛哥马拉喀什（Marrakech）种质银行是国际上两个最大的种质圃，分别保存来自21个国家的499份种质和来自14个国家的561份种质，数量还在持续增加。

（二）种质评价

种质评价是辨识品种、提高种质利用效率的重要途径。最初的方法是采用形态性状来描述、区别不同种质。分子生物学的发展为油橄榄种质评价提供新的方法，同工酶、RFLP、RAPD、AFLP和SSR等分子标记先后应用于油橄榄种质评价，但研究表明只有SSR标记适宜于不同品种的鉴别。近年来，随着新一代测序技术的发展，中外多个不同团队已完成对油橄榄栽培种、野生种和近缘野生种全基因组序列的测定，为深入开展种质评价、基因定位、新基因发掘和分子标记开发奠定基础，从多组学水平解析不同性状功能。但是与其他作物相比，人们对油橄榄基因组的研究与认识还有待继续深入。

二、品种选育

虽然油橄榄在地中海主产区已有数千年的栽培史，但直至20世纪70年代初，才开始有明确的官方研究计划（与国内开始油橄榄育种工作大致相当）。20世纪90年代以前，主要采用实生选优的方法，育成了FS17、Briscola、Don Carlo和Barnea等优良品种，数量不多。20世纪90年代以后，有性杂交、组培技术和分子育种技术先后用于辅助油橄榄品种选育。育种目标除优质、高产、抗逆（旱、盐、寒）、抗病等性状外，生长势弱、树形小适应油橄榄集约化栽培特别是超高密度栽培模式（SHD）的品种选育备受关注。至21世纪初选育出Arbequina、Koroneiki、Arbasana、Tosca 07、Sikitita和Oliana等优良品种，特别是Arbequina和Koroneiki等品种的推广应用，有效地推动了油橄榄集约化栽培/超高密度栽培模式的发展，为油橄榄产业注入新活力。除了把生长势弱作为育种目标外，科研人员还加强了对优良砧木品种的选育，期待通过嫁接来缩小接穗品种的树形（如FS17作为砧木嫁接软阿斯可显著缩小接穗品种的树形），从而使一些传统优良品种通过嫁接也适用于高密度种植，发挥新的推广应用价值。

三、种植模式与栽培技术创新

（一）种植模式创新

基于降低生产成本的需要和新的优良品种的育成和推广应用，自20世纪90年代初期开始，在西班牙等主产区开始推广油橄榄集约化/超高密度栽培模式。与传统种植模式相比，其突出特点是：①主栽品种树形小，种植密度大（约70～130株/亩，为传统方式的3～5倍），产量水平更高（平均亩产可达600公斤，最高可达1000公斤以上，较传统种植方式成倍提高）；②始果期早（种植后2～3年，较传统方式早2～3年）；③广泛采用机械修剪、采收，劳力成本大大降低、生产效率显著提高；④实行肥水一体化管理，农资等生产要素利用率高；

⑤更适合低丘缓坡或平原地区生产,使油橄榄产区逐步走出传统的高山陡坡。油橄榄集约栽培技术的推广应用,彻底改变了数千年的油橄榄生产传统,具有变革性的意义。除传统的地中海产区外,美洲和大洋洲等新兴油橄榄产区都在大力推广这种栽培模式,特别是新兴产区如美国、智利、阿根廷和澳大利亚等国大多数新建的油橄榄园都采用集约化种植模式。在引进了相关品种后,我国各地近年来也在试验推广这种种植方式,取得积极的进展。甘肃、四川、湖北、浙江等省都有小规模的集约化种植。油橄榄的种植地从早前的中国西部高海拔地区沿长江向下游流域发展。

（二）栽培技术创新

受益于农业机械的研发,现代油橄榄园的管理特别是超高密度栽培模式下,从种植(专用种植机械)、灌溉施肥(基于滴灌技术的水肥一体化管理)、修剪(专用修剪机械)和收获(有小型的电子收获器和大型收获机等不同大小、类型适宜不同生产规模的采果机械)等环节都可以采用机器来完成,实现机器/械换人,生产成本显著降低。有调查表明,油橄榄鲜果采用机械收获的成本仅为人工收获的十分之一,种植成本显著降低,从而极大地提高了生产效率和产业效益。

由于山地地形的限制,当前国内的油橄榄种植、采收仍然依赖人工操作,但国内厂家开发的相关机械/设备如采果机、收集网已出口到油橄榄主产国,并在生产上得到应用,一方面充分展示了我国工业制造的实力,另一方面也为今后我国油橄榄产业升级储备了技术。

四、加工技术创新

以油橄榄果为基本原料的产品类型众多,但数千年来橄榄油和餐用油橄榄果始终是油橄榄产业的两个主要产品。

（一）橄榄油提取技术创新

传统的橄榄油提取方法是以石磨粉碎成熟的油橄榄果,再通过物理压榨、过滤获得橄榄油,这一生产方式有着数千年的历史。现代橄榄油提取方法始于20世纪70年代，以"离心"为核心技术。在20世纪70—80年代采用的是三相技术，至20世纪90年代又发展为二相技术（见图4-1、图4-2、图4-3）。

图4-1　橄榄油压榨的原始方法

图4-2　传统的碎果石磨

图4-3　橄榄油压榨的传统工艺

与三相法相比，二相技术在加工过程中不用或少量加水，不会产生大量的废水，同时可以有效地降低天然抗氧化剂的损失，提高橄榄油品质。半个世纪以来，橄榄油提取技术没有大的变化，无论是三相法还是二相法，提取的方法都包括粉碎、融合和离心三个基本过程。尽管如此，人们追求开发新工艺或优化工艺的努力从来没有停止，其基本思路在于通过优化融合技术来提高油的提取效率，缩短提取时间。通过长期的研究，人们在微波（microwave）、脉冲电场（pulsed electric field）、超声波（ultrasound）提取橄榄油的技术上取得了进展，分别建立了微波、脉冲电场、超声波技术辅助的橄榄油提取方法。

1. 超声波技术辅助的橄榄油提取技术

利用超声波对细胞膜的力学作用，诱导细胞膜更快地释放油脂，从而有效地缩短融合时间，提高油脂质量和得率。其中直接超声在高水分油橄榄果（>50%）中具有更好的得率，而间接超声在低水分油橄榄果实（<50%）中有更高的萃取率。与常规提取法相比，超声辅助提取法有利于初榨橄榄油中酚类化合物的富集。在橄榄油加工业中，超声波是最有前途的技术之一。

2. 脉冲电场（PEF）辅助的橄榄油提取技术

自1960年以来，脉冲电场（PEF）技术一直被应用于食品科学领域，是一种成熟的技术。其原理是将液体或固体食品暴露在电场中，使细胞膜上产生小孔促进跨膜流动。研究人员采用2 kV/cm的PEF，在15°C下对油橄榄果酱融合30分钟，使其出油率提高14.10%，橄榄油总酚含量、总植物甾醇含量和总生育酚含量均显著高于对照组（分别为11.5、9.9和15.0%）。另外，经从PEF处理油橄榄果酱提取的橄榄油苦味和刺激性较低，比未经处理的油更具果香，同时可有效提高产量。

3. 微波辅助的橄榄油提取技术

这是近年来兴起的一种新型油提取方法。微波能在更短的时间内更快地加热和破坏生物细胞结构，因此，它是一种比传统方法更有效的提取方法。该方法的其他重要优势是可以获得高质量的橄榄油、降低能源消耗和成本。研究人员比较了微波辅助对提取油橄榄果渣油的影响，结果显示微波提取的橄榄果渣油得率高于其他常规物理方法提取，总酚和生育酚含量较高，过氧化值和多环芳烃含量较低。

（二）餐用油橄榄果加工工艺创新

餐用油橄榄果富含不饱和脂肪酸、必需氨基酸、蛋白质、矿物质、维生素及黄酮、裂环烯醚萜、羟基肉桂酸、简单酚和三萜酸等抗氧化活性物质，深受地中海等国消费者的喜爱，在西班牙、土耳其、意大利、希腊等地中海国家都是支柱产业之一。现代餐用油橄榄果加工技术在脱苦脱涩工艺、益生菌选用等方面都取得了显著的创新发展，产品开发朝更营养、健康的方向发展。

1. 脱苦脱涩工艺创新

新鲜油橄榄果因富含单宁、橄榄苦苷等酚类物质而难以下咽，因此需要采用脱苦脱涩工艺加以消除。氢氧化钠法（2.5%～3% w/v碱液）是传统的脱苦脱涩方法，但存在处理时间长，营养损失多，且产生大量碱性废液等问题，因此，开发新的脱苦脱涩替代工艺十分重要。轻度热处理（60℃，10分钟）脱涩、真空浸渍脱涩、超声辅助脱涩、NaOH与NaCl组合脱涩等技术作为适用的脱苦脱涩新方法，具有健康、环保和快速等特点受到重视，已得到越来越多的应用。

2. 发酵菌选用

经过脱苦脱涩的油橄榄果接着需在盐水（10%～11% w/v NaCl）中腌制发酵。现代腌制过程十分重视益生发酵菌的应用，使得发酵油橄榄果中富含植物乳杆菌、戊糖乳杆菌、副干酪乳杆菌、干酪乳杆菌、类植物乳杆菌等益生菌。此外，汉逊德巴利酵母、非酿酒酵母、乳酸克鲁维酵母和啤酒酵母等也被用于油橄榄果的发酵，这些酵母菌群具有分解橄榄苦苷、抗菌等作用，还能缩短发酵周期。

3. 降盐处理技术

钠是食用橄榄加工过程中添加的唯一矿物元素，因此，经常食用餐用油橄榄果可能会导致钠摄入量超标，从而诱发高血压、心脑血管疾病等系列问题。为此科研人员研究了部分或全部以氯化钾、氯化镁、氯化钙、氯化锌、硫酸锌、高氯酸锌等来替代氯化钠，这些化合物都具有抑菌的作用，也符合欧盟有关法规。结果发现，所得到的产品不易变质、腐败，且具有平衡的矿物质成分、更好的营养价值和优良的感官品质。

餐用油橄榄果是地中海膳食的重要组成部分，但由于东西方饮食文化的差异，腌制油橄榄果仅在我国星级饭店等部分场所消费。因此，研发符合国人味蕾的腌制油橄榄果的新产品，对于开拓国内的餐用油橄榄果消费市场具有重要推动作用。

五、橄榄油化学成分分析及鉴伪研究进展

（一）橄榄油的化学成分分析

橄榄油化学成分分析的目的是考察其食用特性、营养价值及各物质的含量等，以鉴定其质量，决定其用途、价格，保证消费者利益及身体健康。目前橄榄油成分分析的方法主要是光谱法、气相色谱法和液相色谱法。这些方法相对比较成熟，稳定性好，灵敏度高，但从橄榄油的整体检测水平来看，还需要深入探讨。

橄榄油成分比较复杂，各类化合物之间差异较大，往往需要在分析之前进行必要的纯化和分离，样品的前处理相对复杂，检测时间较长。所以，发展更简单、更快、更灵敏，选择性更好，操作更方便的分析方法，成为橄榄油分析的发展方向。色谱质谱联用检测方法则是橄榄油分析中具有发展潜力的方法，该法不仅结合了色谱长于分离、质谱专于物质化学结构鉴定和确认的优势，而且减少了前处理操作的烦琐步骤，为深入研究橄榄油提供了强有力的技术手段。

（二）橄榄油鉴伪研究进展

Lu等人采用液相色谱法测定了特级初榨橄榄油与其他食用油脂混合样品中的色素成分，通过油脂中色素色谱指纹数据与支持向量机的数学模型算法相结合，构建了对不同类型的食用油和掺假橄榄油的识别和分类模型，其鉴别准确率达到了94.44%，最低识别掺入量为1%。Caponio等人采用高效凝胶排阻色谱分析不同等级橄榄油及其混合样品中三酰甘油低聚物、氧化三酰甘油和二酰甘油的含量，将测得数据经过多元统计分析，可以明确区分出在特级初榨橄榄油中掺入30%的轻度脱臭油和所有掺入了精炼橄榄油的样品。Jing等人采用气相色谱联用离子迁移谱技术，对不同等级橄榄油的挥发性风味成分进行分析，采用挥发性成分指纹、主成分分析和偏最小二乘判别分析法确定了橄榄油中的7种特征风味物质，并在此基础上建立了不同等级橄榄油的分类模型，可以很好地区分不同等级的橄榄油样品。Damiani等人采用气相色谱联用离子迁移谱和电子鼻技术，分别测试了掺入不同比例精炼橄榄油和脱酸橄榄油的样品，

发现这两种方法都能够很好地区分在特级初榨橄榄油中掺入其他等级橄榄油的情况，其区分精度可以达到掺入10%即可区分开。Filoda等人应用傅里叶变换红外光谱结合偏最小二乘回归算法建立了同时测定油脂中油酸、亚油酸和亚麻酸的校准模型，并将其用于特级初榨橄榄油中掺入不同其他食用油脂的快速判别中。应用该方法不但对掺假样品具有良好的识别能力，同时还能够定量测定出混合油中其他食用油脂的掺入量。Kuo等人利用基质辅助激光解离—飞行时间质谱构建了食用油脂中三酰甘油的检测技术，并应用多元统计方法对橄榄油中掺入菜籽油进行了定量评估。Piero等人建立了一种电喷雾电离示迁移率分析质谱法用于橄榄油中化学成分的指纹谱图分析，采用主成分分析和正交偏最小二乘判别分析构建了橄榄油掺假判别模型，通过将直接分析和液—液萃取分析结果结合，该模型可以100%识别出特级初榨橄榄油、初榨橄榄油和橄榄灯油。Mildner-Szkudlarz等人使用电子鼻技术结合化学计量学对橄榄油中掺入榛子油进行分析鉴定，并与传统的气相—质谱分析和直接质谱分析的方法进行了比较，3种方法均可以很好地区分初榨橄榄油和掺入榛子油的初榨橄榄油，其区分比例可以低至5%。

第二节　国内油橄榄产业科技创新

一、种质收集、保存与评价研究

（一）种质收集与保存

我国引种油橄榄已有100多年的历史。1907年，最早由法国传教士引种在云南省德钦县茨中教堂；1953年，引入云南蒙自草坝蚕种场、重庆市、福州市等地；1956—1959年，南京中山植物园、广东植物园、北京植物园，先后收到尼基特植物园寄来的5个品种的油橄榄种子。1964年，由周恩来总理亲自倡导的油橄榄引种，是我国引种规模最大、数量最多的政府间大规模引种，由阿尔巴尼亚引入了米扎、佛奥、爱桑、卡林、贝拉5个品种的4年生油橄榄树苗1.08万株，被分配到全国亚热带不同气候区种植。从1907年开始引种油橄榄到1987年底，全国登记在册引入的油橄榄品种156个，并在我国建立了11个油橄榄种质资源基因库：①云南省林业科学研究所种质资源基因库；②中国科学院昆明植物研究所油橄榄种质资源基因库；③陕西省汉中地区城固油橄榄种质资源基因库；④四川成都黑龙潭玉蝉油橄榄种质资源基因库；⑤四川达川区地区开江县红花山种质资源基因库；⑥四川省绵阳地区三台种质资源基因库；⑦四川西昌凉山州林业科学研究所种质资源基因库；⑧湖南省陵零地区种质资源基因库；⑨江苏省南京江苏省植物研究所种质资源基因库；⑩湖北省武昌湖北林业科学研究所种质资源基因库；⑪甘肃陇南地区武都种质资源基因库。

我国现有的油橄榄种质资源有三部分：一是引进的世界各国的油橄榄品种也称为世界油橄榄遗传资源；二是我国自己选育的油橄榄品种；三是我国本地乡土树种，油橄榄的近缘种。我国从20世纪60年代初大规模引种油橄榄以来，到1980年初进入了大发展时期，全国引种达156份之多。到20世纪80年代末由于对油橄榄品种生物学特性了解不够，有苗就种，选地不当，布局不合理，不按油橄榄适生范围种植，再加上原有计划经济的旧体制与市场经济体制不相适应，致使一些油橄榄种质资源受到损失，个别种质资源基因库名存实亡。

进入21世纪，随着我国改革开放的深入发展，广大人民的生活水平不断提高，人民的保健意识增强，对食用植物油质量有较高的要求，油橄榄再次得到快速的发展。在总结油橄榄引种经验教训的基础上，我们对油橄榄发展有了科学认识。紧紧抓住选好油橄榄适生区、配植优良品种两个关键，再次有目的地引入油橄榄品种，筛选适合我国生产发展的良种，为油橄榄的发展打下了基础。给我国油橄榄种质资源注入了新的血液，巩固了油橄榄种质基因库的建设。2016年，国家林草局公布了第二批国家林木种质资源库，甘肃和四川两省榜上有名。其中，凉山州中泽新技术开发有限责任公司在四川省凉山州西昌市建成油橄榄国家林木种质资源库是目前国内最大的油橄榄种质资源库，共收集国内国外油橄榄品种256个，甘肃省林业科学研究院在甘肃省陇南市建立的陇南市油橄榄国家林木种质资源库，收集国内外油橄榄种质资源162份。云南省林业和草原科学院在云南省楚雄州永仁县建立油橄榄种质资源圃,收集国内外引进、自主杂交以及实生选择的种质资源132份。除此以外,各大研究机构和企业也不断加强油橄榄的种质资源收集工作。甘肃省陇南市经济林研究院油橄榄研究所收集国内外油橄榄种质171份,建成了大堡及大湾沟油橄榄种质资源库。

（二）种质评价

我国1964年从阿尔巴尼亚大量引进油橄榄以来,先后又从意大利、希腊、西班牙等欧洲多个国家引进多个品种。由于引进品种译名比较混乱,国外一些种植区域,把单株类型列为品种,把同一品种取用多名,以地名命名或以树形、果形特征命名等现象时有出现。再加上我国自引种油橄榄以来,各种植地选育出一批优良品系和优株列入品种,同种异株也以地名、优系号命名为油橄榄新品种(按育种程序申报定名的品种除外)造成了品种名称混乱,致使油橄榄工作者难以分别,给品种资源的搜索和生产应用带来困难。为了鉴别油橄榄品种,各地均开展油橄榄种质资源的评价工作——对各资源形态特征进行科学的描述,找出规律的特征,把一种多名和一种多型品种予以查清,形成了基本统一的品种译名,为我国油橄榄品种资源提供了依据。

为了利用好收集、保存的油橄榄种质资源,各地均对收集资源的生物生态学特性、遗传多样性、抗性及果实品质进行系统评价,相关研究结果为深入开展引种驯化、杂交育种和分子育种奠定基础。

二、品种选育

油橄榄引种到我国是到了一个新的引种区,生态条件与原产地既有相似之处,也有不同之处。生态条件与遗传变异相互之间具有复杂的交互作用。我们一方面要利用有广泛适应性的品种;另一方面必须创造适应当地生态环境的自主品种。我国引进的油橄榄资源经历了60多年的生长发育,为了适应这些不同的环境条件,表现出了不同的遗传变异。有的品种表现出了不适应,也有些品种表现出了特别的适应性。因此,我们应以国外引进的这些遗传资源为基础,通过引种驯化、实生选择育种、杂交育种、辐射育种、航天育种等途径，创造适应我国自然条件的油橄榄品种，进而推动油橄榄品种的本土化。

甘肃省林科院、云南省林业和草原科学院、中国林科院等单位在前期引进种质资源的基础上，通过品种比较、区域性和生产性试验，引种驯化、选育出佛奥（弗奥）、皮瓜尔、科拉蒂、豆果、莱星、阿斯、科拉蒂、柯基（奇迹、科罗莱卡）、贝拉、小苹果、坦彩、阿尔波萨纳等优良品种，适宜在不同省区栽植。佛奥、皮瓜尔、科拉蒂和鄂植8号4个品种先后通过国家林木品种审定委员会审定。柯基和豆果两个品种通过认定，成为在全国油橄榄适宜栽培区广泛推广的良种。

在实生选育方面，鄂植8号是贺善安先生从湖北省植物研究所保存在武汉植物园中的尼基特植物园实生苗中选出的超级苗优良单株的无性系；城固32号为苏联混合品种杂交实生选优单株；田园1号油橄榄砧木无性系是云南省林业和草原科学院利用从欧洲带回来的截风龙等绿化用油橄榄品种混合种子实生选育出砧木新品种；马婷等以云杂1号、2号和3号油橄榄杂交品种实生后代群体为材料，对23份结果单株18个果实性状进行比较分析，表明第Ⅰ类中的第Ⅱ亚类含4号、10号、16号3份种质，单果重、果肉率最高，可作为果用品种推荐材料，第Ⅴ亚类包括19号和22号种质，鲜果含油率大于24%，可作为油用品种推荐材料。

在杂交育种方面，中国科研工作者也开展了相关研究工作。针对云南与油橄榄原产地生态环境差异明显，油橄榄嗜钙、适宜中性偏碱土壤，而云南多酸性、低钙红壤，导致种植栽培区受限这一问题，云南省林业和草原科学院的张植中、杨卫民等老一辈科学家通过杂交亲本筛选：从1977年起，选用木樨科木樨榄属尾叶木樨榄、腺叶木樨榄和尖叶木樨榄作父本，油橄榄佛奥、卡林、尼1、克里、海幼2号5个品种为母本，进行选择性杂交授粉试验。通过父本亲和性选择、杂交授粉、优树选择等程序，筛选出中间型的云杂1号、2号和3号三株优树，具有适应性强、抗性好、丰产稳产、含油率高等特性。后期在新一代油橄榄科研工作者持续开展无性系测定、区域试验、砧木试验的基础上，选育出新品种金叶佛榍榄,后通过生产应用,于2022年认定为省级良种,成为国内唯一的杂交品种。近年也有学者持续开展相关研究工作:李金花等利用城固32、鄂植8、莱星和皮削利4个油橄榄品种杂交获得F1代实生苗;徐田等以优良油橄榄品种与金叶佛榍榄为亲本连续4年开展杂交试验,23个杂交组合中17个组合获得杂交果实,在所有组合的F1代中,果实重量0.55~8.28毫克,种核重量0.12~3.54毫克,果实纵径12.27~31.87毫米,种核纵径9.87~23.43毫米,果实横径7.95~22.11毫米,种核横径4.91~10.15毫米。17个结实组合中金叶佛榍榄为父本和母本、佛奥为母本、科拉蒂为母本时均有4个或以上的组合收获到成熟果实,对这4组亲和力高的亲本的F1代果实性状10个指标做相关性分析,发现果实重量与肉果重量的相关性最高,另果实重量与果实横径、果肉重量与果实横径、种核重量与种核纵径间的相关性也较高。

近年来,一些先进的育种手段也开始应用于油橄榄新种质创制。在甘肃省科技重大专项的支持下,甘肃省陇南市经济林研究院油橄榄研究所邓煜团队与浙江省农业科学研究院朱申龙团队合作开展铯137辐照油橄榄种子和苗木,已取得了新种质;同时与中科院兰州化物所合作开展重离子辐照育种,对油橄榄种仁及芽进行诱变辐照;利用我国先进的航天技术,已分别在新一代载人飞船试验船和神舟十五号载人飞船上搭载了两批甘肃陇南的油橄榄种子,已成功返回,正在开展后期表型测定和选育试验。

三、栽培技术创新

我国是一个土地辽阔的大国,但适合发展油橄榄的区域比较少。目前主要在甘肃的白龙江干热河谷区、云南四川的金沙江干热河谷区、长江三峡河谷地带种植。这些发展油橄榄的区域,多是山谷,坡地多、平地较少,虽有部分平地,但多为基本农地,不能占用。因此,中国发展油橄榄,建立现代化的集约栽培体系,必须面向山区。开展山地油橄榄集约化栽培是一项艰苦而有益的工程,也是我国油橄榄发展的方向。

国内科研工作者在品种配置、种植模式、肥水管理、整形修剪等方面均开展了卓有成效的创新工作。在品种配置方面，由于油橄榄大多数品种自交不孕或部分自交不亲和，为油橄榄主栽品种配置相适宜的授粉品种，可以提高油橄榄经济产量和效益。王楠楠等在四川省选择产量较高、品质较好的10个主栽品种，通过气象因子调查、开花生物学特性和表型性状研究，结合自由授粉子代的SSR标记父本分析和坐果率调查，研究油橄榄品种间亲和性，确定主栽品种的适宜授粉品种，如以豆果为主栽品种时，可选择城固32和贝拉作为最适授粉树；选择鄂植8号时，皮瓜尔为授粉树。而多品种适配的组合，可以减少授粉树数目，得到较高的坐果率，如当以九峰4号、鄂植8号、科拉蒂作为主栽品种时，可选择克罗莱卡或佛奥作为授粉树。

在灌溉方面，刘泉等研究表明，滴灌和浇灌均可提高油橄榄地径和枝条生长量、叶片P和K含量以及果实K含量，显著提高了花序数、小花数、完全花比率和坐果率，从而显著提高了果实数量、产量和产油量，且滴灌效果更优：浇灌较不灌溉的果实数量增加了255.77%~335.02%，产量提高了254.40%~324.26%，产油量提高了268.29%~287.80%；滴灌较浇灌的果实数量增加了103.65%~125.50%，产量提高103.49%~110.85%，产油量提高88.05%~90.07%。滴灌和浇灌均显著提高油橄榄不饱和脂肪酸（油酸、亚麻酸和棕榈油酸）的含量，但也显著降低了叶片、果肉和橄榄油中的总多酚含量，提高了饱和脂肪酸（棕榈酸、硬脂酸、花生酸和二十二烷酸）和游离脂肪酸的含量。

在施肥方面，刘泉等研究表明，施N、P肥均可显著提高油橄榄地径和枝条生长量、叶片和果实中N和P含量、花序数、小花数、完全花比率和坐果率，从而显著提高果实数量、产量和产油量。

目前，在油橄榄栽培方面我国制定发布了《油橄榄》（LY/T 1532—2021）、《油橄榄栽培技术规程》（DB53/T 961—2020）、《绿色食品油橄榄生产技术规程》（DB62/T 1364—2005）、《油橄榄密植丰产栽培技术规程》（DB51/T 2413—2023）、《油橄榄叶片营养诊断技术规程》（DB62/T 4626—2022）、《油橄榄丰产经营技术规程》（DB51/T 1153—2010）等行业和地方标准。

四、加工技术创新

（一）橄榄油提取技术创新

邸多隆等发明了一种超声辅助提取橄榄油的方法：将油橄榄鲜果进行粉碎、与水混合、超声提取、融合和保温，得到融合好的果浆；对融合好的果浆依次进行固液分离，得到油水混合液；将油水混合液进一步搅拌融合；将融合后的油水混合液进行油水分离，静置得到橄榄油。本发明方法使得油橄榄果中的橄榄油，多酚，有机酸，不饱和脂肪酸，丰富的维生素A、D、E、F、K等多种成分最大限度地被提取出来，使得出油率明显提高，固液分离后进一步搅拌融合，使得橄榄油中多酚等功能成分显著提高。邸多隆等还发明了一种油橄榄果中橄榄油的提取方法：采用了高速剪切破壁技术，使得油橄榄果中的多酚类化合物，有机酸，不饱和脂肪酸，丰富的维生素A、D、E、F、K和胡萝卜素等脂溶性维生素及抗氧化物等多种成分最大限度地溶解在油水中，使得果肉中的羟基酪醇完全被提取出来溶解在果油和果水中，同时使果肉中的橄榄油也完全游离出来；采用通过融合和保温，增加羟基酪醇在油中的溶解性；添加无机盐，使得水中的溶解度达到饱和，羟基酪醇在水中的溶解性减小，进一步促使羟基酪醇溶解在油中，增强橄榄油的功能，提高橄榄油中羟基酪醇的含量。

此外，相关企业也开展了橄榄油提取装备的研发工作，发明了一种用于橄榄油油相提取的卧螺离心机螺旋结构、一种超声波辅助提取橄榄油设备、一种橄榄油提取过滤设备等橄榄油提取装置和设备。

（二）餐用油橄榄果加工工艺创新

刘婷等为了优化餐用油橄榄果的脱涩工艺，以单宁消减率和感官评价为指标，采用3因素3水平的响应面分析法，分析了脱涩时间、碱液质量分数和脱涩温度对脱涩效果的影响，结合感官评价，确定了完整餐用油橄榄果和去核餐用油橄榄果的最优脱涩工艺参数。结果表明：完整餐用油橄榄果的最佳工艺参数为脱涩时间9.54小时，碱液质量分数2.85%，脱涩温度27.21℃，在此条件下完整餐用油橄榄果的脱涩率达到75.4%，感官评分为79，综合评分理论值为77.9；去核餐用油橄榄果的最佳工艺参数为脱涩时间7.48小时、碱液质量分数1.83%、脱涩温度28.48℃，此条件下餐用油橄榄果脱涩率为88.29%，感官评分为88.03，综合评分理论值为88.0。赵海云等开展了用NaOH脱涩、自来水脱碱法试制餐用油橄榄果的试验，对原料脱油脂工艺进行了创新，最后确定了护色、脱涩、发酵、灌装等工艺环节的最佳参数。

邓煜等开展了餐用橄榄罐头创制工艺优化试验，在试验研究的基础上分别确定了完整和去核餐用橄榄脱涩工艺的最佳工艺条件，进而创制了3个系列（甜味、咸味、麻辣味）13个口味的餐用橄榄罐头（枸杞砂糖、黄芪冰糖、木瓜砂糖、特甜、酸甜、淡甜、咸盐、原味、麻辣、泡椒、麻辣去核、咸盐去核、甜味去核）。此外，云南省林业和草原科学院联合江南大学共同发明了一种油橄榄酵素的制备方法，生产出的油橄榄酵素产品深受相关企业喜爱，正在进行转化。

（三）油橄榄果渣综合利用研究进展

1.油橄榄果渣的营养成分和生物活性成分

油橄榄鲜果经压榨后通过两相或三相分离工艺得到橄榄油和混合废弃物或橄榄油、果渣和橄榄汁。经两相分离的油橄榄混合废弃物残渣和汁液含有果渣油、酚类、糖类、有机酸和矿物质等，经三相分离得到的果渣即OP富含膳食纤维、脂肪、蛋白质、氨基酸、矿物质等营养成分和酚类、萜类及黄酮类等生物活性成分。OP粉中总膳食纤维含量可达80%左右，其营养成分及含量主要包括粗纤维43.29%、粗脂肪12.71%、粗蛋白4.54%、钾0.72%、总黄酮1.67%、总酚1.13%，存在多种矿物质如K、Ca、Mg、Na、Fe、Zn等；鲜OP除水分外也含有粗纤维、粗脂肪、果胶和还原糖等成分，含量分别为26.41%、8.02%、0.77%、0.25%。

生物活性成分OP中含有酚类、三萜类、黄酮类、裂环烯醚萜类、植物甾醇类和维生素等生物活性物质。OP中酚类物质主要是羟基酪醇；黄酮类物质有芹菜素、木樨草苷，具有抗氧化活性；三萜类物质有山楂酸、齐墩果酸、熊果酸、甘草次酸、高根二醇、熊果醇，其中最主要的是山楂酸和齐墩果酸。油橄榄果中还含有β-谷甾醇、豆甾醇、岩藻甾醇、胆甾醇等植物甾醇,具有抗癌活性。此外,角鲨烯也是油橄榄果中一种重要的活性成分,具有多种生理和药理功能。因此,OP中多种生物活性化合物在保健品、功能性食品、药品和化妆品等方面具有开发价值。

2. 油橄榄果渣综合利用的研究现状

耿树香等发明了一种油橄榄果渣酵素的制备方法,在油橄榄果渣中加入纯净水,再加入一定比例的纤维素酶、木聚糖酶和果胶酶等,进行酶解得到酶解液;调节酶解液的pH,加入酵母菌和干酪乳杆菌,再加入冰红糖溶解,置于通风干燥处发酵,将发酵液自然沉淀后进行超滤处理,得到油橄榄果渣酵素原液。这一发明以油橄榄加工废弃副产物果渣为原料分别进行液体发酵得到油橄榄果渣酵素,油橄榄果渣中含有丰富的多酚、黄酮及微量元素,是一种营养较丰富的副产物,可提高油橄榄果渣资源利用率。雷春妮等发明油橄榄果渣面条及其制备方法,主要将油橄榄果渣和油橄榄木渣混合炭粉80~120份、黏结剂6~10份、助燃剂4~6份混合生产。李明元等发明的油橄榄果渣面条断条率低,复水性好,色泽均匀,口感富有弹性,无苦涩味,香味协调,能够充分利用油橄榄果渣,具有较高的经济利用价值。

(四)油橄榄叶综合利用研究进展

每年每棵成年油橄榄树修剪会产生超过25千克的油橄榄叶副产物,我国每年因对油橄榄树进行维护剪枝产生的叶片多达60万吨以上。油橄榄叶中富含的天然活性成分,具有广阔的开发前景,可应用于药品、化妆品、保健食品和功能性食品,根据中科院兰州化学物理研究所邸多隆团队多年研究提供的资料表述如下。

1. 油橄榄叶中的主要成分

油橄榄叶含有丰富的裂环烯醚萜类化合物、酚酸、三萜和黄酮类等活性物质,每100千克油橄榄叶中含抗氧化成分6000~9000毫克,比橄榄油中抗氧化成分高100倍。萜类成分及其衍生物以裂环烯醚萜类和萜烯类较多,橄榄苦苷是裂环烯醚萜类最具有代表性的化合物,是一种重要的苯酚类裂环烯醚萜苷;

酚酸类化合物有香草酸、咖啡酸、绿原酸、没食子酸、肉桂酸等；三萜类成分主要为五环三萜，以齐墩果烷型最具有代表性，如齐墩果酸和山楂酸；黄酮类成分的苷元主要为木樨草素、芹菜素和洋芫荽黄素等。

多糖是油橄榄叶中含有的一种由糖苷键结合的糖链，至少要超过10个的单糖组成的聚合糖高分子碳水化合物，能增强人体免疫系统，快速调节免疫能力和润肠通便，调节胃肠功能，具有抗氧化、抗辐射、降血糖血脂、降低胆固醇、抑制肿瘤发生等作用。油橄榄叶脂质挥发性成分中，主要含脂肪酸酯类物质，还含有角鲨烯、维生素E等抗氧化性高的多不饱和烯烃。同时，油橄榄叶中含有蛋白质、氨基酸、粗纤维碳水化合物和矿物元素等，氨基酸中尤其以甘氨酸、组氨酸和缬氨酸含量较高，其中所含的必需氨基酸含量占总氨基酸含量的23.8%。因此，油橄榄叶是营养丰富且活性物质含量较高的优质原料。

2. 油橄榄叶主要生物活性与大健康

（1）抗氧化和抗衰老作用

油橄榄叶中富含的多酚类成分是抗氧化的主要活性成分，研究发现油橄榄叶提取物中的总多酚及单个酚类化合物如橄榄苦苷、芸香苷、咖啡酸等都对亚硝酸盐、DPPH自由基有很强的清除作用，而且能够提高超氧化物歧化酶（SOD）活性。油橄榄叶提取物在多种抗氧化测试如清除DPPH自由基、ABTS+、铁离子还原/抗氧化能力（FRAP）、（氧自由基吸收能力）ORAC中抗氧化能力都很明显，还可有效防止自由基引起的氧化损伤和人体内糖化终产物（AGEs）的积累，在预防和修复皮肤色素沉积、增加皮肤弹性方面均有潜在能力。

（2）抑菌消炎和抗病毒作用

油橄榄叶中的橄榄总黄酮、橄榄苦苷等多种化学成分都具有较好的抗病毒、抗炎和镇痛作用。其中橄榄苦苷作用最为突出，能够有效抑制出血性败血病毒（VHSV）、HIV-1、HBV等病毒的融合和整合，可以刺激巨噬细胞活性杀灭细菌并吞噬，抑制组织胺的释放，明显降低致炎因子TNF-α和IL-1β的mRNA表达。油橄榄叶提取物具有广泛的抑菌活性，主要原因是从油橄榄叶中分离得到的橄榄苦苷和酪醇具有广泛的抑菌活性和具有较强疗效的抗癌功效。橄榄叶水提物和醇提物用于抗疟疾和其他细菌、真菌、病毒引起的疾病，如冷或热流感等；在临床上作为药品，能抑制病毒、细菌、微生物及其引起的毒素，提高T淋巴细胞、NK细胞、吞噬细胞等的再生能力，加强细胞对病毒感染的免疫能力。

（3）抗癌和抗肿瘤作用

油橄榄叶提取物中含有裂环烯醚萜及其苷、黄酮及其苷、双黄酮及其苷、低分子单宁等成分，裂环烯醚萜类为主要活性成分。橄榄苦苷在细胞和非细胞检测中能直接破坏肌动蛋白微丝，抑制肿瘤细胞株增殖和迁移，促进肿瘤完全退化。油橄榄叶提取物中的橄榄苦苷可以抑制皮肤癌、甲状腺癌、子宫内膜癌、卵巢癌和乳腺癌等的生长，已成为预防和治疗妇科恶性肿瘤的理想药物。

（4）降血糖和降血脂作用

油橄榄叶提取物在降血糖降血脂方面有显著疗效。中科院兰州化学物理研究所对油橄榄叶的降血糖和降血脂活性研究结果显示，给予油橄榄叶提取物后，大鼠血糖显著下降（P<0.05），油橄榄叶提取物显著改善T2DM大鼠葡萄糖及胰岛素耐量，增强大鼠对胰岛素的敏感性（P<0.05），油橄榄叶提取物可降低血液中T2DM大鼠TG、TCHO、NEFA和LDLCGSP的含量，达到调节血脂的作用；与二甲双胍组比较，油橄榄叶提取物高剂量组可升高HDL-C（P<0.05）。油橄榄叶的酯提取物可显著降低糖尿病患者血清中总胆固醇、甘油三酯和低密度脂蛋白含量，参与调控脂质代谢过程。其主要活性成分裂环烯醚萜类化合物，能改善机体对胰岛素的敏感性，消除组织细胞对胰岛素的抵抗。油橄榄叶提取物还能够抑制高血糖引起的神经损伤，缓解糖尿病引起的热痛觉过敏，可用于治疗糖尿病引起的神经痛。

（5）心脑血管作用

油橄榄叶提取物中的橄榄苦苷对心脏具有明显的保护作用，主要表现为抗急性阿霉素心脏毒性和抗局部缺血，还具有抗心律失常和解痉作用，用磷酸水解油橄榄叶提取物得到的橄榄醇酸有降压作用。许多裂环烯醚萜苷（包括橄榄苦苷）是很强的血管紧张素转化酶抑制剂，其抑制作用来自具有高反应性的2，3-二羟基戊二醛结构，由酶催化水解产生的相应苷元，具有持久的降压作用，能减轻低密度脂蛋白的氧化程度，预防冠心病及动脉粥样硬化的发生。另外，油橄榄叶提取物能很好地抑制血小板聚集，可能与其具有较强的抗氧化活性有关。油橄榄叶提取物能提高脑组织抗氧化损伤能力，降低炎症细胞因子水平和中性粒细胞的浸润，改善能量代谢，促进抗炎因子和神经生长因子的表达。

（6）其他作用

油橄榄叶的提取物，还具有DNA保护、神经保护、增强免疫力、调节内分泌系统等作用。橄榄苦苷能够激活胃蛋白酶，抑制脂肪酶、甘油脱氢酶、甘油三磷酸脱氢酶等以参与蛋白质、碳水化合物和脂类的新陈代谢。

3. 油橄榄叶相关产品

国外已开发出了标准的油橄榄叶制品，在地中海沿岸国家，油橄榄叶既作为传统草药治疗疾病，又作为普通食品食用，或作为膳食补充剂。现代植物疗法使用油橄榄叶降血压，并作为制作利尿剂的原料。美国开发的油橄榄叶保健饮料，法国、以色列开发的油橄榄叶粉末，都已投放市场，并深受消费者和广大心脑血管疾病患者的喜爱。

国内也有公司将油橄榄叶制成保健茶、油橄榄叶挂面，或将油橄榄叶水提取物作为还原剂和稳定剂。目前国内利用油橄榄叶开发的产品主要是油橄榄茶——是将油橄榄嫩叶在最佳采收时间采摘，按照制茶工艺开发的叶用浸泡产品。通过黑曲霉麸曲和红曲米的联合发酵技术研制的具有良好营养价值的油橄榄叶黑茶，其外形规整，润泽度好，茶汤呈红棕色，香气浓郁，滋味醇厚。湖北鑫榄源油橄榄科技有限公司运用油橄榄叶经热水萃取技术，将部分功能性成分溶于普洱茶汤中，研制的成品具有油橄榄应有的色泽，具有特殊的香气和滋味，口味清爽，无异味，味感纯正，具有橄榄叶茶应有的芳香味，略带苦涩，组织状态均匀稳定，卫生指标符合GB 19296—2003茶饮料卫生标准。人们还以油橄榄叶提取液为主料，辅以速溶普洱茶粉、蜂蜜、异抗坏血酸钠、壳聚糖, 优化得到油橄榄叶饮料, 茶饮料产品中茶多酚含量为332毫克/千克, 橄榄苦苷含量为0.61%。陇南市吉祥树油橄榄有限责任公司也研制开发了油橄榄茶叶产品, 并对产品工艺做了优化, 油橄榄在春、秋两季旺盛生长时所采嫩芽, 杀青效果最好。

4. 角鲨烯

角鲨烯也是橄榄油中不皂化物中的主要成分之一, 且橄榄油中角鲨烯含量较高, 明显高于其他大多数植物油。根据品种、成熟度、加工工艺等的不同, 其含量在3.9~9.6毫克/升之间波动。崔球、邓煜、宋晓金、刘婷利用特级初榨橄榄油发明了富含均衡不饱和脂肪酸的橄榄油衍生生物的制备与应用发明专利。

5. 色素

色素是橄榄油中的特征成分之一, 其色素含量的不同决定了橄榄油的颜色。橄榄油中的色素成分主要包含类胡萝卜素和叶绿素两大类, 其中类胡萝卜素决定橄榄油呈现黄色的部分, 叶绿素及其系列衍生物决定橄榄油呈现绿色的部分。

6. 维生素

橄榄油中含有的维生素主要是维生素E, 总含量可以达到100~300毫克/千克。其中, α-维生素E含量最高, 可以占到维生素E总含量的80%以上。橄榄油中维生素E含量受遗传和种植等因素的影响较大。据报道, 产自干旱地区的橄榄油中维生素E含量较高, 同时, 维生素E含量会随着油橄榄果成熟度的增加而逐渐降低。

（五）橄榄油鉴伪研究进展

由于橄榄油特殊的营养价值和健康功效, 以及绿色、无添加的加工方式, 受到了消费者的广泛欢迎, 因此橄榄油特别是特级初榨橄榄油在市场上一直是供不应求, 价格居高不下。为了追求经济利益, 不法商贩采用以次充好、以假充真等方式, 用其他食用油脂掺入橄榄油, 或者用劣质橄榄油冒充高等级的橄榄油销售的情况屡禁不止, 严重侵犯了消费者的利益。为此, 开发橄榄油鉴伪技术对于橄榄油的质量控制具有重要意义, 也引起了研究者的广泛关注。国家粮食和物资储备局科学研究院首席研究员薛雅琳根据多年经验，提供了橄榄油分类及质量等级判定依据。

1. 橄榄油分类及质量等级判定

橄榄油产品的名称未按初榨橄榄油（包括特级初榨橄榄油、优质初榨橄榄油和初榨橄榄灯油）、精炼橄榄油和混合橄榄油标注时，按不合格产品判定。

油橄榄果渣油产品的名称未按粗提油橄榄果渣油、精炼油橄榄果渣油、混合油橄榄果渣油标注时，按不合格产品判定。

2. 橄榄油色谱鉴伪技术研究进展

根据中科院兰州化物所黄新异研究员等人的研究，近年来国内在橄榄油鉴伪方面也取得了一定的研究进展。色谱技术主要包含液相色谱和气相色谱技术，主要是通过分析橄榄油中特征性物质的组成与含量，然后结合化学计量学分析方法，来进行橄榄油的鉴伪工作。张欣等人应用液相色谱技术测定了在特级初榨橄榄油中掺入不同比例其他食用油脂后的3,5-豆甾二烯含量，发现3,5-豆甾二烯是特级初榨橄榄油掺假鉴别的一个十分重要的特征性指标。该方法能够鉴别出特级初榨橄榄油中掺入0.3%油橄榄果渣油、0.5%榛子油、2.1%葵花籽油、0.5%大豆油、0.3%玉米油、1.5%花生油、0.2%米糠油、0.6%棕榈油和0.6%核桃油。杨振东等人应用气相色谱法建立了基于特征脂肪酸含量的橄榄油掺假计算模型，根据检测结果绘制了橄榄油—大豆油中几种特征脂肪酸的含量分布三维图，可有效区分掺假橄榄油，并直观显示橄榄油中掺入其他油脂后脂肪酸的变化规律。

3. 橄榄油光谱鉴伪技术研究进展

光谱技术由于具有速度快、操作简单、不破坏样品、效率高等优点，被广泛用于油脂检测中，在橄榄油鉴伪领域也得到了广泛应用。光谱技术主要包括红外光谱法、拉曼光谱法、荧光光谱法、紫外-可见光光谱法等。章颖强等人用拉曼光谱法对橄榄油中掺入不同食用油脂进行了分析，然后分别采用最小二乘支持向量机、人工神经网络模型、偏最小二乘回归等方法建立橄榄油中掺入其他油脂的鉴别模型，结果发现最小二乘支持向量机法具有最优的预测效果，其预测均方根误差在0.0074～0.0142，综合识别率可以达到97%。唐聪等人采用荧光光谱法和紫外光谱法检测了特级初榨橄榄油中掺入不同比例精炼橄榄油、菜籽油、玉米油和大豆油的光谱特征，特级初榨橄榄油的光谱特征与其他植物油之间差异较大，并且吸光度与掺入其他油脂的体积存在良好的线性关系，其最低检出限为1%，线性范围为5%～100%。邓晓军等人采用拉曼-紫外可见融合光谱结合化学计量学建立了二维标准谱图对橄榄油等级可视化判定的方法，并构建初榨橄榄油鉴伪检测模型进行橄榄油含量的定量分析，该模型对不同等级橄榄油及其混合油判别相对误差在-4.48%～2.58%，适合于多种混合橄榄油样本的现场快速检测。

4. 橄榄油质谱鉴伪技术研究进展

质谱作为一种通过测量不同质荷比（m/z）的带电离子来表征化合物的分析技术，具有特异性高、灵敏度高、单次分析快速、检测信息丰富、同时分离鉴定等优点。基于这些优势，质谱法也被广泛用于橄榄油的质量鉴别和真实性判别研究中。傅纤雯等人应用高气压光电离飞行时间质谱建立了油脂中挥发性有机物的快速分析方法，分析了橄榄油和其他油脂的特征有机挥发物指纹图谱。并对特级初榨橄榄油中其他食用油脂的掺假混合物进行分析，构建了掺假浓度和特征有机挥发物信号强度之间的线性方程，其对掺假样品的平均预测偏差绝对值的平均值在3%以内。

5. 橄榄油电子鼻鉴伪技术研究进展

电子鼻是由气敏传感器阵列、信号处理和模式识别部分组成的气味识别装置，可用于对不同挥发性成分进行识别，实现对气味质量的分析与评价。该技术近些年也被用于橄榄油的鉴伪中。王慧珺等人采用电子鼻技术结合数据分析对掺入菜籽油或葵花籽油的初榨橄榄油进行鉴别，发现主成分分析法可以鉴别初榨橄榄油中掺入大于5%的菜籽油和20%的葵花籽油，而使用线性差别分析法时能够鉴别出初榨橄榄油中掺入大于1%的菜籽油和1%的葵花籽油，表明电子鼻可以准确、快速地用于对初榨橄榄油的掺假检测。

第三节　橄榄油相关标准和品质评价

根据国家粮食和物资储备局科学研究院首席研究员薛雅琳提供的资料编写如下。

一、橄榄油相关标准

（一）CAC橄榄油和油橄榄果渣油产品标准简介

国际食品法典委员会（Codex Alimentarius Commission, CAC）是由联合国粮农组织（FAO）和世界卫生组织（WHO）于1963年创立的。CAC制定了一系列的国际食品标准、指南和行为准则，其宗旨是保护消费者的健康，确保食品公平贸易。

1981年，国际食品法典委员会制定了供人类食用的橄榄油和橄榄果渣油的标准，目前CXS 33-1981新版本是2021年修订的，该标准界定了橄榄油（olive oil）、初榨橄榄油（virgin olive oil）、特级初榨橄榄油（extra virgin olive oil）、普通初榨橄榄油（ordinary virgin olive oil）、精炼橄榄油（refined olive oil）5种，橄榄油和精炼油橄榄果渣油（refined olive-pomace oil）、油橄榄果渣油（olive-pomace oil）2种油橄榄果渣油的定义，规定了标准适用范围、基本组成和质量要求、食品添加剂要求、食品安全要求（真菌毒素、重金属、农药残留及卤化溶剂残留量）、卫生规范、标签、扦样及分析方法及附录等9项技术要素。标准的第3章"基本成分和质量要求"包括初榨橄榄油的感官特性（气味和滋味的感官评分）、脂肪酸组成、反式脂肪酸含量、甾醇总量及组成和三萜二醇（高根二醇和熊果醇）、蜡含量、实际与理论ECN42甘三酯含量差值、豆甾二烯、酸度、过氧化值、紫外吸光度（K270、DeltaK）等10项技术指标。

标准的"附录"中列出了橄榄油和油橄榄果渣油其他组成特性和质量指标。品质特性包括水分及挥发物、不溶性杂质；除初榨橄榄油之外的感官特性包括气味、滋味、色泽和透明度（20℃）；组成特性包括甘油三酯中2-位饱和脂肪酸（棕榈酸与硬脂酸的总和）；化学和物理特性包括相对密度、皂化值、碘值、不皂化物、紫外吸光度（K232）；分析和扦样方法。

第4章"食品添加剂"，规定了初榨橄榄油不允许使用任何添加剂，允许在精炼橄榄油、橄榄油、精炼油橄榄果渣油和油橄榄果渣油中添加α-生育酚，但最终产品中α-生育酚的浓度不得超过200毫克/千克。

第5章"污染物"规定本标准所涉及产品应符合《食品和饲料中污染物和毒素通用标准》（CODEX STAN 193—1995）规定的高限值，规定了农药残留、卤化溶剂残留量（单种卤化溶剂的高含量、所有卤化溶剂总量的高含量）。

第6章"卫生规范"中建议本标准条款所涉及产品的制备和处理应符合《食品卫生总则》（CAC/RCP 1—1969）相应条款，以及其他包括卫生操作规范和守则在内的法典文本。产品应符合《食品微生物标准制定与实施原则和准则》（CAC/GL 21—1997）设定的各项微生物学标准。

第7章"标签标识"规定本产品标识应遵循《预包装食品标识通用标准》。产品名称应符合本标准第3节所述规定。在任何情况下，"橄榄油"这一名称都不能用在油橄榄果渣油产品上。非零售容器标识要求的信息应在容器上标注或在随行文件中说明，特别是食品名称、批次识别、制造商或包装商的名称和地址应在容器上标明。批次识别以及制造商或包装商的名称和地址也可以由一个识别标识代替，前提是该标识可以通过附带文件清楚识别。

第8章"分析及扦样方法"共引用了24项分析及扦样方法标准，其中扦样标准1项，分析方法标准23项，均为IOC、ISO和AOC标准方法。

（二）IOC橄榄油和油橄榄果渣油产品标准简介

国际橄榄理事会是世界上唯一一个将橄榄油和食用橄榄生产和消费利益相关者聚集在一起的国际政府间组织，其于1959年在联合国主持下成立，总部位于西班牙马德里。IOC对橄榄行业的可持续发展方面起到关键性的作用，其职能旨在实现橄榄生产的现代化，协调橄榄政策，改善国际贸易监管，保障橄榄行业质量以及促进橄榄油和食用橄榄的消费。

IOC制定的标准是贸易标准，由成员理事会协商一致通过，成员理事会将这些标准引入各国法规中以便按标准实施。这些标准旨在改进质量控制，以实现橄榄油、油橄榄果渣油和食用橄榄国际市场的透明度，进而促进消费。标准中的限量值根据专家组和其他标准化机构进行的研究和环形测试的结果定期进行更新。

橄榄油和油橄榄果渣油（COI/T.15/NC No 3/Rev.19-2022）标准规定了标准的适用范围，界定了橄榄油（olive oil）、初榨橄榄油（virgin olive oil）、特级初榨橄榄油（extra virgin olive oil）、普通初榨橄榄油（ordinary virgin olive oil）、初榨橄榄灯油（lampante virgin olive oil）和精炼橄榄油（refined olive oil）以及由精炼橄榄油和初榨橄榄油组成混合橄榄油（olive oil composed of refined olive oil and virgin olive oils）7种橄榄油的定义，也界定了油橄榄果渣油（olive-pomace oil）的定义，包括粗提油橄榄果渣油（crude olive-pomace oil）、精炼油橄榄果渣油（refined olive pomace oil），以及由精炼油橄榄果渣油和初榨橄榄油组成混合油橄榄果渣油（olive-pomace oil composed of refined olive-pomace oil and virgin olive oils）的定义。

在第3章"纯度要求"，规定了脂肪酸组成、反式脂肪酸、甾醇（甾醇组成及总量）和三萜二醇（高根二醇和熊果醇）、蜡含量、实际与理论ECN42甘三酯含量差值、豆甾二烯、甘三酯-2位饱和脂肪酸（棕榈酸和硬脂酸之和）含量、不皂化物等8项纯度指标和限量。

在第4章"质量要求"，规定了感官评价（气味、滋味、色泽、透明度、酸度）、过氧化值、紫外吸光度（K270、Delta K、K232）、水分及挥发物、不溶性杂质、闪点、铜、铁、脂肪酸乙酯、酚类含量等10项质量指标和限量。

第5章食品"添加剂要求"，规定了初榨橄榄油不允许使用任何添加剂，允许在精炼橄榄油、橄榄油、精炼油橄榄果渣油和油橄榄果渣油中添加α-生育酚，但最终产品中α-生育酚的浓度不得超过200毫克/千克。

第6章"污染物要求"，包括重金属、农药残留和卤化溶剂残留量等食品安全要求。

第7章"卫生要求",建议本标准条款所涉及产品的制备和处理应符合《食品卫生总则》(CAC/RCP 11969)相应条款,以及其他包括卫生操作规范和守则在内的法典文本。产品应符合《食品微生物标准制定与实施原则和准则》(CAC/GL 21-1997)设定的各项微生物学标准。

第8章"包装"规定,须包装在符合国际食品法典委员会建议的《食物卫生通则》(CAC/RCP 1-1969)及其他有关文本(例如《卫生守则》和《工作守则》)的容器内。允许采用:①罐、容器、大桶运输的要求;②使用金属桶规定;③金属罐和铁罐要求;④合适的高分子材料制成的包装器或玻璃瓶要求。

第9章"灌装容器填充公差要求"。

第10章第1节"标签",规定每个集装箱上的标签应标明所装产品的具体名称(即分类名称),并在各方面均符合本标准的有关规定。

①直接销售给消费者的容器标签要求:橄榄油产品名称要求,包括特级初榨橄榄油、初榨橄榄油、普通初榨橄榄油、精炼橄榄油、混合橄榄油。橄榄渣油的名称要求:包括精炼油橄榄渣油、混合油橄榄渣油。②其净含量应按体积标识并在公差范围中。③还应标明制造商的名称和地址,包装商、分销商、进口商、出口商或销售商的名称和地址。④原产国要求,如产品在第二个国家进行大量加工,进行加工的国家应视为标签原产国。⑤原产地的地理标志和名称要求,一是初榨橄榄油是专门在上述国家、地区或地方生产、包装和原产的标签可以注明其产品的地理标志。二是特级初榨橄榄油的标签,可根据其起源国所规定的条款获得并授予原产地名称(国家、地区或地方)时,这个特级初榨橄榄油原产地名称,只是在上述国家、地区或地方生产、包装及原产地名称。⑥批次号、生产日期和储存条件标识规定。

第10章第2节"运输要求",食用油运输包装除了在第10章第1节中注明的细节之外,还应包括数量和类型的容器包装。

关于允许大量运输橄榄油和橄榄油的集装箱,每个容器上的标签应包括:产品名称、净内容、申报制造商、经销商或出口商的名称和地址、应申报出口国名称。

第11章"扦样和分析方法"共引用了24项扦样及分析方法标准，其中扦样标准2项，分析方法标准22项。

（三）GB/T 23347国家标准简介

2001年12月中国正式加入WTO，标志着中国的产业对外开放进入了一个全新的阶段。当时我国消费市场的橄榄油产品基本源于进口。2003年，国家标准计划和国家粮食局粮油标准化工作（国粮发〔2004〕90号）文件下达了《橄榄油、油橄榄果渣油》（项目编号：20030527-T-449）国家标准制定计划。该标准由中国林业科学研究院林业研究所薛益民作为项目负责人，与国家粮食局科学研究院薛雅琳共同完成标准任务。在制定标准过程中，参照了国际食品法典委员会CODEX-STAN 33-1981《初榨和精炼橄榄油、精炼油橄榄果渣油》、国际油橄榄理事会（IOC）COI/T.15/NCno.3/Rev.1《橄榄油和油橄榄果渣油》贸易标准、EUROPEAN COMMUNITIES comments on CODEX circulation letter CL 2002/49-FO: Draft Revised Standard for Olive Oils and Olive POMACE OILS《欧共体对国际食品法典委员流通信函CL 2002/49-FO的注释：修订的橄榄油和油橄榄果渣油标准草案》、European Communities (Marketing Standards for Olive Oil) Regulations 2004《欧共体规则2004（橄榄油的市场推广标准）》以及国际油橄榄理事会（IOC）历次修订的《橄榄油和油橄榄果渣油》贸易标准等。对我国橄榄油生产和市场状况进行了调研，又多次采集了14种品牌进口橄榄油样品和国内生产的橄榄油样品分别送往IOC认定的检测实验室和国内有资质的质检单位进行检测，确定了《橄榄油、油橄榄果渣油》标准内容，规定了橄榄油、油橄榄果渣油的术语和定义、分类、技术质量要求、检验方法、检验规则、标签、包装、储存及运输的要求。确定橄榄油、初榨橄榄油、特级初榨橄榄油、中级初榨橄榄油、初榨油橄榄灯油、精炼橄榄油、混合橄榄油、油橄榄果渣油、粗提油橄榄果渣油、精炼油橄榄果渣油、混合油橄榄果渣油定义。

技术质量要求中纯度指标包括脂肪酸组成、反式脂肪酸含量、不皂化物、甾醇和三萜烯二醇成分（脱甲基醇、高根二醇和熊果醇）、蜡含量、实际与理论ECN42（等同碳数42）甘油三酸酯成分含量的大差值、豆甾二烯含量、2-位饱和脂肪酸在甘油三酸酯分子中的含量；橄榄油的质量指标中气味与滋味（感官评价）、色泽、透明度、酸度、过氧化值、溶剂残留量、紫外线吸收值、水分及挥发物、不溶性杂质、金属含量指标。油橄榄果渣油的质量指标除感官评价外，其他质量指标与橄榄油一样，只是限量不同。2009年3月28日，GB 23347—2009《橄榄油、油橄榄果渣油》颁布，我国首个橄榄油、油橄榄果渣油产品条款强制的国家标准于当年10月1日实施。

目前，我国市场上橄榄油和油橄榄果渣油大部分为进口产品，少量为国内产品。近几年，我国大力发展油橄榄等木本油料产业，油橄榄种植面积已达几十万公顷，生产橄榄油达7000多吨。随着消费观念的更新，大众对橄榄油的消费量逐年增加，2020年橄榄油消费量已达6万多吨，而进口量为5.558万吨，其主要来源于西班牙、希腊、意大利等国。除预包装的原装产品外，还有大量吨级桶装橄榄油、油橄榄果榨油在国内进行二次灌装、分装后出售。现行《橄榄油、油橄榄果渣油》（GB/T 23347—2009）国家标准发布至今对规范橄榄油、油橄榄果渣油生产和进口发挥了重要作用，但随着国际国内经济社会快速发展，该标准中的产品分类和相关技术指标已不适应当前大众消费向营养健康转变和橄榄油加工产业升级的需求。为此，经市场监管总局（标准委）批准，国家粮食和物资储备局标准质量管理办公室（标准质量中心）组织修订了《橄榄油、油橄榄果渣油》国家标准。新标准于2021年10月11日发布，自2022年5月1日起正式施行。

《橄榄油、油橄榄果渣油》（GB/T 23347—2021）国家标准按照既与国际标准接轨又符合中国国情的原则，对术语和定义、分类、基本组成、质量要求、检验方法、检验规则、标签标识、运输和销售等方面进行了修改。与《橄榄油、油橄榄果渣油》（GB/T 23347—2009）相比，新标准有以下几个重要变化：

（1）明确橄榄油、油橄榄果渣油术语定义和标签标识规定。橄榄油是采用油橄榄鲜果为原料制取油品，按照加工工艺分为初榨橄榄油、精炼橄榄油、混合橄榄油，其中初榨橄榄油是无任何添加剂的橄榄油，又分为可直接食用的初榨橄榄油（特级初榨橄榄油和优质初榨橄榄油）和不可直接食用的初榨橄榄油（即初榨橄榄灯油）。采用油橄榄果渣经溶剂浸提或其他物理方法制取的油橄榄果渣油均不能称为"橄榄油"。橄榄油、油橄榄果渣油的标签应根据本标准术语和定义内容标注产品名称，特别是特级初榨橄榄油和优质初榨橄榄油还应标注油橄榄鲜果的采收期。所有分装产品应再注明分装日期，使公众明明白白地消费，科学合理地食用橄榄油、油橄榄果渣油，满足营养、安全、健康的消费需求。

（2）将"特征指标"修改为"基本组成"，对部分指标进行了修改。因橄榄油、油橄榄果渣油所用的原料不同、加工工艺不同，使得相关的分类产品中反式脂肪酸、甾醇总量、三萜烯二醇、豆甾二烯等指标的限量范围不同。特别是特级初榨橄榄油和优质初榨橄榄油的反式脂肪酸（C18:1 T和C18:2 T + C18:3 T）的限量分别小于等于0.05%，而精炼橄榄油、混合橄榄油的限量分别小于等于0.2%和0.3%，精炼油橄榄果渣油、混合油橄榄果渣油的限量分别小于等于0.4%和0.35%。这些指标限量范围为判别橄榄油、油橄榄果渣油分类产品提供依据。

（3）特级初榨橄榄油的质量指标增加了"脂肪酸乙酯含量"的限量。每年已有数万吨不同品质的橄榄油、油橄榄果渣油进入我国食用油市场，据调查国内各类线上、线下超市基本上都是特级初榨橄榄油商品，而国内外橄榄油市场均存在产品名称、生产日期标识混乱和以次充好等现象。因此在借鉴国际标准的基础上，本着向国际标准靠拢的原则，在特级初榨橄榄油的质量指标中增加脂肪酸乙酯含量的限量范围，以利于规范食用油市场，对促进和提高橄榄油产业整体水平起到积极的指导作用。标准的实施，特级初榨橄榄油商品的种种混乱现象将有望得到有效的遏制，将会对净化橄榄油市场起到巨大作用。

（4）修改了判定规则，增加了附录推荐判定。由于橄榄油、油橄榄果渣油的基本组成、质量要求中设置的指标限量达十多项，橄榄油和油橄榄果渣油推荐判定不同，因此分别规定了橄榄油和油橄榄果渣油判定规则。一是橄榄油产品的名称未按初榨橄榄油（包括特级初榨橄榄油、优质初榨橄榄油和初榨橄榄灯油）、精炼橄榄油和混合橄榄油标注时，按不合格产品判定。二是橄榄油产品经检验,有一项不符合基本组成、质量要求的规定时,按不合格产品判定。三是当菜油甾醇含量、7-豆甾烯醇在规定范围时,应按照附录A判定。四是油橄榄果渣油产品的名称未按粗提油橄榄果渣油、精炼油橄榄果渣油、混合油橄榄果渣油标注时,按不合格产品判定。五是油橄榄果渣油产品经检验,有一项不符合基本组成、质量要求的规定时,判定为不合格产品。六是分别设置初榨橄榄灯油、粗提油橄榄果渣油的判定条件。

(5)修改了运输要求,增加了销售要求。由于特级初榨橄榄油、优质初榨橄榄油是可直接食用的商品,为了更好保证食用安全,在橄榄油、油橄榄果渣油运输过程中,增加了"不应使用装运过有毒、有害物质的车辆"内容。散装的橄榄油、油橄榄果渣油既容易氧化变质,也无法提供相应的标签标识,难以实现食品溯源要求,存在较大的安全隐患。为此,本标准规定"预包装的橄榄油、油橄榄果榨油在零售终端不得脱离原包装散装销售",保证食用植物油的品质安全,防止掺杂造假的现象发生。

除了以上几个重要变化外,对无甲基甾醇组成、甾醇总含量、果味特征中位值、色泽、透明度、水分及挥发物、不溶性杂质、铁含量、铜含量、每种卤化溶剂残留量、卤化溶剂残留量总和等指标未做调整。

《橄榄油、油橄榄果渣油》(GB/T 23347—2021)的发布和实施将对木本油料产业升级、橄榄油国际贸易、健康消费、规范食用油市场发挥重要作用。

一是对于消费者来说,标准明确橄榄油、油橄榄果渣油术语定义和标签标识,有利于满足大众日益增长的对橄榄油系列产品品质特性的要求,引导科学、健康消费。

二是解决了特级初榨橄榄油存在的以次充好、标识混乱等问题,进一步规范了国内橄榄油商品市场,促进橄榄油产业健康发展和进步。

三是促进国际间橄榄油、油橄榄果渣油商品质量的接轨和贸易,保护国家、消费者和生产经营厂商的利益。

二、橄榄油品质评价

（一）理化指标分析方法

共有21项，具体如下：

GB/T 5009.37 食用植物油卫生标准的分析方法

GB 5009.168 食品安全国家标准　食品中脂肪酸的测定

GB 5009.227 食品安全国家标准　食品中过氧化值的测定

GB 5009.229 食品安全国家标准　食品中酸价的测定

GB 5009.236 食品安全国家标准　动植物油脂水分及挥发物的测定

GB 5009.257 食品安全国家标准　食品中反式脂肪酸的测定

GB/T 5524 动植物油脂　扦样

GB/T 5525 植物油脂　透明度、气味、滋味鉴定法

GB/T 15688 动植物油脂　不溶性杂质含量的测定

GB/T 17374 食用植物油销售包装

GB/T 22500 动植物油脂　紫外吸光度的测定

GB/T 22501 动植物油脂　橄榄油中蜡含量测定　气相色谱法

GB/T 25223 动植物油脂　甾醇组成和甾醇总量的测定　气相色谱法

GB/T 25224.2 动植物油脂　植物油中豆甾二烯的测定

GB/T 31576 动植物油脂　铜、铁、镍含量的测定　石墨炉原子吸收法

GB/T 37512 粮油检验　实际与理论ECN42甘三酯含量差值的测定

COI/T.20/Doc.No 5 油样品评玻璃杯（Glass for oil tasting）

COI/T.20/Doc.No 8 橄榄油中四氯乙烯的测定　气相色谱法

COI/T.20/Doc.No 15 橄榄油感官品评分析方法

COI/T.20/Doc.No 26 甾醇、三萜烯二醇及脂肪醇的组成与含量的测定　气相色谱法

COI/T.20/Doc.No 28/Rev.2 蜡、脂肪酸甲酯和脂肪酸乙酯的含量测定　气相色谱法

（二）橄榄油品鉴评价

1. 基本的术语定义

果味特征（fruity attribute）：由完好、新鲜、成熟或不成熟的不同品种的油橄榄果实制取的橄榄油具有的正常味觉、嗅觉。

果味特征中位值（median of the fruity attribute）：橄榄油正常味觉、嗅觉的感官判别过程中，排列在所有数据中间的数值。

注：如果数集的个数为奇数，则中间数的数值为中位值；如果数集的个数为偶数，则中间两个数的数值平均值为中位值。

缺陷（defect）：干枯的、虫食的、经过长期厌氧发酵、混有泥土或没有清洗、盐水保存等的油橄榄果实制取的橄榄油的不正常味觉、嗅觉；或油橄榄果实在粉碎、混合、压榨或存储过程中与金属表面长期接触的滋味、经过氧化处理的橄榄油的滋味。

缺陷中位值（median of defect）：橄榄油不正常味觉、嗅觉和滋味的感官判别过程中，排列在所有数据中间的数值。

2. 品尝品评准备

（1）橄榄油品评杯需要执行 COI/T.20/Doc.No 5 油样品评玻璃杯

橄榄油品评杯的使用需要执行GB/T 39991-2021 感官分析橄榄油品评杯使用要求。

（2）橄榄油品鉴评价测试室执行COI/T.20/Doc.No 6 测试室安装指南

——每个品尝工位应提供品尝员容易到达的范围内，为正确完成其任务所需的实验器皿和附件。

——每个玻璃杯需标准化，并有样品名称和编号，盖上玻璃，并保持在摄氏28度±2度。

——提供装有切片苹果托盘和/或碳酸水室温水杯。

（3）品尝小组组长和品尝员

品尝小组组长必须是经过必备培训的人员，具备在工作过程中遇到的各种油的专业知识。

——是小组的关键人物，负责小组的组织和运作。小组组长基本工作能力包括感官分析工具，感官技能，测试的准备、组织和表现的一丝不苟，以科学方式计划和执行测试的技巧和耐心。

——是唯一负责挑选、培训和监督品尝员的人，并确定他们的能力水平。因此，他负责评估品尝员，评估必须始终客观，必须根据测试和可靠的接受和拒绝标准制定具体程序。

（4）品尝员的选择、培训和监督执行COI/T.20/Doc.No14熟练初榨橄榄油品尝员的选择、培训和监督指南。

品尝者必须像真正的感官观察者一样，抛开他们个人的味觉，只报告他们感知到的感觉。要做到这一点，他们必须始终保持沉默，以一种放松、从容的方式工作，尽可能全神贯注于他们正在品尝的样品。每个测试需要8到12个品尝者，保留一些额外的品尝者以弥补可能的缺席是明智的。

（5）初榨橄榄油感官评定和分类程序

橄榄油品鉴评价须执行COI/T.20/Doc.No 15橄榄油感官品评分析方法。

第四节　知识产权

一、研究论文

近20年来，我国的一些科研院所、大专院校和科技型企业的专家教授纷纷投入油橄榄的研究中，形成了科技创新的主体，取得了丰硕的科技成果。从知网检索情况看，2002—2022年，中国作者发表到中文期刊的油橄榄相关论文共2255篇（见图4-4），其中涉及油橄榄种植方面的1116篇，占50%，橄榄油方面的115篇，油橄榄产业方面的95篇，橄榄叶及提取物方面的122篇，油橄榄苦苷方面的36篇，油橄榄树栽培技术方面的44篇，育苗方面的25篇，涉及甘肃省陇南市的41篇，武都区的24篇（见图4-5）。

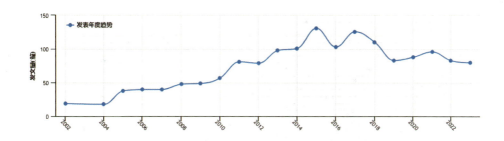

图4-4　近20年发表的油橄榄论文数量趋势图

资料来源于知网

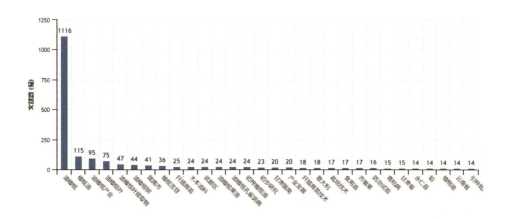

图4-5　近20年发表的油橄榄论文涉及的主要主题分布图

资料来源于知网

按学科分,主要为农作物、农业经济和林业,其次为轻工业、园艺、化工、植保(见图4-6)。

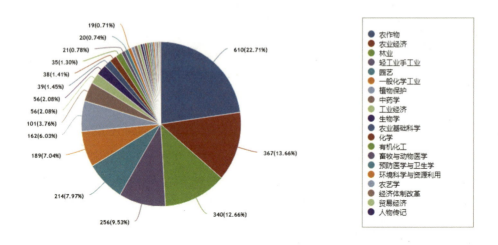

图4-6　近20年发表的油橄榄论文涉及的学科分布图

资料来源于知网

从图4-7得知，涉及的研究层次以应用基础研究、技术研究和开发研究为主。

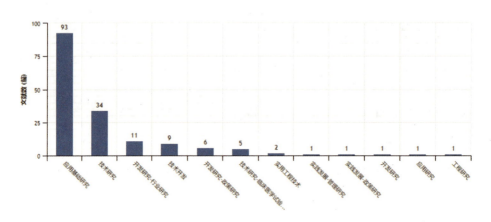

图4-7　近20年发表的油橄榄论文涉及的学科分布图

资料来源于知网

从图4-8看出，发表文献最多的是林业科技通讯、四川林业科技、湖北林业科技和经济林研究。

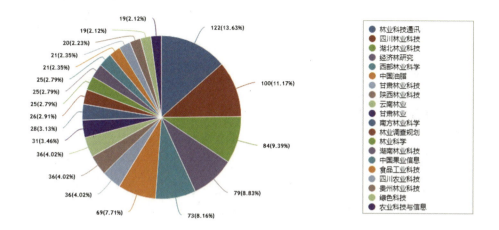

图4-8　近20年发表的油橄榄论文的期刊分布图

资料来源于知网

从图4-9看出，近20年来支持最多的是国家自然科学基金、甘肃省自然科学基金、国家科技支撑计划和国家重点研发计划。

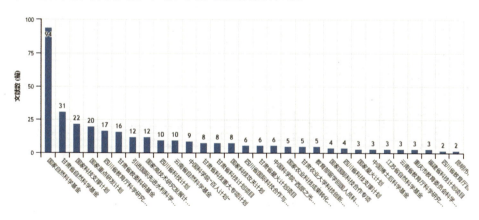

图4-9　近20年发表的油橄榄论文资助项目分布图

资料来源于知网

从图4-10看出，近20年来开展油橄榄相关研究的单位仍以省市林业科学研究院和大学为主。

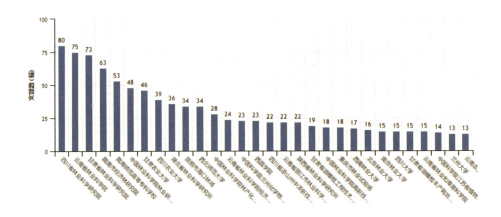

图4-10　近20年发表的油橄榄论文的机构分布图

资料来源于知网

从图4-11看出，发表论文最多的前10名作者分别是宁德鲁、姜成英、吴文俊、李勇杰、赵梦炯、邓煜、陈炜青、王昱、耿树香和张正武。

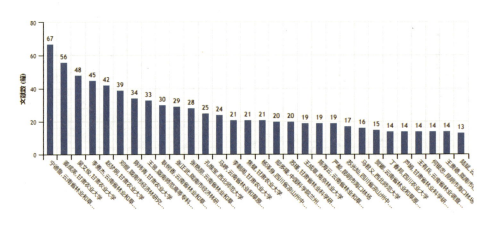

图4-11　近20年发表的油橄榄论文的作者分布图

资料来源于知网

二、出版专著和专利、标准

中国的油橄榄引种栽培，走过了不平凡的60年，新老科技工作者坚持不懈，孜孜不倦，持续攻关，不但解决了良种繁育、丰产栽培、橄榄油加工、综合开发利用等环节的关键技术，而且著书立说，留下了宝贵的技术财富。初步统计，截至目前，正式出版相关专著14部，获得国家专利91件，编制相关标准32项，开展国内外合作25次，举办各类技术培训班培训3645人次。

油橄榄产业发展规划及趋势预测

第一节　油橄榄产业发展规划

一、国家油橄榄产业发展规划

1. 规划依据

（1）资源优势。区域自然地理条件适宜油橄榄产业的发展，可利用林地资源丰富，能够集中连片种植，具有生产传统、生产基础和技术条件。

（2）产业化优势。具有较好的种植、生产、人才、技术、科研、流通等方面的基础条件，区域内有带动能力较强的龙头企业和专业化合作组织，具备产业化发展的条件。

（3）市场优势。区域内经济相对发达，对油橄榄产品有一定的认可度和需求能力，产品流通渠道畅通，市场环境有利于油橄榄产业持续健康发展，对区域产业发展带动能力强。

（4）发展优势。区域内政府部门对油橄榄产业发展高度重视，政策扶持及倾斜力度较大，有广泛的群众基础，产品安全生产监督管理措施到位，具有良好发展环境。

2. 我国重点区域发展规划

根据以上布局依据，结合当地地形、气候、植被、土壤、水资源等自然特征，油橄榄产业建设现实情况及不同地区的经济特征，重点区域发展规划如下：

（1）白龙江低山河谷地带。主要包括甘肃省陇南市的武都区、文县、宕昌县、礼县、西和县、成县、康县、徽县和两当县。

区域概况：本区包括西秦岭南坡，长江支流嘉陵江上游的白龙江、白水江流域海拔1500米以下的低山干热河谷地带；西汉水、嘉陵江流域海拔1300米以下的低山暖热河谷地带。

气候温暖，年平均气温14.9℃，极端高温39.9℃，极端低温-11℃，一月平均气温4.1℃，年降雨量474毫米，年日照时数1912小时，无霜期210天，全年平均空气湿度61%，有6个月湿度在50%以下，空气湿度低。土壤排水良好，本区气候、土壤条件优越，是全国最适合发展油橄榄的区域。

（2）大巴山嘉陵江河谷地带。主要包括四川绵阳、广元、达州、三台县及成都市周边区域。

区域概况：本区年平均气温16~16.8℃，1月平均气温4.9~5.6℃，极端气温-8.3~-5.6℃，年降雨量973~1200毫米，相对湿度69%~78%，日照1389~1437小时。本区土壤适合油橄榄生长要求，属于我国油橄榄发展区域的适宜中心区。

（3）长江三峡低山河谷地带。主要包括重庆市的巫山县、奉节县、万州区、合川区。

区域概况：本区域年平均温度17.4℃，有效积温5509.7℃，生长季节从3月下旬到11月下旬，各旬平均值都在10℃以上，生长季节长。12月份平均温度7.7℃，1月平均温度在5.8℃，极端低温-9.4℃，具备花芽生理分化要求的低温条件，油橄榄不受冻害。土壤大部分是石灰岩山地土和石灰母岩形成的钙质土壤，透水性良好。

（4）金沙江干热河谷区。主要包括云南省的宾川县、永仁县、易门县、峨山县、古城区、玉龙县、华坪县、香格里拉、德钦县；四川省的西昌、德昌、米易、冕宁等县。

区域概况：本区是典型的干热河谷气候。年平均气温17~17.8℃，1月平均气温9.4~9.5℃，极端最低气温-7.8~-6.7℃，年平均雨量581~1013毫米，相对湿度61%~63%，日照2431.4~2711小时。本区域小气候多样，水资源、光照充足，适合油橄榄栽培和生长。

二、地方油橄榄产业发展规划

（一）重庆市油橄榄产业发展规划

根据《重庆市木本油料产业发展规划（修编）》，其中涉及油橄榄产业的发展规划为：

1. 规划年限

规划期限为2018—2025年，分三期建设，近期为2018—2020年，中期为2021—2022年，远期为2023—2025年。

2. 规划区域

规划发展的重点区域为重庆市奉节县、合川区和万州区；到2025年，在全市建成油橄榄基地22.5万亩，重点布局在奉节县和合川区。

3. 主要建设内容

（1）苗木生产基地建设。主要开展造林用苗的良种化、标准化生产。

（2）原料林基地建设。主要包括高产示范基地建设和面上原料林基地建设。

（3）林下经济建设。主要包括林—药、林—菌、林—菜、林—禽模式建设。

（4）加工体系建设。主要加快油橄榄加工产业发展，延伸产业链、提升价值链、完善利益链，包括收储与加工体系建设，新型产业培育，油橄榄加工园区建设。

（5）流通服务体系建设。主要包括互联网+油橄榄产业营销体系建设、特色品牌建设和生态旅游康养服务产业发展。

（6）市场主体建设。主要包括扶持油橄榄专业大户、发展油橄榄专业合作组织、培育壮大油橄榄龙头企业。

（7）科技支撑体系建设。主要包括平台建设、关键技术攻关、标准制定、信息化建设和科技服务。

（二）甘肃省陇南市油橄榄产业发展规划

甘肃省的油橄榄产业发展主要在陇南市。近年来，市委、市政府提出大力发展山地特色农业，编制了《陇南市林业和草原发展"十四五"规划》《西汉水流域油橄榄绿色长廊建设规划》《白龙江流域油橄榄产业扶贫示范长廊建设项目》《陇南市油橄榄产业三年倍增行动计划》《陇南市百亿油橄榄产业集群建设规划》《陇南市油橄榄产业链建设方案》等一系列规划、计划和方案。提

出了近期和中远期目标任务,现归纳整理简介如下:

1. 规划范围和年限

规划范围为陇南市境内"三江一水(白龙江、白水江、西汉水、嘉陵江)"流域海拔在1600米以下的低山河谷区,涉及全市的武都区、文县、宕昌县、礼县、西和县、成县、康县、徽县、两当县9个县(区)。规划年限为2022—2030年,规划期限为9年,即2022—2030年。其中近期4年,为2022—2025年;远期5年,为2026—2030年。

2. 规划目标

到2030年,陇南市油橄榄种植规模达到6.88万公顷,适用技术得到广泛应用,产业链得到全面提升,开拓国际市场,建成比较完备的产业体系,产业结构更加优化,质量效益显著改善,形成陇南市社会经济发展中的支柱产业,有效保障国家粮油安全,服务国家战略能力进一步增强。

3. 建设内容

(1)基地建设

陇南市油橄榄种植规划是在原有规模的基础上进行查漏补缺,填补空缺带、空缺块,充分考虑种植现状,通过在适宜地区新造、改造和散植等方式,加快全市油橄榄的资源培育,为陇南市油橄榄产业发展进一步奠定良好基础,包括新建果园和低产园改造提升在内,全市规划总面积7.1万公顷。

(2)种苗工程

规划到2024年,实现年产2年生油橄榄良种苗650万株,形成国内良种苗木生产供应基地。

(3)销售与加工体系

建设油橄榄系列产品加工厂11座,主要加工橄榄油、橄榄菜、橄榄果脯、橄榄茶、果酒饮料、油橄榄工艺品等产品。建设油橄榄物流贸易中心,积极引进知名的物流企业入驻经营。贸易中心建设物流仓库40000平方米、停车场20000平方米、综合管理中心建筑面积为10000平方米,园区进行景观绿化,绿化面积10000平方米。

（4）产业孵化园

项目涉及园区基础设施建设、系列产品深加工工程、特色产品展销平台工程、科研交流中心建设工程、智慧林业建设工程、生态旅游建设工程和科普教育基地工程七大工程，形成"一基地五园区"的产业孵化园区，建成后可加工油橄榄鲜果6000吨。

（5）产品质量安全监管体系

建立油橄榄产品质量安全监督管理体系，加强油橄榄产品质量以及食品安全的检验、检疫、检测、监督和管理，确保油橄榄产业安全、健康、持续发展。

（6）品牌建设

用3~5年完成油橄榄系列产品绿色、有机食品认证；加快油橄榄品牌体系建设，取得"中国著名""中国知名""中国驰名"称号；加大陇南市油橄榄产地及产品宣传力度，加强品牌推广，扩大市场知名度和影响力。

（7）基础配套设施

包括灌溉工程、供电工程、产业道路、管护设施，形成基础设施配套的产业体系。

（三）凉山州油橄榄产业发展规划（2022—2030年）

凉山州现已种植油橄榄5万余亩，按照"一县（市）一园区"的发展思路，新建相对集中连片的高标准油橄榄种植基地60万亩。以"生产、生活、生态"为主线，集中打造集油橄榄硅谷建设（科技创新与成果转化）、油橄榄种植、产品精深加工、文化体验、生态康养和旅游等多功能于一体的现代油橄榄产业集群，提升全州油橄榄种质创新，种植基地规模化、集约化、标准化和产业化水平，将凉山州打造成集农、科、工、贸于一体的全球知名现代农业（油橄榄）集中区。实现年产橄榄油约6.5万吨，综合产值180亿元。

1. 油橄榄科技创新中心

建设国际油橄榄种业园区、油橄榄重点实验室、油橄榄工程技术中心和科普教育中心。

2.油橄榄规范化种植基地

建成国家、省、州级园区14个，其中，核心区建设国家级农（林）产业园区2个、省级产业园区5个，在辐射区建设州级产业园区7个。

3.油橄榄综合加工园区

建设油橄榄综合加工园区8个，形成年加工油橄榄鲜果70万吨的规模，其中加工能力15万吨2个，10万吨2个，5万吨4个。

4.油橄榄生态文旅综合示范区

在规范化、规模化油橄榄种植园区建设基础上，规划建设以油橄榄公园、油橄榄村（镇）为主的油橄榄生态文旅示范区，将油橄榄文化与凉山州的红色文化（皎平渡、会理会议遗址、彝海结盟）、寺庙文化（灵山寺等）、温泉民俗民居、凉山州特色餐饮文化、科技历史展馆（卫星发射基地、知青展馆）等本土特色文化深度融合。以油橄榄种植、采摘体验为核心，在种植基地发展基础上配套旅游设施，植入旅游元素，打造休闲观光、运动康养、科普教育等主题旅游产品，助力油橄榄生态产品价值实现。

（四）迪庆藏族自治州油橄榄产业发展规划（2019—2025年）

按照"优布局、建基地、育龙头、建平台、创名牌、占市场"的工作思路，结合迪庆州油橄榄的产业发展基础，大致分为两个阶段：一是2020年前，采取适度规模化和分散种植相结合的发展模式，以公司+基地+农户或者公司+合作社+农户的发展路子，重点以扩大种植规模，打造优质种植基地，提高优质果产量，增加效益为主；二是2020年至2025年，在继续扩大种植规模的基础上，紧紧围绕新时代高质量发展的主旋律，重点聚焦加强油橄榄在食品、医疗、美容等领域产品链的开发拓展，促进一、二、三产的绿色融合发展，打造特优精品，抢占高端市场。努力形成区域优势突出、产业特色鲜明、龙头带动强劲、市场竞争有力、增效促收明显的油橄榄产业大发展局面。

到2025年，一是力争实现种植面积20万亩，实现橄榄油及系列产品综合产值共计约19.71亿元。其中橄榄油产值约16.32亿元，果酒、果脯等产值约0.83亿元，有机肥产值约0.16亿元，其他产品（洗护用品、化妆品、美容用品等）产值约2.4亿元。具体目标见表5-1和表5-2。二是按照进入盛果期后计算，每亩橄榄果产量500~600千克，每千克价格按照当前市场价格8元计算，农民种植油橄榄可实现毛收入4000~4800元/亩。三是依托省林科院、州林科所以及相关的院士、专家团队，建成一支世界一流水平的油橄榄科技创新团队，制定种植、加工、流通等一系列标准，开发一系列油橄榄精深加工产品，拥有10项以上技术标准和专利。四是充分发挥"香格里拉"和"三江并流"品牌影响力，积极申请迪庆州油橄榄产品"国家地理标志产品""中国名牌农产品""农产品地理标志产品"等。五是力争到2025年，引进和培育国家级油橄榄龙头企业1户以上，新增省级龙头企业5户以上。培育综合产值3亿元以上龙头企业2户以上，综合产值1亿元以上龙头企业5户以上，综合产值5000万元以上企业10户以上。

表5-1 迪庆州橄榄油产业发展目标

序号	项 目	2018年	2020年	2025年	备注
1	种植面积（万亩）	2	7	20	
2	鲜果产量（吨）	400	2400	48000	
3	橄榄油产量（吨）	80	480	9600	按照20%的出油率计算
4	综合产值（万元）	1360	8160	163200	
4.1	一产产值（万元）	320	1920	38400	按企业收购价8元/千克计算
4.2	二产产值（万元）	1040	6240	124800	加工产品为橄榄油，按当前市场价格13万元/吨计算

表5-2 迪庆州油橄榄系列加工产品发展目标

序号	项目	2018年		2020年		2025年		备注
		产量（吨）	产值（万元）	产量（吨）	产值（万元）	产量（吨）	产值（万元）	
1	果酒、果脯等	70	70	420	420	8300	8300	80%的鲜果加工橄榄油，20%的鲜果加工果酒、果脯等产品。根据专家意见，按1万元/吨估算
2	有机肥	300	24	2000	160	20000	16000	利用废料油渣生产有机肥。根据专家意见，按照800元/吨计算
3	其他产品洗护用品、化妆品、美容用品等	20	200	120	1200	2400	24000	由橄榄油或果渣油再次深加工的产品。根据专家意见，按10万元/吨估算

第二节　油橄榄产业发展趋势预测

一、油橄榄产业发展规模预测

2019年全球橄榄油消费量约303万吨，2022年全球橄榄油消费量为323.9万吨，预计全球橄榄油未来消费量将在320万吨以上。按橄榄油消费占食用植物油消费3%的比例测算，中国橄榄油年消费总量应在60万吨左右。如果按世界年产橄榄油300万吨计算，中国消费量将年均消耗世界橄榄油产量的1/5，国际油橄榄理事会因此预测中国是"未来世界橄榄油最大的潜在消费市场"。尽管中国自产橄榄油产量在不断提升，但仍将长期依赖进口。近年来，我国橄榄油平均进口量约5万吨，而国产量仅11021吨，预计2025年市场需求量将达到10万吨，市场缺口很大。

随着油橄榄良种和新品种的培育、配套技术的推广应用以及"粮油安全"保障压力的不断增加，全国油橄榄的种植范围将进一步拓展。根据本次调查和不完全统计，2022年全国主产区油橄榄种植面积为177.59万亩，其中：甘肃91.93万亩，占全国的51.77%；四川45万亩，占全国的25.34%；云南20.32万亩，占全国的11.44%；重庆14.89万亩，占全国的8.38%；湖北5万亩，占全国的2.82%。全国油橄榄鲜果总产量，从2018年的49089吨上升到2022年的90009吨，5年间增长了52009吨。全国橄榄油总产量从2018年的5700吨增长到2022年的11021吨，5年间净增5321吨。

据不完全统计，未来5年全国规划总面积将达到250.74万亩，全国将净增73.6万亩。其中：甘肃省达到104.93万亩，净增13万亩；四川省达到65万亩，净增20万亩；云南省达到35.32万亩，净增15万亩；重庆市达到38.69万亩，净增23.8万亩；湖北省达到6.8万亩，净增1.8万亩。

二、油橄榄产业发展趋势预测

（一）坚持"五大"发展理念，多元化发展趋势明显

中国油橄榄产业的持续健康发展，将以"创新、协调、绿色、开放、共享"的发展理念为引领，坚持"绿水青山就是金山银山"的生态观，按照"生态建设产业化、产业发展生态化"的要求，调结构、转方式，大力推进布局区域化、栽培良种化、生产标准化、产品特色化和经营产业化，以橄榄小镇、田园综合体等特色项目为载体，向着油用型、餐用型、休闲体验型、旅游观光型、产业发展型等多元融合化方向发展，实现城乡共享、生态经济共享、多元化共享。

（二）"三极"发展势头强劲，长江"液体黄金带"初现雏形

未来10~20年，白龙江、金沙江、长江流域山区仍是中国油橄榄发展的"三极"。地处白龙江流域的甘肃陇南将以白龙江、白水江流域为主，在西汉水流域稳步发展，重点建设"中度口味"的初榨橄榄油生产基地；地处我国西南的四川凉山州和云南丽江等8市州由于光热条件好，山地资源丰富，将迎来最快的发展阶段，重点建设"重度口味"的初榨橄榄油生产基地；作为第三极的绵阳市、广元市、达州市、成都市周边丘陵区及重庆市长江中上游的三峡地区、湖北丹江口库区等多雨高湿区，重点建设符合东方人味觉习惯的"轻度口味"初榨橄榄油生产基地和餐用果原料基地。中国油橄榄的"三极"周边地区如浙江、安徽、贵州等省区将出现点多面广的发展趋势。

（三）良种繁育和种植技术进一步提升，"挂果关、丰产关"将有较大突破

我国引种油橄榄近60年，品种引进、良种选育和栽培技术一直是油橄榄科研单位和科技工作者开展系列研究的着力点和突破口，特别是近几年，随着研究水平的不断提高和研究手段的现代化，豆果、柯基、阿尔波萨纳等一批早实、丰产、抗性强、适于集约化栽培的优良品种脱颖而出，成为当地的主栽品种；智能温室培育轻基质容器苗周年生产技术将取代传统的冷沙床扦插育苗技术，种苗质量和繁育能力将进一步提高；高密栽培、矮密栽培、集约栽培、水

肥一体化节水灌溉技术、酸性红壤区土壤改良技术、高湿区有害生物防控技术将得到推广应用,适生区油橄榄种植企业和广大种植户最关心的"挂果关、丰产关"将取得突破,将从技术层面促进中国油橄榄大发展、快发展。

(四)初榨油生产线不断增多,鲜果处理能力进一步增强

我国的油橄榄种植以县域发展为主,多呈区块化分割,投产挂果点多但规模不大,各大种植公司都想拥有自己的产品和品牌,先购置处理能力在2吨以下的小型榨油机作为临时过渡,这种趋势在2016/2017榨季尤为明显,当年增加的5条生产线都是小型机,占生产线总数的15%。但未来5~10年这种趋势会有所改观,随着一些万亩基地挂果投产,1~5吨的单机线和2~5吨的并联线将会增多。由于各地对环保的要求,节能、节水、减排的二相榨机将逐步取代"三相机"。

(五)橄榄油的国内市场将转暖升温,与国外进口油的低价竞争将持续

预测到2025年,中国的食用油刚性需求将突破1000万吨,目前木本粮油在我国粮油产量中所占比例极低,分别仅占6.51%和1.07%,实际消费水平更低,木本粮油产品的增长空间巨大,其中橄榄油消费量将达到10万吨。由于橄榄油是国际公认的健康优质食用植物油,对橄榄油的普及度、认知度和食用度将大幅度增加,国产初榨橄榄油的中轻度口味和果香味,将迎合东方人的饮食味蕾习惯,消费人群会逐渐增多,自产橄榄油总体难以满足国内市场需求。虽然我国的橄榄油种植和加工规模正逐年增大,但由于消费人群的多元化,国产橄榄油增速仍赶不上进口量增速,高质高端化和中档大众化同时并存,提升产品品质,降低生产成本,与进口橄榄油打价格战将是长期的话题。

油橄榄产业发展的对策措施

中国油橄榄产业的发展，必须坚持市场导向，以政府扶持、科技引领为主体，坚持科学规划、因地制宜、优化布局、提质增效，加快推进"十化"目标，强力打造中国油橄榄产业升级版，使其在适宜区"乡村振兴"战略中发挥积极作用。

一、提高认识加大持续扶持力度，实现油橄榄产业发展常态化

把发展油橄榄产业提高到保障我国食用油安全，促进国民健康，促进生态环境改善，巩固脱贫攻坚成果，加快乡村振兴的高度来认识，进一步整合财政投入，优化资金和信贷投放结构，加大对油橄榄产业发展的支持力度和投资强度，建立支持油橄榄产业发展的长效机制，保障油橄榄产业持续健康发展。

二、打造中国长江"液体黄金带"，实现我国油橄榄基地规模化

油橄榄既是世界著名的经济树种，又是常绿、长寿的生态树种。应因地制宜，分类区划，适地适树，适林种适品种，向适宜区荒山、荒坡要油、要生态，分类发展油橄榄经济林、经济生态林和多功能生态林，在引、选、育耐寒、耐旱、耐湿、耐酸、丰产优质品种的基础上逐年适度扩大规模。在以甘肃武都为中心的白龙江低山河谷区，以四川西昌，云南永仁、永胜、丽江为中心的金沙江干热河谷区和长江三峡低山河谷区及成都周边丘陵区为适宜区，甘肃、四川、云南、重庆、湖北五省市联手打造中国长江中上游油橄榄"液体黄金带"，其他省市在区域试验的基础上多点适度发展。经初步测算，在现有177.59万亩的基础上再发展73.6万亩，到2025年达到250万亩，到2030年达到500万亩，到2040年达到1000万亩。

三、山水田林路综合治理,实现橄榄园基础设施配套化

加大对油橄榄产业基地及相关基础设施配套的投入力度,充分发挥山区农业综合开发、乡村振兴以及现代农业生产发展资金等国字号项目的先导作用,在山地丘陵区重点开展修梯田、通道路,兴建抗旱水源工程和多雨高湿区排灌工程,推广节水灌溉技术,积极推广应用土壤耕作、病虫害防治、采收、修剪、运输等作业机械,提高机械化程度,提升综合生产能力。

四、加大优良品种选育力度,实现生产基地品种良种化

持续支持引进选育新品种项目,加大国家和省级油橄榄种质资源库及良种基地建设力度,新建和改、扩建一批高标准的优良种质资源保存、引进、创制、试验基地,引进新品种和自主培育优良品种相结合,培育一批具有重大应用前景和自主知识产权的突破性优良品种,在甘肃、四川、云南、湖北、重庆五省市率先建立大尺度区域试验区和扩区驯化试验点,寻找油橄榄远景发展区,扩大栽培区域和良种示范基地面积。

五、提升国产橄榄油知名度,实现中国自主品牌名优化

实施品牌战略,积极争创驰名商标、知名品牌和地理标志产品,重点发展培育一批特色突出、竞争力强、国际知名的油橄榄优势企业,建设一批高产、优质、高效、生态重点县,形成一批规模化、标准化、品牌化的"国家油橄榄产业示范基地"。进一步拓宽油橄榄生态文化功能,支持举办各类博览会、展销会和特色节会活动;鼓励多元化、立体化、多用途创新经营模式,把油橄榄融入采摘体验、休闲度假、旅游观光、农耕文化等相关活动;着力打造一批油橄榄名企名品,鼓励企业做好无公害、绿色、有机"三品一标"认证,保障产品安全。加强市场监管,净化橄榄油市场,保障食用油安全。

六、加快科技成果集成转化，实现栽培管理技术标准化

克服科研成果"碎片化"，整合集成一批已经取得的科研成果，使之转化为系列标准，建设一批国家和省级高标准优质高效示范基地，改进传统种植模式和传统耕作方式，推行轻基质容器育苗技术、水肥一体化节水灌溉技术、叶片营养诊断施肥技术、病虫害绿色防控技术、低产园综合改造技术，发挥科技引领的综合示范推广作用。

七、强力支持研发能力建设，实现特色产品加工精深化

重点建设油橄榄工程技术研发中心和产业联合体，配齐实验仪器设备，形成产学研联动，加大新产品研发力度，引进先进的"二相法"橄榄油加工生产线，发展精深加工，走资源节约型、环境友好型、节能减排型、精细加工型、循环经济型产业发展之路，延长产业链，推陈出新，在扩大初榨橄榄油、保健胶囊、化妆品、洗涤用品、保健茶、橄榄酒和制药中间体等10大系列80多种产品的基础上向生物提取、生物制药、功能性食品方向延伸高值化产业链，力争"十四五"末达到10大系列100种产品以上，不断提高产品附加值，实现油橄榄产业综合效益的新突破。

八、加强油橄榄科研团队建设，实现科技人才队伍专业化

加大研发中心和产学研联合体建设，开展项目合作式、研修研发式培训，按团队和专业方向选派一批实践经验丰富、专业技术能力强的中高级技术人员赴原产国的大学和科研单位做访问学者，培养高端领军人才；在原产地的油橄榄科研机构、加工企业、种植园进行至少一个生产周期的长期技术培训，培养一批理论与实践相结合的适用型人才；国内知名大专院校应探索设立油橄榄专业，实行定向招生，定向培养，联合互动，把科研院所建成油橄榄人才的培训基地，把油橄榄企事业单位建成科研院所和大专院校的实训基地。

九、实施创新驱动发展战略，实现各级研发平台共享化

借助国家及行业研究中心、国家重点实验室、科研院所和大专院校的先进实验装备，建设开放共享的研发平台，组建专家技术服务团和工作站，创建产业技术创新联盟，开展跨行业大联合、大合作，提升自主创新能力和成果转化率；协调督促"国家林业局油橄榄工程技术研究中心"各成员单位积极开展科研试验；针对油橄榄产业发展关键技术瓶颈和制约难点设立科技专项，着力突破良种培育、优质丰产栽培、循环利用、农机装备、储藏加工、安全检测等方面的关键技术和共用共享技术，对品种选育、区域试验、生态适应性研究等基础性研究给予长期稳定支持。

十、积极加入国际油橄榄理事会，实现中国油橄榄产业国际化

依靠国际、国内两种资源、两个市场，引进国外智力成果，共享世界先进的科技成果和知识产权，促进中国油橄榄产业高质量发展。以中国油橄榄产业创新战略联盟（协同创新平台）及一些地州市的油橄榄联合体（协会）为平台，每年召开国际油橄榄高峰论坛，加强与国内外油橄榄界的互联互通和深度交流；积极与国际油橄榄理事会进行接触、沟通，力争早日加入国际油橄榄理事会，享受会员国的权利和义务；与西班牙马德里理工大学、希腊地中海油橄榄研究所、马其顿油橄榄职业技术学院、以色列希伯来大学、澳大利亚Wagga Wagga农业研究所、Charles Sturt大学等国际知名的大学和研究所建立长期稳定、紧密的合作关系和互访机制，定期开展技术交流；聘请国际知名的油橄榄专家做长期技术顾问，常驻油橄榄发展区进行技术指导，通过与国际接轨提升中国油橄榄产业发展水平。

油橄榄产业联合组织及典型企业案例

中国油橄榄产业在发展中形成的联合组织，是促进中国油橄榄产业发展的重要引擎。全国油橄榄主产省的地方政府都非常重视组织机构建设，不断探索促进油橄榄产业发展的体制机制。由政府引导，科研院所和企业合作组建联合组织，将油橄榄技术体系构建、经营体系完善、促进产业发展和增加农民收入等多重目标融为一体，促进科技成果的形成和转化，实践证明，这是引领中国油橄榄产业发展的成功机制。

第一节　油橄榄产业联合组织简介

一、中国油橄榄产业创新战略联盟（中国油橄榄产业协同创新平台）

中国油橄榄产业创新战略联盟于2016年由甘肃省陇南市人民政府、甘肃省林业厅、四川省林业厅、云南省林业厅、中国林科院、中国农科院、新华社中国经济信息社、四川农业大学、中国经济林协会油橄榄专业委员会、中国林业产业联合会木本油料分会等60多家从事油橄榄技术创新、产品研发的科研院所及种植、加工、销售企业和油橄榄产业主管单位共同发起成立的行业性社会组织，隶属于中国产学研促进会，2022年根据民政部要求，将其更名为"中国油橄榄产业协同创新平台"。

二、中国经济林协会油橄榄分会

中国经济林协会油橄榄分会（以下简称"分会"）是在民政部注册的全国性、行业性、非营利社会团体组织——中国经济林协会（以下简称"协会"）的分支机构之一。2007年，协会批准了由部分多年从事油橄榄工作的同志提交的申请，成立"油橄榄协作组"，挂靠中国林科院。2008年1月在四川省达州市开江县召开了成立大会,并同时举办了"油橄榄修剪研讨班",开始履行交流、培训、规范、自律职责。2012年1月,按协会统一安排,协作组更名为"油橄榄专业委员会",并在云南省昆明市召开了更名大会。2015年,协会指示"专业委员会"统一更名为"分会"。此名称沿用至今。

2008年至今,在协会领导下,在历届分会会长、副会长、秘书处的努力工作和全体会员的积极参与下,在相关地方政府的大力支持下,分会共召开了9次年会,与会代表累计数千人次,邀请国内外专家做专题报告几十场。2016年,分会与以色列外交部国际发展合作署(MASHAV)、以色列国农业部农业研究组织(ARO)关于设立中国—以色列油橄榄(农业)国际合作中心(CIICCO)的谅解备忘录正式签署,2017年和2019年组织了两次培训活动。

2019—2021年,分会与IOC合作,在北京、武汉、成都、昆明、广州、上海等地开设橄榄油感官评价培训系列课程,受训学员近千人,经考核,共320人获IOC颁发的初、中、高级班结业证书。

分会开通了"中国油橄榄人"微信群,专门发布行业信息,开展业务讨论,成为永不闭幕的线上"年会"。至2022年底,群友已超450人。

三、国家林业和草原油橄榄工程技术研究中心

国家林业和草原油橄榄工程技术研究中心是2015年7月由国家林业局批复组建,挂靠于甘肃省林业科学研究院的一家研究中心。近年来,积极开展研发基础条件及平台能力建设、油橄榄育种资源收集与品种的选育、良种壮苗繁育、本地化高效化栽培技术研究与示范推广、油橄榄资源高效利用及产品开发等方面的工作,取得了一批具有自主知识产权的成果。目前,平台共收集、保存油橄榄种质资源157份,在油橄榄种质资源收集、评价、利用方面的作用已初见成效,尤其是正在建设中的综合实验楼,更是为今后中心信息系统的建设、标本存放、种质评价试验等工作的开展提供了便利条件。

四、四川省油橄榄发展促进会

四川省油橄榄发展促进会于2013年由四川省民政厅审批，四川省林业厅作为产业主管单位指导，在四川省农业厅支持下，由四川华欧油橄榄开发有限公司、四川省林业调查规划院、四川省农科院园艺所、四川天源油橄榄有限公司、四川凉山州中泽新技术开发有限责任公司、四川省林业科学院等近20家科研院所和油橄榄企业共同发起成立，旨在为四川油橄榄发展搭建交流平台，服务于油橄榄产业发展的科技、生产、市场、开发等建设，在政府和行业之间发挥"桥梁"和"纽带"的作用，促进油橄榄行业健康有序发展。十年来，四川省油橄榄发展促进会积极组织开展国内外油橄榄产业发展的学术、技术与产品研发等专题内容的考察活动，与西班牙、以色列、意大利、希腊等油橄榄原产地国家的科研教学单位及生产企业开展了广泛而密切的技术合作与交流。组织国内外知名专家学者通过学术报告、技术培训、实地指导和建立专家工作站方式，解决产业发展中的技术问题。针对产业发展的技术瓶颈，组织成员单位申报立项科研课题开展联合攻关，在良种选育、基地建设、丰产栽培、产品研发与品质指标等方面取得了丰硕成果，并组织开展地方、企业的标准制定，规范生产工艺与技术标准，推动了四川省油橄榄产业的健康发展。

五、云南油橄榄大健康产业创新研究发展研究院（有限公司）

2021年9月28日，云南省科技厅、丽江市政府、中科院昆明分院、中科院兰州分院、中科院兰州化物所五方签约，依托中科院兰州化物所在油橄榄领域的科研积累和科技成果，组建新型研发机构——云南油橄榄大健康产业创新研究发展研究院（有限公司）。

研究院以国家、云南省在实施"健康中国"国家战略中的重大战略需求为导向，以"聚焦油橄榄产业高技术创新、助推油橄榄产业高质量发展"为宗旨，以"丽江的自然禀赋+油橄榄的国际名片+团队的研究基础"为核心竞争力，定位于"新型研发机构+孵化器+产业基金+核心企业+产业园"的运作模式,针对油橄榄产业亟须解决的重大科技问题,开展"食用、药用、日用、饲用和军用"等大健康产品的关键技术开发和产品研发及产业化。

研究院建设了"四大平台"(技术集成平台、配套实施平台、成果转化平台和国际合作平台)实现了"三个结合"(科技和需求结合、技术和资本结合、人员和项目结合)。最终在政府相关政策的导引下,在行业主管部门的业务指导和监督管理下,以国家需求和市场为导向,构建行业产学研结合的技术创新体系,提升油橄榄大健康领域自主创新能力和创新水平。

六、甘肃省陇南市油橄榄产业创新联合体

2022年4月20日,陇南市科技局、工信局、林草局、财政局等部门协作支持,成立并召开了"陇南市油橄榄产业创新联合体(以下简称"联合体")成立大会暨一届一次理事会",联合体由链主企业祥宇公司牵头,江南大学、青岛农大、西北师大、甘农大、陇南师专、中国林科院林研所、林化所、中科院兰化所、兰州海关技术中心、甘肃省林科院、陇南市经济林研究院、武都区油橄榄产业办以及田园、甘肃时光、金纽带、陇源丹谷、陇锦园公司等17家单位共同组建,汇集油橄榄全产业链相关的12家科技支撑单位和市内6家重点油橄榄企业。目前,联合体拥有油橄榄种植示范基地11处,建有国内最大的油橄榄种质资源库,收集国内外油橄榄品种171个,拥有油橄榄加工厂6座,引进德国福乐伟、意大利贝亚雷斯等国际先进油橄榄加工生产线9条,现有技术专家、研究人员共90人。

联合体旨在开展技术研究和联合攻关,承担重大科技项目,开展科技合作,加快科技成果转化,联合培养人才等,建立产学研深度融合的技术创新体系,解决制约油橄榄产业发展的关键共性技术难题,促进新技术产业化规模化应用,全面提升油橄榄产业的品牌影响力、核心竞争力、市场占有率,培育壮大支撑经济社会高质量发展的产业体系,进一步助力乡村振兴。

第二节　油橄榄产业典型企业案例

一、甘肃省

（一）陇南市祥宇油橄榄开发有限责任公司

陇南市祥宇油橄榄开发有限责任公司成立于1997年，商标"祥宇"二字取自周总理字"翔宇"的谐音，目前已发展为集油橄榄良种育苗、集约栽培、规模种植、科技研发、精深加工、市场营销、旅游体验为一体的全产业链链主企业。主要产品有特级初榨橄榄油、原生护肤品、橄榄保健品、橄榄木艺品、橄榄饮品、橄榄休闲食品等六大系列。

2014年，总投资6.82亿元，占地面积180.86亩的祥宇生态产业园正式启动建设，按照规划，产业园包括农业科技产业园、橄榄文化博览园、科技研发示范园、阳光工厂体验园、健康主题休闲园。园区建成后，企业综合产值8.2亿元，利税1.06亿元，新增就业岗位500多个。目前一期工程"阳光工厂"已经建成，并于2015年投入生产，安装了三条原装进口冷榨生产线，日加工鲜果能力560吨；建成了国际标准化充氮隔氧、恒温避光的万吨储油库，有效隔绝了紫外线和空气对橄榄油的氧化，最大限度地保留了橄榄油中的活性成分；建成了两条日灌装能力15万瓶的灌装线；配备了专业质检团队，全天候控制每道生产工序。

祥宇公司是两度受邀参与橄榄油国家标准起草的企业，2013年"祥宇"商标被国家工商总局认定为"中国驰名商标"；2014年被原国家林业局确定为"首批国家林业重点龙头企业"；2016年被农业部、财政部、国家发改委等八部委审定为"农业产业化国家重点龙头企业"；2019年荣获"第六届甘肃省人民政府质量奖"，并被国家粮食局评定为"全国放心粮油示范工程示范加工企业"；2020年先后获得省级、国家级"绿色工厂"；2021年被国务院扶贫办确定为"全国脱贫攻坚考察点"，被国家粮食和物资储备局确定为"国家粮食应急保障企业"；2022年公司荣获"甘肃省科技进步一等奖""甘肃省先进企业突出贡献奖""国家AAA级工业旅游景区"等荣誉。

公司高度重视科技研发和创新突破，2015年被原国家林业局批准为"国家林业局油橄榄工程技术研究中心产品研发基地"；2016年被甘肃省科技厅批准为"甘肃省油橄榄加工技术与质量控制工程技术研究中心"；2018年经省院士专家工作领导小组批准设立了油橄榄行业首个院士专家工作站；2022年在陇南市委、市政府的大力支持下，牵头成立了中国首个"油橄榄产业创新联合体"。

近年来，祥宇牌特级初榨橄榄油在美国、日本、以色列、意大利、西班牙、希腊等国际橄榄油大赛中累计荣获金、银、铜奖牌71枚，2017年在澳大利亚被评为"北半球最好的特级初榨橄榄油"，2020年在西班牙入选"全球特级初榨橄榄油100强"。

公司采用"公司+协会+基地+合作社+农户"的合作方式，实施"订单农业"，有效整合了油橄榄种植面积46.3万亩，带动种植户6.9万户近32万人发展油橄榄，公司成立至今已累计向果农支付收购款14.73亿元。

公司以致富百姓为己任，多年来向果农提供了五方面的帮扶：一是免费提供技术服务，二是免费提供良种苗木，三是按质敞开收购种植户鲜果，四是争取政府资金扶持，五是筹资修建入园道路。自脱贫攻坚以来，累计带动建档立卡贫困户4817户21678人实现了稳定脱贫。

公司在发展壮大的同时，始终热心公益事业。在助力乡村振兴、支持教育发展、疫情防控、抢险救灾中累计捐款、捐物1630多万元。

更好、更优、更强，是祥宇人追求的目标和愿景！祥宇人将致力于油橄榄产业为民造福、为国争光，实现走出甘肃、走出中国、走向世界的历史性跨越。

（二）陇南市田园油橄榄科技开发有限公司

甘肃省陇南市田园油橄榄科技开发有限公司成立于1998年，为国家林业重点龙头企业、国家级扶贫龙头企业、省级农业产业化龙头企业。公司加工厂区占地面积68亩，先后建成油橄榄种植园8个共11300余亩，栽植油橄榄28万株。进口意大利"阿法拉伐"榨油流水线1条，年加工橄榄油能力达1200吨。建成了年产85吨油橄榄叶有效成分提取物生产线及年产44吨橄榄果水、果渣有效成分的油橄榄废弃物综合利用生产线。在北京设立了田园油橄榄（北京）商贸有限公司，截至2022年底，公司总资产为27302万元，其中，固定资产2900万元，营业收入6822万元，利润总额2625万元。公司相继开发、生产出了"田园品味"特级初榨橄榄油；餐用橄榄果、橄榄菜；"田园年华"油橄榄保健软胶囊、橄榄茶珍等功能食品；油橄榄生物提取物及相关产品；"田园物语"橄榄油系列护肤品等五大类产品，深受市场消费者的青睐。"田园品味"食用橄榄油于2013年荣获杨凌农高会"后稷特别奖"；2008年"田园品味"食用橄榄油被评为甘肃省名牌产品和甘肃省著名商标，并通过了绿色和有机认证。田园品味特级初榨橄榄油荣获2018年国际油橄榄理事会马里奥·索利纳斯奖一等奖。

公司作为民营科技企业，长期以来重视科技队伍建设和产品研发投入，和国内外研究机构保持着长期、深入、广泛的合作关系。公司与中科院兰州化物所合作开展对油橄榄叶提取物工业生产技术的深入研究，研究成果于2010年经甘肃省科技厅鉴定为"国际先进"。公司和西北师大等单位合作的陇南油橄榄资源利用技术研究通过甘肃省科技厅鉴定为"国际先进"。

公司2010年被认定为"甘肃省企业技术中心"，并被评为"2010年度创新型企业"。同期被甘肃省发改委认定为"甘肃省油橄榄工程实验室"。2010年公司特色植物及其废弃物资源化高效利用获得"甘肃省科技进步一等奖"，2013年公司油橄榄叶有效成分提取技术获得"甘肃省科技进步一等奖"，2019年被认定为高新技术企业，为陇南市油橄榄创新联合体成员单位。

陇南田园油橄榄科技开发有限公司为了扩大油橄榄种植面积，打造品牌影响力，形成一、二、三产的深度融合，于2012年在云南丽江注册成立了丽江田园油橄榄科技开发有限公司，注册资本2000万元，公司类型为自然人出资有限责任公司。目前，公司总资产为8000余万元，2022年产值突破2000余万元。

公司立足于丽江市玉龙县大具乡油橄榄产业园，先后在大具乡流转石漠化严重的荒山荒坡地12000余亩，按照"有机、可机械化采收作业"的标准，建设完成6000亩油橄榄种植示范基地。建成年出圃优质油橄榄苗木100万株的育苗圃一处；占地280亩的油橄榄种质资源库已经开始建设，计划引进世界各地优良品种500份，现已引进80多份，建成后将是世界上最大的油橄榄种质资源库之一。

公司采取"专业合作社+农户"的发展模式，建立公司和农户之间稳定合理长效的利益联结关系。通过为群众发放优质油橄榄苗木，为群众油橄榄种植提供技术服务等方式，辐射带动玉龙县发展油橄榄种植面积60000余亩，已成为云南省各县、区油橄榄种植面积之首。同时丽江田园公司与玉龙县政府签订了在玉龙县发展15万亩油橄榄基地及精深加工项目合作战略协议，按不低于每千克8元的保护价收购玉龙县境内的油橄榄鲜果，成立了"油橄榄专业技术服务队"，为参与油橄榄产业的群众提供长期的技术指导与服务，确保群众的油橄榄树"种得活、长得好、效益高"。丽江田园油橄榄科技开发有限公司依托丽江独特的土壤、气候、人文、旅游等优势资源，高起点、高标准谋划建设油橄榄育苗，良种培育、种植，油橄榄果加工，系列产品开发、销售、旅游、康养为一体的产业发展体系。规划设计了国内首个集橄榄油生产加工、油橄榄生物资源提取、油橄榄餐用橄榄果生产、油橄榄文化展示、油橄榄产品展示销售、休闲旅游观光为一体的复合型油橄榄主题产业园。目前，产业园基础设施建设初具规模，2017年建成投产年处理油橄榄鲜果4000吨的橄榄油生产线1条；2021年建成油橄榄生物提取生产线1条；2022年配套建成年可灌装120万~150万瓶橄榄油全自动灌装线。

同时丽江田园公司为了加强国内外科研合作，于2018年积极引进以希腊雅典大学药学院院长、生药学与天然产物化学教授——亚力克西奥斯·勒安德罗斯·斯卡尔特苏尼斯为主的院士团队，建成了AILEXIOSLEANDROS SKALTSOUNIS省级院士专家工作站，形成了以斯卡尔特苏尼斯教授为主的团队在国内的唯一合作关系，双方共同合作对油橄榄生物资源提取应用技术及产业化研究开发进行了深入合作。另外，公司引进中国科学院兰州化学物理研究所研究团队，与丽江市旅游开发投资集团有限责任公司、玉龙国有资本投资运营有限责任公司共同组建成立云南油橄榄大健康产业创新研究发展有限公司，针对油橄榄宝贵的生物资源及云南特色植物资源，以大健康产品开发为目标，以产业带动为责任，整合国内外科技资源，开展了油橄榄大健康新产品研发创制工作。

（三）陇南市金纽带油橄榄有限责任公司

陇南市金纽带油橄榄有限责任公司由陇南市供销合作社于2019年8月注册成立，注册资金1亿元。公司位于甘肃省陇南市武都区桔柑镇大岸庙村陇南供销智慧冷链物流园内，占地面积51.14亩，投资1.52亿元，为陇南市油橄榄创新联合体成员单位。公司主营业务为油橄榄育苗、销售、推广；油橄榄系列产品研发、生产、销售；产业投资、油橄榄种植技术服务；核桃油、花椒油精深加工及衍生品研发生产，仓储服务等。

公司秉承"让用户更健康、让果农更富裕、让员工更幸福、让乡村更美丽、让企业更兴旺"的发展理念，在"供销社+产业园区+龙头企业（专业合作社）+基地+农户"的模式下，立足本土实际，充分发挥供销行业优势，积极发展以油橄榄、花椒、核桃为代表的"三棵树"农业特色产业，整合社会优质优势资源，构建为农服务综合体，打造油橄榄产业国家队。公司厂区总建筑面积32313.18平方米，包括地上建筑面积29865.85平方米，地下建筑面积2447.33平方米。目前已建成每小时6吨的油橄榄鲜果压榨生产线2条，达产后油橄榄鲜果加工能力可达4万吨，储存量达10000吨。公司于2022年正式投产，当年生产的金纽带牌特级初榨橄榄油便获得2023年美国NYIOOC国际油橄榄大赛金奖两枚，同时成功入选2023年西班牙EVOOLEUM国际油橄榄大赛世界上最好的特级初榨橄榄油TOP100。未来十年，金纽带公司将继续整合种植和生产优势，专注于高端食用油，将建设10万亩有机高标准油橄榄示范园，升级产业发展，并致力于建设成为一、二、三产融合发展的国家级现代农业特色产业龙头示范企业，真正成为"为农姓农国家队、乡村振兴排头兵"，成为具有全国影响力的现代农业企业。

（四）陇南市橄榄时光油橄榄有限责任公司

陇南市橄榄时光油橄榄有限责任公司创建于2018年，总部设在甘肃陇南，注册资本为3000万元，现有固定员工80余人，为陇南市油橄榄创新联合体成员单位。公司为方便品牌推广及市场营销，在上海建立了品牌研发和营销中心，以上海这个特大型城市为依托，积极拓展线上线下销售渠道，橄榄时光牌优质特级初榨橄榄油成功打入了北京、上海、广州、深圳等一线城市，年销售收入达3800余万元。公司始终坚持以"尊重、专业、团结、品质、创新"为企业的质量方针，不断完善生产、仓储、品质管理等多个模块的管控体系，强化全面质量管理。同时采用"公司+合作社+农户"的合作方式，实施"订单农业"，整合了武都区油橄榄种植基地5万余亩作为公司的鲜果供应基地，累计带动5万农户近20万人发展油橄榄（其中贫困户200余户），公司成立至今已累计收购油橄榄鲜果15000余吨，支付油橄榄鲜果收购款9800余万元。公司引进了亚太地区最先进的贝亚雷斯橄榄油冷榨生产线2条，日加工油橄榄鲜果170吨；建成了恒温避光的储油库，储存能力达600吨；建有一条日罐装能力达4万瓶的罐装生产线；产品严把质量关，每批次产品均由质检部门检验合格后出厂，并定期送第三方机构进行检验。主要产品以特级初榨橄榄油为主体，相继开发出橄榄菜、橄榄油牛肉酱、橄榄油软糖、橄榄油酱料等系列衍生产品。公司于2020年取得了"ISO 9001"质量认证、"特级初榨橄榄油认证"。公司曾先后获得了首届陇南橄榄油大赛"金奖"、国际橄榄油高峰论坛"银奖"、连续多年获得世界级橄榄油大赛"雅典娜铜奖""纽约国际银奖""国际美味奖章"等，2020年被甘肃省林业和草原局评为林业产业化重点龙头企业，"橄榄时光"特级初榨油2022年入选"'甘味'农产品品牌目录"。公司坚持以助力农民增收，提高人民生活质量为己任，以制造绿色、健康、营养、时尚的橄榄油及衍生品为发展道路，以创建一流的大健康产业企业为公司的发展目标。公司将致力于创建以橄榄油为产品基础的全产业链生态系统，打造橄榄油百亿市场，加强品牌管理和建设，继续增加市场营销力度，采取线上线下有机结合销售模式，通过加大宣传力度增加市场占有率，全面覆盖国内市场的食品、母婴及大健康类中高端市场。

（五）陇南市陇源丹谷油橄榄开发有限责任公司

陇南市陇源丹谷油橄榄开发有限责任公司创立于2019年5月，由乐龄国际集团投资，公司注册资金为9000万元，位于陇南市武都区两水镇。公司建立了自种、自采、自榨的超万亩油橄榄基地和一座现代化油橄榄、食品加工工厂，拥有现代化全自动德国西门子电脑控制灌装车间，全国首家窑洞式地下电脑监测恒温橄榄油储存库，并在湖南长沙拥有上百人现代化运营销售服务中心。为陇南市油橄榄创新联合体成员单位。

公司专注于油橄榄基地开发建设、油橄榄系列品牌产品开发，以打造田园旅居、文旅观光、科研示范、康养旅居、生态加工为一体化的"绿色生态产业链"为发展目标。目前已建成符合国际标准的两条全新初榨橄榄油生产线，年产特级初榨橄榄油600吨，自主研发三大品牌产品"北纬33""陇源丹谷""陇源红"均为特级初榨橄榄油，橄榄油辣椒酱及橄榄陈醋均为专利产品，产品定位于文旅销售、渠道销售、互联网销售三位一体的新零售模式，销售范围覆盖全国。橄榄饲料研发已全面完成并投产，用橄榄饲料养的橄榄猪肉已投向市场。

（六）陇南市陇锦园油橄榄开发有限责任公司

陇南市陇锦园油橄榄开发有限责任公司是一家集油橄榄工业化育苗、规模种植、科技研发、精深加工、市场营销为一体的民营企业，为陇南市油橄榄创新联合体成员单位。

公司位于陇南市武都区吉石坝，下属武都区油橄榄综合加工厂、武都区吉石坝油橄榄示范园和灌装车间，公司注册资金为1200万元，职工人数为60人。公司自成立以来，遵循可持续发展战略，走"公司加基地、基地连农户"的产业发展路子，坚持以市场需求为导向，以科技创新为动力，以精深加工为突破口，不遗余力地加快基地建设，并引进土耳其全套自动化加工设备，形成日加工油橄榄鲜果20吨、加工初榨橄榄油3.2吨的生产能力，生产出的橄榄油经中国粮油进出口检验检测中心化验分析，各项指标均达到橄榄油国标标准。通过近几年的不懈努力，公司不断引进和培养专业人才，从而拥有了较强的新产品研发能力,目前,已开发出初榨橄榄油、果酒果醋、橄榄果干等三大类产品,深受消费者欢迎,市场前景十分广阔。

陇锦园橄榄油为有机转换食品,是国家认证绿色食品、国家地理标志保护产品、832平台消费扶贫产品;2021年入选粤港澳大湾区菜篮子供货基地(证号为621220211231GC001)和甘肃省第二批"甘味"产品名录;多次荣获国际食用油及橄榄油产业博览会金奖;公司已获得实用新型专利授权20件,授权发明专利2件,商标授权6类,通过了省科创型企业认证、知识产权管理体系企业认证;是甘肃省高新技术企业。

二、四川省

(一)四川华欧油橄榄产业集团公司

四川华欧油橄榄产业集团公司成立于2003年,经过20年的发展,现已发展成为包含四川华欧油橄榄开发有限公司、四川华欧油橄榄科技有限公司、四川华欧油橄榄产业创新发展有限公司等在内的四川华欧油橄榄产业集团公司。

四川华欧油橄榄产业集团公司注册资金为1990万元,是一家集油橄榄种植、生产、销售、进出口贸易、培训、技术服务、咨询等为一体的农业产业化省级重点龙头企业、四川省科普基地、四川省国际合作基地。公司通过发挥企业效能,集结群体优势,以"公司+示范园+农户+基地(油橄榄合作社)"的模式实施油橄榄种植、加工、科研一体化经营。发展绵阳油橄榄产业,实施绵阳10000吨橄榄油系列产品以及20万亩(第一期10万亩)优质丰产油橄榄基地是公司的发展目标。

华欧油橄榄产业集团以"一株油橄榄、一滴橄榄油"带动一项产业,以"富民强企"为发展战略目标,严格执行"质量赢得市场、诚信铸就品牌"的经营思路,注重原料品种选择,追求品质特色。公司从西班牙、以色列、意大利等国引进油橄榄品种130多个,选育出适合四川本土种植的良种16个,尤以适应性广、抗病虫害强、丰产稳产性好、油品质量高的华欧9号表现最为突出,成功建设了"游仙小枧利民油橄榄科技示范园""华欧建华油橄榄科技示范园""华欧高山油橄榄科技示范园"和"华欧油橄榄丰产品种园"。公司通过示范引导，签订农户订单，带动果农建立稳定的农产品原料基地已超过10万亩，从源头上有效保证了原料来源和产品品质。

公司建立了"华欧油橄榄综合加工产业园区"，从意大利引进了阿法拉伐油橄榄全自动压榨生产设备，每小时可加工油橄榄鲜果3吨，具有全套自动压榨工艺流程，确保最佳卫生条件，新鲜橄榄果从进厂就得到严格的自动化清洁卫生管理，采摘后12小时内进行加工，确保华欧品牌特级初榨橄榄油的品质符合国际标准，并被评为"消费者喜爱产品"、绿色食品、中国首家森林食品、中国生态原产地保护产品等。在四川省农博会等省市级各种产品推荐会上，被评为消费者最喜欢产品。在绵阳、成都、北京、上海、杭州、苏州等地建有销售网络。

华欧油橄榄产业集团运作机制灵活，生产规模、技术力量以及科研能力在逐步增强。公司以中国林科院、清华大学、中国农业大学、北京林业大学、四川林科院、四川农业大学、四川大学、西南科技大学和以色列、西班牙、意大利、希腊等农业合作中心为技术依托和协作单位。公司已与陕西、甘肃、四川等油橄榄基地县市组成西部油橄榄协作联合会，共同促进油橄榄事业的发展。常年聘请意大利、西班牙、希腊、以色列等国的20多位专家到华欧进行技术指导，派遣专业技术人员赴国外进行技术培训，引进和吸收创新国外先进智力成果，提高公司科研能力和管理水平。四川华欧油橄榄产业集团公司是农业农村部948项目和联合国粮农组织FAO油橄榄项目的实施单位。2019年，在以色列特拉维夫举行的科技项目推介会上，公司与以色列油橄榄科研单位和企业签订了六项合作协议，现正积极投建油橄榄全产业链现代科技园，重点开展油橄榄良种规模化高效繁育和配套栽培管理技术研究并推广应用，建设集油橄榄智能种植育苗基地和先进制造加工基地为一体的油橄榄全产业链集群模式，打造现代信息技术与数字化相结合的油橄榄全产业链升级示范标杆工程，受到了国内国际同行业的关注和认可。

四川华欧油橄榄产业集团公司在为四川油橄榄产业的发展提供优质苗

木,为油橄榄种植户提供技术指导培训,为农户提供增收致富途径,为中小学生及大众普及油橄榄知识、为人们提供生态安全的健康环境等方面作出了较大贡献。下一步,公司将继续加大科研技术投入,筛选更多优良品种,推广现代化栽培技术,开发农业观光旅游,开展医疗康养服务,擦亮中国油橄榄之乡的金字招牌,把产品推向全国乃至国际市场,促进农业增产农民增收。

(二)四川天源油橄榄有限公司

四川天源油橄榄有限公司位于四川省开江县普安工业集中发展区,是一家经营了26年的科技型民营企业,注册资本2155.5万元,研发及生产综合基地3万平方米,宣展营销中心4200平方米。主要从事油橄榄的种植和橄榄油、橄榄酒系列产品的研发、加工、销售、进出口贸易等业务。是国家级林业重点龙头企业、国家高新技术企业、省级农业产业化重点龙头企业、省级企业技术中心、国家粮油标准的起草单位、中国粮油学会团体标准油料与油脂技术委员会成员单位、天府农业板挂牌企业。参与起草及修订定了《橄榄油》《油橄榄鲜果》《油橄榄果渣》《橄榄油感官评定》国家标准,制定了《达州橄榄油》的地方标准和《橄榄果酒》《橄榄露酒》企业标准。获得了发明专利授权2项,软件著作授权2项,实用新型专利授权12项。其中《发酵型橄榄酒关键技术研究及应用》于2016年获四川省科学技术成果登记证,2017年获达州市科学技术进步奖。《四川油橄榄产业关键技术创新与推广》于2020年获得四川省政府科学技术进步二等奖。

公司建有具备技术先进的鲜果压榨橄榄油、橄榄酒、橄榄叶精华素化妆品生产线三条,引进意大利阿法拉伐全自动榨油设备,可日处理油橄榄鲜果100吨,年产橄榄油600吨,橄榄酒1600吨。油橄榄系列产品现已开发出7大系列、63个品种产品。自主研发生产的"绿升"牌橄榄油、橄榄酒、"曼莎尼娅"系列化妆品,已进入中国产品质量电子监管网,产品品牌价值高,先后荣获了中国驰名商标、有机食品、绿色食品、四川名牌、四川省著名商标、达州橄榄油国家地理标志保护产品、生态原产地产品保护证书、2021年中国品牌价值评价、2019年四川省优质品牌农产品、四川省农企重点培育品牌、天府文创入围奖、最受欢迎"四川扶贫"产品、省级名优产品推广应用目录、达州市十佳农业品牌、熊猫匠心传承人、熊猫匠心产品等荣誉，其中，地理标志区域品牌"达州橄榄油"品牌价值达5.23亿元。

2016年，中央电视台生财有道、远方的家栏目，分别对天源油橄榄公司及油橄榄产业发展进行了系列报道和宣传。2022年在县委、县政府的支持下，在全国粮油标准委员会的指导下，成功将橄榄油中所含的"角鲨稀"增编于《达州橄榄油》地方标准中，通过国内权威机构的检测，达州橄榄油中所含的"角鲨稀"达到3000～4000毫克/千克（现有的国家标准和欧盟标准均无此项指标），这一举措得到了业内专家的认可和赞誉。

天源油橄榄始终坚持"庞思善改而进创，博积勤研以推新"的发展之路，不断扩展延伸油橄榄产业链条，发展带动全县油橄榄种植面积达8.3万亩。企业自建6200亩油橄榄产业创新基地，形成了集旅游、观光、休闲、康养为一体的中华橄榄园。园区主要是以打造"油橄榄+林下种植养"为主的产业发展思路，实行"农户订单种植、公司保底价收购"，形成了以"公司+基地+农户"的经营模式，带动永兴镇柳家坪、门坎坡、龙头桥、箭口垭等四个村4213户脱贫，其中，建档立卡贫困户有340户（1050人）。每年人均从土地租金、产果分红、劳务、林下种养等方面增加收入1.6万元。

"路虽远行则将至，事虽难做则必成。"在发展的历程上公司以"产业报国，回馈社会"为企业文化，奉行"进取、求实、严谨、团结"的质量方针，坚持"标准化、规模化、品牌化"的企业核心理念。凝神聚气，砥砺前行，科学发展，开拓创新，努力成为"达州橄榄油"引领中国油橄榄产业集群发展的品牌标杆！

（三）四川西中油橄榄有限责任公司

四川西中油橄榄有限责任公司成立于2009年，是一家依托世界橄榄油主产地西班牙的优质种源及成熟丰富的产业配套资源，专业从事油橄榄生态高产栽培及技术研发生产，油橄榄相关产品研发，规模化种植、加工、销售于一体，农文旅康融合发展的中外合资企业。2009年，经在四川区域多轮多地可行性调查对比，结合龙泉山植被恢复工程，西班牙四川商会会长曾涌先生在成都市金堂县淮口镇发起建立了金堂县第1家油橄榄产业化开发项目——西班牙油橄榄综合产业示范园区。示范基地面积为3000多亩，进行了良种研究培育、良种标准化繁育、产业化种植、精深加工、品牌培育、市场推广在内的全周期全产业链实践，成功培育出经省林科院认定的阿贝基娜油橄榄优良品种和金堂1号、金·阿贝基娜、天孚品牌橄榄油，发展态势强劲，受到国家部委、省、市、县领导的高度肯定。

四川西中油橄榄有限责任公司西班牙·金堂油橄榄综合示范园区项目自2009年启动建设以来，发挥自身优势，充分整合世界油橄榄主产地西班牙的良种及产业链技术资源，结合川中丘陵区土壤气候特点，十多年来专注良种培育、全周期产业技术攻坚和全产业链技术标准建设。优良品种和技术是产业健康发展的基础保障，经过4轮3年一周期的持续攻坚和数轮严格测试从40多个品种中成功驯化、筛选、培育出适合川中丘陵区，特别是龙泉山脉土壤气候特点的适生性、抗病性强、早实高产、出油率高的阿贝基娜、莱星和皮瓜尔等良种品种，制定了严格的标准化、规模化良种繁育技术标准体系。特别是从"世界橄榄王国"西班牙引进的优良品种原种基因品种阿贝基娜，以其早实高产和适宜多密度栽培的特点于2014年被认定为省级示范推广优良品种并颁发良种证书。同时，公司技术团队始终专注于油橄榄全周期全产业链标准化实效技术体系建设攻关，参与实施的"盆中丘陵区油橄榄良种培育及高效经营管理技术研究""四川油橄榄产业关键技术创新与推广"科技项目，先后两次获得四川省人民政府颁发的省科技进步奖。

经过10余年持续专注产业化开发攻坚，目前西中油橄榄金堂园区项目已累计完成投资6000多万元，建成占地面积3500多亩的产业科技综合示范园区。产业园区布局合理、产业配套设施完善、产业体系健全、产业基础扎实、产量效益持续提升，经过近13年坚持不懈地努力，通过引进西班牙优良的油橄榄种苗和先进的栽植技术，结合土壤气候特点，不断技术创新，填补了龙泉山脉油橄榄种植的空白，闯出一条在龙泉山脉区域成功栽植油橄榄的特色产业发展道路。公司现为四川省林草龙头企业，成都市农业产业化重点龙头企业。基地智能育苗温室年产苗100万株；引进意大利油橄榄加工生产线一条；年产橄榄鲜果达2000余吨，为周边数十家油橄榄种植单位提供数千吨油橄榄果加工服务。在西中油橄榄的产业综合示范带动引领下，金堂县油橄榄种植面积已达8万余亩，年产橄榄鲜果10000吨，特级初榨橄榄油900余吨，橄榄红酒、茶饮等油橄榄大健康系列产品不断研发丰富，年综合产值达5.6亿元，初步形成金堂县一山多丘的油橄榄高效绿色产业生态圈。"金堂橄榄油"和"金堂油橄榄"通过地理标志认证，产业发展态势强劲，成为金堂现代特色优势绿色产业名片。

（四）凉山州中泽新技术开发有限责任公司

凉山州中泽新技术开发有限责任公司成立于1998年，属技术开发导向型企业，公司致力于油橄榄全产业链的发展，提供包括种质资源引种收集，良种选育、繁育，丰产基地建设，油橄榄产品开发、销售以及提供油橄榄相关的文旅服务。

公司基地于2012—2013年被国家林业和草原局认定为中国首个"国家级油橄榄良种基地"和"国家级油橄榄种质资源库"；于2017年—2019年被国家林业和草原局认定为"国家林业重点龙头企业""国家林业标准化示范企业"；被国家人力资源和社会保障部选定为"国家级油橄榄科技合作专家服务基地"。公司与以色列农业和乡村发展部农业研究组织（ARO）共同组建了"中国—以色列油橄榄国际科技合作基地"，同时还荣获"四川省油橄榄良种研发中心""四川省油橄榄工程技术研究中心""四川省油橄榄产业国际科技合作基地""四川省农业产业化重点龙头企业""四川省扶贫龙头企业"等荣誉称号。

通过20年来的发展，公司在油橄榄产业上实现了林农种植、加工制造、商业服务一、二、三产业的融合发展。截至目前，公司自建油橄榄基地2.6万亩，辐射带动凉山州、云南省（玉溪市）企业和农户发展油橄榄总面积达10万余亩。

多年来，公司在油橄榄产业发展中取得多项成果。迄今已成功选育油橄榄良种10个（均为审定品种）；获得油橄榄行业相关的发明专利7项、实用新型专利2项；制定油橄榄育种、丰产栽培技术规程2项；建成年加工能力2000吨的橄榄油加工厂1座;建成自动化育苗温室大棚1座,公司现每年可生产油橄榄良种优质苗木300万株,已广泛种植在四川、云南、广东、甘肃、湖北、陕西、江西、贵州等省、市的多个油橄榄产区。

公司在国家市场监督管理总局注册的"源泽""中泽""是歌""油橄榄庄园"商标,覆盖油橄榄产业7大类70种产品和服务项目。生产的"源泽"和"中泽油橄榄庄园"牌特级初榨橄榄油品质达到世界优质产品水平,分别于2019年3月在意大利索伦托举行的"2019年塞丽橄榄油大赛"中获中国原产区大赛金奖;2019年5月在具有世界权威性的"纽约橄榄油大赛"中从27个国家1000余款橄榄油中脱颖而出斩获金奖;2023年4月在日本橄榄油评比大赛荣获金奖;2023年5月在土耳其国际橄榄油评比赛中荣获金奖。

同时,公司生产的油橄榄衍生产品(茶叶、油橄榄蜜饯、橄榄油护肤品等)自进入市场以来受到广大消费者的青睐。

(五)四川聚峰谷农业科技开发有限公司

四川聚峰谷农业科技开发有限公司成立于2014年11月24日,注册资本为8000万元,是一家集农业种植、科技孵化、产品加工、乡村旅游、田园度假于一体的大型综合性农业开发公司。

公司于2014年11月开始投资建设龙泉山聚峰谷油橄榄城市森林公园,项目位于成都市金堂县龚家村片区,总体规划范围涉及淮口镇龚家村、天台村、小柏村、舒家湾村和姜棚村5个行政村,项目以油橄榄科研、育苗、种植、加工、运营全产业链为基础,以乡村旅游为配套,实现一、二、三产业联动发展。截至目前,项目流转土地面积20000余亩,发展油橄榄种植面积达7500亩,共计生产油橄榄苗木近21万株,成为金堂片区内产业规模最大、带动性最强的业主单位。作为金堂油橄榄产业协会理事长单位,聚峰谷坚定以油橄榄产业为主导,积极构建金堂10万亩油橄榄产业链的核心引擎和核心载体,带动金堂油橄榄产业快速发展。

(六)冕宁元升农业科技有限公司

冕宁元升农业科技有限公司是以油橄榄为主导产业的台资企业,自2012年正式落户冕宁以来，在政府和有关部门的大力帮助、支持下，引进国外先进技术结合当地自然特点集成创新，通过自筹、政府整合、融资等方式先后投入资金2亿元，以宏模镇为中心，先后打造了连片高标准油橄榄产业园2.5万亩。并以油橄榄文化特色为主体，将油橄榄基地建设与乡村振兴有效衔接，把园区周边山林、景观综合规划利用，着力打造集观光体验、绿色生态旅游、休闲康养等多元功能于一体的"产业园区型"森林小镇。

冕宁元升油橄榄产业科技园区从前期试验到扩大生产基地，从投产初期的2014年产油960公斤，到2022年生产"澳利欧"特级初榨橄榄油200吨，随着园区投产面积增加，产量将呈几何倍数增长，园区全面投产后，年产量可达2000吨以上。

园区建设秉承"绿色、有机、安全"的原则，全园测土配方和有机肥使用率达100%。引进以色列滴灌技术，采用压力补偿式节水、节肥滴灌系统，提高肥料利用率30%以上。基地产生的枝条、果渣等残余物，通过有机肥生产线处理，既满足了有机发展的需要，又减少了残余物对环境的污染。

公司在有关部门的支持协调下，与中国林科院、四川省林科院签订了科技合作框架协议。同时，还聘请国内从事油橄榄科研、生产的技术人员组成了"公司+科技+生产单位"的科技联盟。针对油橄榄原产地与国内自然气候特点的差异开展研究，技术团队研究攻克技术瓶颈，总结出了适合当地特点的油橄榄矮化密植丰产栽培的配套技术方案，并生产出了国际一流品质的产品。相关科技创新成果国内领先，分别获省级科技进步二、三等奖，主编了全省唯一的《油橄榄密植丰产栽培技术规程》省地方标准1部，同时与中国林科院共同申报成功《一种油橄榄集约化栽植方法》发明专利一项，公司自主申请实用新型专利14项。

基地生产的"Aoilio澳利欧"特级初榨橄榄油，突出"健康、生命、活力、美丽"的品牌理念。经送相关权威机构检测，各项指标完全达到生饮级品质的特级初榨橄榄油标准，2015年到2021年，连续7次获得"中国（广州）国际食用油及橄榄油产业博览会金奖"。"Aoilio澳利欧""Mutual Beauty木都哈尼"有机特级初榨橄榄油,分别荣获2018年、2022年全球最大规模橄榄油竞赛——洛杉矶特级初榨橄榄油竞赛金奖。

为助力乡村人才振兴,2021年组建了冕宁首家"春风新农人培训中心",创建了"龙头企业+培训机构+新农人+市场"模式,结合生产、管理的需要,培养一批有一定知识、会某项技能、有一定管理能力、有理想、有追求的助力乡村振兴人才。

(七)四川中义油橄榄开发有限公司

四川中义油橄榄开发有限公司是一家集规模种植、科技研发、精深加工、市场营销为一体的综合性企业,成立于2014年,总投资1亿元。商标中的"中义"来源于"忠义"的谐音,在这座"春节之源,风水之都"的古城阆中,最被人津津乐道的是三国时期名将张飞,而张飞的"忠义"在历史的长河中熠熠生辉。"中义"二字作为公司名称和商标,既是对前人的怀念,也是对未来的探索,更是对油橄榄产业发展的殷切期待。2022年被审定为四川省"农业产业化省级重点龙头企业"、南充市"市级守合同重信用企业"。

公司本着"优势互补、合理开发、资源共享、利益共赢"的原则,采用"公司+基地+合作社+农户"的产业模式,引进油橄榄优良品种,栽植油橄榄15万多株,建成油橄榄基地5200多亩。引进意大利物理冷榨设备,获得使用"天府乡村"商标、南充市农产品区域公共品牌"好充食"商标,通过ISO 22000食品安全管理体系认证、有机转换认证、绿色食品认证。与四川大学农产品加工研究院合作成立联合技术中心,研发新产品。主要产品有特级初榨橄榄油、风味特级初榨橄榄油饮品、橄榄护肤品、橄榄叶面、橄榄家私护理油等五大系列产品,让消费者有了更多的选择。

公司全面拓展营销渠道,采取线上线下联合销售。在天猫、京东、微商城、淘宝等开设粮油旗舰店,入驻脱贫地区农副产品网络销售平台及其他电商平台;在成都、泸州、南充、台州等地设立直营店/加盟店,推行"公司+直营店、加盟店"的模式,发展了200多家经销商,产品畅销全国各地,先后荣获"四川省诚信产品""中国著名品牌""十佳品牌奖"和"优质产品金奖"。

公司作为东西部协作项目重点企业、四川省"万企帮万村"精准扶贫行动先进集体、乡村振兴先进单位，以"油橄榄产业项目"为抓手，通过政府引导、龙头带动、金融扶持、产业发展的方式，推行"建设产业园区、农户庭院栽培、创设就业车间、长短结合套种、经济利益共享"的"五轮驱动"模式，多措并举，拓宽农民增收致富渠道，增强脱贫地区和脱贫群众内生发展动力，推进乡村振兴。

科学规划产业园区。按照"土地统一流转、种苗统一提供、栽植统一标准、管护统一技术、经验统一分享"的原则发展油橄榄产业，将闲置低效的"荒地"盘活成连片发展的"宝地"。

自主发展庭院经济。免费发放优质油橄榄种苗2万多株，带动种植农户200多户，按照"统一指导技术、统一按国家挂牌价收购果实"方式，保障兜底，解除后顾之忧。

复合套种提高效益。在新建种植园区，实行油橄榄长效产业+蔬菜短效产业套种模式，增加经济收入。

爱心帮扶显情怀。公司因地制宜，制定系列精准帮扶措施，走出一条"连心路"。捐款3万元修路；捐赠护目镜等防疫物资；发放就业补助10.58万元；捐资助学2.7万元；助残扶残捐款2.5万元；维修整治沟渠、路灯捐资1.6万元；提供万企兴万村结对帮扶资金12万元。

利益联结促增收。（1）土地流转金。全市集中流转土地5200多亩，流转土地的农户人均每亩每年可获得280~480元的租金。（2）园区务工金。培养15位农民专职技术员；吸纳脱贫户23人在帮扶车间就业；吸纳1.5万人次负责基地种植管护，支付务工费用120多万元。（3）入股分红金。产业到户资金入股园区并按本金的10%分红，累计实现分红27.58万元；残疾人股权量化分红5.94万元。（4）股权量化金。按照不低于项目投入资金的5%建立利益联结，累计分红31.5万元。

公司依靠一颗小小的油橄榄果，解决了当地土地闲置、农业可持续发展、农民增收就业等难题，为群众开启农业产业经济发展之路。在未来的发展中，公司以党的二十大精神为引领，以"提质增效，惠及社会"为己任，推动新时代乡村振兴，为实现农业农村现代化贡献"中义"力量。

三、云南省

丽江森泽林业科技发展有限责任公司

丽江森泽林业科技发展有限责任公司于2011年3月成立，是专业从事油橄榄良种苗木繁育、种植，橄榄油系列产品加工及销售的科技型企业。

公司自成立以来，与云南省林业和草原科学院合作，按照"良种、良地、良法"，在程海镇河口村委会白沙嘴建成油橄榄高产稳产优质种植示范基地，全面使用绿色、有机配方施肥种植，通过专业整形、修剪，高效节水灌溉、水肥一体化等技术措施，8个油橄榄品种均进入丰产稳产期，10年树龄单株最高产量佛奥82.0千克，豆果70.1千克。

公司在三川镇板山河油橄榄品种收集园收集品种57个，通过公司与云南省林业和草原技术推广总站合作，选育了4个适宜金沙江干热河谷冬凉型地区发展的优良品种，2020年通过云南省林木品种审定委员会审定，实施油橄榄良种采穗圃建设计划。

公司带动六德、三川、程海、片角种植油橄榄10000余亩，为丽江油橄榄基地建设起到示范带头作用。公司按"公司+基地+科技+农户+合作社"的模式稳步推进。

公司获自主知识产权实用型专利3项；研发成功"油橄榄地热床扦插育苗技术"；注册商标"森泽"及"程海时光"；2021年8月建成油橄榄初加工生产线一条，丽江"森泽"牌橄榄油上市销售。

公司2012年由永胜县林业局认定为"永胜县林业产业县级龙头企业"，永胜县科学技术协会授予其为"永胜县油橄榄科普示范基地"。2014年由中国经济林协会授予其为"会员单位"。2015年由丽江市林业局认定其为"丽江市林业产业市级龙头企业"，是丽江市油橄榄协会会长单位。2016年由云南省林业厅认定为"云南省林业产业省级龙头企业"，由云南省科技厅认定其为云南省科技型中小型企业。

公司与云南省林业和草原科学院、云南省林业和草原技术推广总站、云南林业职业技术学院等单位合作，完成了国家农业综合开发项目"永胜程海湖生态经济林营建示范""永胜县1500亩油橄榄种植基地示范"，中央财政推广项目"油橄榄良种扩繁及丰产栽培技术示范""油橄榄产业发展主要技术示范"，云南省节水灌溉项目和水资源保护项目"永胜油橄榄高效节水灌溉系统工程""程海湖水生态系统修复与保护"，云南省林业厅建设项目"永胜县油橄榄良种采穗圃营建"，丽江市科技项目"油橄榄品种收集及良种培育"等8个项目，促进了丽江油橄榄产业的高质量发展。

四、重庆市

（一）重庆江源油橄榄开发有限公司

重庆江源油橄榄开发有限公司于2014年落户隆兴镇，是一家集油橄榄种植、橄榄果加工和橄榄油生产销售为一体的专业化企业，注册资金为5000万元。江源油橄榄落户隆兴镇后，一边修建生产公路、便道和山坪塘等基础设施，一边带动周边村民一起发展油橄榄种植，仅用了两年时间就发展起了规模为1.5万亩的油橄榄基地。经过8年时间的发展，江源油橄榄公司已经在隆兴镇9个村种植油橄榄3万余亩近100万株。其中，荒山荒坡和撂荒地面积占75%以上，将隆兴镇的森林覆盖率在原有基础上提高了23%。如今，昔日杂草丛生的荒坡和撂荒地变成了漫山遍野的油橄榄树林，让隆兴成了远近闻名的生态绿色屏障。这也是江源油橄榄努力践行"绿水青山就是金山银山"理念的生动体现。

产业要发展，龙头带动是关键。在"万企兴万村"行动中，公司在隆兴镇峨眉、永兴等村通过大户带动，组建了8个油橄榄专业合作社，采取"公司+合作社+农户"的模式，持续深化油橄榄产业发展。其中，仅土地租金一项，公司每年支付给农民500多万元，不仅解决了土地撂荒和贫困家庭的就业问题，更是让大家的腰包鼓了起来，真切体会到了地里挖出金娃娃的感觉。如今，江源油橄榄公司首批种植的油橄榄树已逐步进入丰产期,亩产鲜果600公斤,按7元/公斤单价计算,亩产值达到4200元以上。2016年,江源油橄榄公司投资2000万元,从意大利引进了橄榄油冷榨设备,于年底开机榨油,"渝江源""欧丽康语"品牌橄榄油成功上市。同时,通过设立营销总部、专卖店的方式,让"渝江源""欧丽康语"橄榄油成功入驻重百、新光天地等300余家商超。在天猫、京东和重庆市消费扶贫馆等8个电商平台打造线上专卖店,有效拓展了销售渠道。通过与猪八戒网合作开展产品直播、参加中国西部(重庆)国际农产品交易会、"上海·合川"周等形式,更是极大提升了品牌的知名度。

现在,"渝江源"特级初榨橄榄油入选"巴味渝珍"公共品牌、国务院扶贫产品,先后获评重庆名牌农产品、重庆市优质扶贫产品、中国橄榄油十大品牌、中国第十五届林产品交易会金奖、第十二届中国绿色食品博览会金奖等多项殊荣。下一步,江源油橄榄公司将持续深化"万企兴万村"行动,以合安高速建成通车为契机,加快提质改造3万亩油橄榄基地,力争把种植规模扩大到5万亩,在隆兴镇打造一个300亩的油橄榄产业加工示范区。同时,进一步延伸产业链,研发橄榄茶、橄榄酒、橄榄菜、日化用品等新产品,大力推进生态观光农业、休闲农业、乡村旅游业同步发展,走出一条以企业为龙头、以农户增收为目标,一、二、三产业融合发展的绿色发展、创新发展道路。

(二)重庆禄丰天润油橄榄开发有限公司

重庆禄丰天润油橄榄开发有限公司成立于2016年,是以油橄榄育苗、种植、加工、销售、科研为一体的木本油料企业。是万州区农业产业化龙头企业,重庆市油橄榄研发中心试验基地,建设有重庆市油橄榄科技专家大院、油橄榄星创天地,2022年被认定为国家高新技术企业、重庆市创新型中小企业。

公司聘请国内外油橄榄专家5名,注册"神女峰"与"禄天润"商标2个,申报国家发明专利2项,实用新型专利7项,承担"油橄榄早实品种筛选研究与关键技术"攻关、"万州区油橄榄古树保护及油橄榄新品种选育"等市级科研项目3个,"油橄榄面膜项目"被列入万州区区级重点科研项目。公司拥有一条年加工3000吨油橄榄鲜果生产线及油橄榄育苗基地,年培育优质油橄榄种苗20

万株；建设500亩油橄榄标准示范基地，带动龙驹镇老雄村、玉合村、长岭东桥村共发展油橄榄基地3000余亩，奉节基地发展5000余亩。

油橄榄产业示范园区建有油橄榄古树保护群、观景台、油橄榄文化墙、党建室、油橄榄专家大院、油橄榄加工厂、油橄榄文化长廊产品展示等七类。公司与西南大学、重庆三峡学院、重庆医学专科学院开展校企合作，建有市级科普基地。

五、湖北省

（一）湖北丹红生态农业发展有限公司

湖北丹红生态农业发展有限公司是从事油橄榄育苗、种植及精深加工研究的现代化农业企业。公司创始人吕成华先生有着十余年的油橄榄产业连续创业经验，曾先后创立十堰金橄榄农业、丹江口市兴源生橄榄油公司等多个油橄榄产业相关公司，公司先后被评为省级林业及农业产业化龙头企业。

前期建设有油橄榄核心示范园3500余亩、高标准油橄榄育苗及科研基地500余亩，并联合中国林科院建成了国内首个"油橄榄种质基因库"，公司与中国林科院、湖北省林科院和陇南市经济林研究院油橄榄研究所建立了紧密的产学研合作关系；经省林业局批准成立了湖北省油橄榄研发中心、成立有院士专家工作站；公司聘请中国林科院王兆山博士、张子涵博士等专家为公司特聘专家，全面指导公司油橄榄产业发展。公司在油橄榄的适生性、稳产、丰产、高产等种植技术研究方面取得了可喜成果，主导发布了湖北省首个油橄榄生态种植地方标准《油橄榄生态种植技术规程》。在引领油橄榄产业发展过程中，公司始终紧紧围绕"全产业链、全价值链、全循环链"的现代油橄榄产业发展模式，油橄榄研发中心正在持续研发橄榄果酒、橄榄精油、橄榄白兰地、橄榄饮料、橄榄化妆品等系列产品，部分产品已实现小规模量产。

公司规划投资建设的"一基地、两中心"，目前正按计划有序推进相关工作。其中"一基地"是指十堰市油橄榄高标准示范基地，"两中心"是指华中油橄榄良种繁育中心和油橄榄研发及技术培训中心。

一是十堰市油橄榄高标准示范基地。公司目前已正式完成一期300亩高标准示范基地建设工作，转入后期科学管护期；二期500亩已完成土地平整，即将进行油橄榄树苗栽植工作。公司前期持续高投入的马家岗示范基地，现已建设成为十堰市首屈一指的油橄榄高产园，省内外同行及相关主管部门领导多次来园区考察指导工作。

二是华中油橄榄良种繁育中心。油橄榄作为十堰市重要产业链之一，为促进油橄榄规模化、良种化种植，以更好服务十堰市油橄榄产业发展，公司于2022年投资建设了十堰首个占地近1000平方米的现代数字智能恒温恒湿育苗大棚，目前已建成投用，标志着十堰市油橄榄产业存在的"育苗品种混杂、种植管理粗放、结果率不高"等现象将得到根本性的改变。中心今后将主要用于油橄榄的良种选育、丰产栽培技术研究及推广，选育"产量高、含油率高、抗性强"的油橄榄品种，充分利用现有的成熟技术，引进优良新品种。

三是油橄榄研发及技术培训中心。公司已委托十堰城控建筑设计有限公司完成了项目的规划建筑方案。项目建设地点选址在丹江口市六里坪镇马家岗村，距丹江口市中心42公里，距离武当山机场13公里，距十堰市中心约20公里，交通条件便利，供水、供电方便。初步设计的育种科研及培训综合楼为五层框架结构，总建筑面积为5332.75平方米。一楼为新产品、新品种、育苗新技术展示大厅、培训多功能教室、橄榄油品鉴实验室和专家及培训学员食堂；二楼为科研办公室；三楼为土壤肥料、气象生态、植物生理、遗传育种、昆虫病理、油脂分析和新产品研发实验室；四楼、五楼为培训学员宿舍和外聘专家宿舍。预计总投资1500万元，该工程技术研究中心的建成运行，将成为省级科技引领型油橄榄产业孵化园区，在全国同类地区具有领先地位，将吸引国内外科研院所、大专院校的油橄榄专家入驻，长期开展科学研究和学术交流，极大提升丹江口市及湖北省的油橄榄科技创新能力，为十堰市乃至华中地区油橄榄产业的发展作出重要贡献。

"十四五"期间，丹红农业将持续加大科技创新投入力度，深度融合中国林科院、陇南市经济林研究院油橄榄研究所等科研机构的优质科研力量，进一步拉伸产业链条，助推油橄榄产业高质量发展，带动更多农民增收，助力乡村振兴，争做国内油橄榄产业高质量发展的排头兵、木本油料产业链发展的领路人。

（二）十堰泽盟农业开发有限公司

十堰泽盟农业开发有限公司成立于2017年，是湖北省林业产业化省级重点龙头企业。公司的油橄榄核心种植区及特级初榨橄榄油生产工厂位于南水北调大"水井"——我国油橄榄适生区湖北郧阳。

公司计划总投资5亿元，目前已完成投资1亿元建成高标准油橄榄基地近5000亩，种植橄榄树13万余株，修建园区主干道4.8公里、田间作业道12公里、水系灌溉等配套设施。投资4000万元建设占地100亩的油橄榄精深加工产业园项目于2023年开工建设。一期工程配套建有现代化的榨油、储存及灌装车间，油橄榄系列产品研发大楼、产品体验中心等。榨油车间配套建设的2吨/小时特级初榨橄榄油压榨生产线、灌装生产线也将同步安装调试到位。一期项目建成后不仅可解决现有4800亩油橄榄基地榨油问题，同时可服务周边油橄榄种植户和企业，赋能十堰油橄榄产业发展。产业园二期工程计划建设油橄榄大健康产业园，主要用于橄榄油衍生产品、橄榄叶提取物及其应用领域的全产业链研发生产。

公司品牌建设工作也在有条不紊地开展中。已注册"安阳湖""橄榄梦工坊""安阳山""安阳岛"及"武当顶"等多个不同类别的商标，安阳湖特级初榨橄榄油系列产品已于2022年开发上市。

"十四五"期间，公司将按照"以田园水乡为基础，以农旅融合为内核，以科技创新为特色的现代科技农业产业园"目标定位，走"现代农业+油橄榄大健康产业+农旅民宿+田园养老"的融合发展之路，继续流转土地5000亩，种植油橄榄树15万株，把泽盟农业发展为集油橄榄种植、产品深加工、农旅康养为一体的国家三产融合示范园。公司按上述发展规划，正在推进橄榄梦工坊项目，项目分万亩油橄榄主题公园、油橄榄观光工厂及油橄榄康养小镇三大核心板块。万亩油橄榄主题公园由小火车串联十景，布局有橄榄园入口、风情橄榄园、风情树屋、游客服务中心、名树广场、安阳山风情街、田园会客厅、湖光山色观景台、湖边露营营地、垂钓码头。

未来，泽盟农业公司将长期根植郧阳，厚植产业兴农理念，为建设"汉江新城、产业新区"实现"经济倍增、跨越发展"贡献泽盟力量。

（三）湖北鑫榄源油橄榄科技有限公司

湖北鑫榄源油橄榄科技有限公司位于十堰市郧阳高新技术产业园区，公司投资2.5亿元发展了"生态农业+健康食品+生物科技+农文康旅"为一体的油橄榄绿色健康产业。

公司在董事长朱瑾艳的带领下，探索出了一条"油橄榄+"的农村产业融合发展新路子，使油橄榄产业成为农民致富的"金果子"、乡村振兴的好产业。公司已打造成一产油橄榄生态种植，二产油橄榄精深加工；三产油橄榄生态农旅的国家级三产融合示范企业。

公司自2006年开始，从甘肃陇南引种的30多个油橄榄种苗中，通过6年的试种经验得出在郧阳适合种植的品种5个，公司油橄榄种植基地发展到6000亩，带动十堰市油橄榄种植面积达到5万亩，辐射到了郧阳区、丹江口市、郧西县15个乡镇、30个村，带动市场主体35家，5000农户从事油橄榄种植，通过参与油橄榄种植得"四金"（土地流转收租金、务工增收得薪金、返租返聘得真金、折股量化得股金），每年收入可达3万元，同时也帮助村集体每年实现经济收入5万元。

2020年公司投资5000万元新建全国首例10000平方米油橄榄精深加工数字化智慧工厂一座。公司先后推出"鑫榄源""秀水仙山""橄恩·妻子"等品牌产品，既有用于烹饪的食字号产品，也有用于口服、涂抹等健字号、妆字号产品。围绕油橄榄生产、加工等全产业链进行技术研发，已获得了29项专利，陆续推出橄榄护肤系列、橄榄茶饮料、橄榄药露、橄榄软胶囊等全面多元化产品。

2018年6月，在郧阳区杨溪铺镇计划总投资5亿元，分三期打造一个以"油橄榄产业+休闲游+文化体验+科普+创意教育+艺术酒店+民宿"的"东方橄榄园"田园综合体，现一期已建成占地面积1700亩，并且已获得国家3A级景区认定、成为国家森林康养基地、国家级三产融合示范企业。一期工程建立了全国首个智能化、数字化国际油橄榄文化交流中心，此平台提升了湖北和十堰在国际油橄榄产业及文化交流中心的地位，成为三产融合发展和国际产业合作的典范。二期"遇见汉江"野奢民宿正在火热建设中。

通过几年发展，鑫榄源公司成为中国橄榄油新国标制定起草单位、国家高新技术企业、国家级林业产业化龙头企业、国家粮食和物资储备局指定的橄榄油加工基地，省级农业产业化龙头企业、省级标准化示范企业。公司与武汉轻工大学建立了校企研发中心和院士专家工作站，围绕油橄榄生产、加工等全产业链进行技术研发，获得了29项专利，并陆续推出系列产品：从"食字号"系列特级初榨橄榄油、口服液，到"妆字号"橄榄精油、乳液护肤品。"郧阳区油橄榄"已通过地标产品认证，"鑫榄源橄榄油"也得到了绿色食品、有机转换产品认证。

公司成立以来大力扩展销售渠道，产品通过CCTV-2财经频道《生财有道》、CCTV-13新闻频道《新闻直播间》等节目多次报道，鑫榄源本着"信赖源于品质"理念，线上通过新媒体运营多渠道销售；线下通过在北京、武汉等地建设橄榄生态体验馆，部委、央企、金融、院所等集采伙伴遍布全国。

绿水青山就是金山银山，油橄榄树既是生态林，也是经济林，公司将打造乡村振兴样板产业示范基地、"两山"经济创新实践基地、三产融合示范基地，为湖北省木本油料高质量发展、十堰市"十四五"期间发展20万亩油橄榄基地，打造一个产业，打响一个品牌，造福一方百姓，呵护一江清水永续北京，为湖北省建设"全国构建新发展格局先行区"、十堰市建设"绿色低碳发展示范区"贡献力量。

（四）湖北润邦农业科技有限公司

湖北润邦农业科技有限公司于2011年在国际与国内专家指导下开始种植油橄榄，公司正式成立于2018年6月，现基地主要分布在云南、重庆、湖北、湖南等地，已先后种植8000亩，渐入丰产期，并发动当地百姓种植2万多亩。

2018年，公司在湖北省黄冈市蕲春县李时珍医药工业园区购地50亩，2019

年动工兴建配备全球最先进的橄榄油冷榨离心技术生产线、最安全的储油罐与管道、全智能自动包装线。

公司致力于把基地和工厂打造成为种植、生产、观光、学习为一体的橄榄文化家园。润邦被评为"湖北省林业龙头企业""中国好粮油",是湖北省林科院实验基地、国标制定起草单位。公司本着"利国、利民、用心、利他"的初衷,让中国百姓吃好油,吃得到、吃得起最新鲜、高品质的橄榄油,以"帮助5000万个家庭成员健康、优雅、有品质的生活"为愿景,只生产特级初榨橄榄油。所有的初榨橄榄油都采用新鲜的油橄榄果在不超过48小时、18~22℃条件下物理冷榨而成,是零添加、全营养、绿色有机、可以直接喝的橄榄油。

附　件

●附表1

中国油橄榄适生区区划表

省市	一级适生区名称	二级适生区（亚区）名称	涉及市名称	涉及县及县级市名称	备注
甘肃省	西秦岭南坡白龙江流域低山河谷区	白龙江流域低山干热河谷区	甘肃省陇南市	武都、文县、宕昌县	
			甘肃省甘南州	舟曲县	
		白水江流域低山干热河谷区	甘肃省陇南市	文县	
		西汉水流域低山干暖河谷区	甘肃省陇南市	礼县、西和县、康县、成县	
		嘉陵江流域低山干暖河谷区	甘肃省陇南市	徽县、两当县	
四川省	安宁河谷（凉山州五县一市）	四川盆地边缘地带	四川省凉山州	西昌市、德昌县、会理市、会东县、宁南县、冕宁县	
			四川省广元市	利州区	
			四川省绵阳市	绵阳市	
			四川省成都市	金堂县、仁寿县	
			四川省达州市	开江县	
			四川省南充市	阆中市	
云南省	金沙江干热河谷（冬凉地带）区		楚雄州、丽江市、香格里拉市、大理州	永仁县、永胜县、玉龙县、宾川县、德钦县、香格里拉市	
		昆明为中心的滇中地带	昆明市、玉溪市	晋宁区、宜良县、江川区、峨山县、易门县	
重庆市	长江三峡低山河谷区	长江上游亚热带地区	重庆市	奉节县、万州区	
			重庆市	合川区、南山区、大足区、彭水县	
		长江三峡库区	重庆市	开州区、忠县、云阳县	
湖北省			十堰市	郧阳区、丹江口市、郧西县	
浙江省	远景发展试验区	远景发展试验区	浙江省	杭州市、金华市、丽水市、温州市	
贵州省			黔东南州	瓮安县、丹寨县	
陕西省			汉中市	城固县	
8	5	8	19	53	

●附表2

中国油橄榄产业发展情况统计表

省、市	总面积（万亩）	其中挂果面积（万亩）	鲜果产量（吨）	初榨橄榄油产量（吨）	产　值（亿元）	备　注
总计	177.59	88.14	90009	11021	43.24	
甘肃省	91.93	59.94	47200	6200	29.34	
四川省	45.00	18.00	36000	3960	11.88	
云南省	20.32	6.10	3329	533	0.87	
重庆市	14.89	1.60	980	98	0.19	
湖北省	5.00	2.50	2500	230	0.96	
浙江省	0.30					
贵州省	0.10					
陕西省	0.05					

● 附表3

中国油橄榄产业良种统计表

申报单位		审定和认定的国家良种名称	审定和认定的省级良种名称	国家及省市级种质资源库数量	良种基地数量	收集的种质资源数量（份）	良种推广面积（万亩）	备注
国家	中国林科院	豆果、科罗莱卡						
甘肃省	甘肃省陇南市经济林研究院油橄榄研究所	豆果、科罗莱卡	莱星、鄂植8号、科拉蒂、城固32号、阿斯、奇迹、皮削利、皮瓜尔	2	1	171	45	
四川省	凉山州中泽新技术开发有限责任公司、四川农业大学、四川西中油橄榄有限责任公司、成都市农林科学院、广元市油橄榄研究所、凉山州林业种子种苗管理站、西昌学院、冕宁元升农业科技有限公司	豆果、科罗莱卡	中泽6号（科罗莱卡） 中泽10号（鄂植8号） 西蒙1号（白橄榄Bornea） 中泽9号（科新佛奥Frantoio de corsini） 阿贝基娜 科拉蒂 西油1号 澳利欧2号（阿布桑娜Arbosana） 莱星 云台	1	2	256	12	
云南省	云南省林科院	佛奥、皮瓜尔	金叶佛橄榄、佛奥、豆果、莱星、皮瓜尔、小鄂植8号、软阿斯、科拉蒂、柯基、贝拉、苹果、坦彩、阿尔波萨纳、田园1号	1	1	132		
重庆市			鄂植8号、莱星、皮瓜尔、豆果、奇迹、科拉蒂					
湖北省						78	0.5	
浙江省						113		
合计		4	23	3	4	750	57.5	（含重复）

●附表4

中国油橄榄引种情况表

引种省、市	引种时间	引种地	引进品种（个）	繁殖材料（枝条、苗木）	引种数量（枝、株）	引入地	备注
甘肃省	2012—2015年	西班牙、希腊	33	苗木	3200株	陇南	
四川省	1972—2019年	意大利、西班牙、以色列		苗木、枝条	3621株	绵阳	
云南省							
浙江省	2000—2016年	意大利、西班牙	77	苗木		温州、杭州	
重庆市							
湖北省							

●附表5

中国油橄榄产业科技创新团队

省、市	创新团队名称	挂靠单位	首席（领军）专家姓名	学历、职称、职务	团队人数	成立时间	备注
	中国林科院林业研究所油橄榄团队	中国林科院林业研究所	张建国	博导、研究员、所长	5		
甘肃省	国家林业草原油橄榄工程技术研究中心	甘肃省林业科学研究院	姜成英	硕士、研究员、主任	12	2020年	
	陇南市油橄榄科技创新团队	陇南市经济林研究院油橄榄研究所	邓煜	硕士、研究员、副院长、所长	14	2018年	
	陇南市油橄榄产业创新联合体	陇南市祥宇油橄榄开发有限公司	刘玉红	硕士、高级经济师、董事长	18	2021年	
重庆市	油橄榄科技帮扶专家组	重庆市林业局	朱恒星	博士、高级工程师、所长	5	2020年	
湖北省	十堰木本油料研究院	十堰市林业科学研究所	全建州	本科、高级工程师、院长/所长	17	2021年	
四川省	沃德咨询	西昌中泽农业科技开发公司	沃德	大学、总经理	3	2016年	
	大卫育苗	四川华欧油橄榄开发有限公司	大卫	博士	11	2009年	
	橄榄油加工	四川华欧油橄榄开发有限公司	英伦凤	博士	6	2010年	
	培育创新	四川华欧油橄榄开发有限公司	玛利亚	教授	12	2010年	
浙江省		浙江省农业科学院	朱申龙	硕士、研究员	14	2021年	

● 附表6

中国油橄榄科技成果及项目统计表（2018—2022年）

省、市	成果名称	立项单位	项目经费（万元）	主持人姓名	参加人数（人）	实施期	主要内容及创新点	获得的奖励	备注
甘肃省陇南市	水肥一体化节水灌溉油橄榄示范园建设	陇南市科技局	4	张海平	12	2017—2018年	率先在国内油橄榄园引进水肥一体化	甘肃林业科技进步三等奖	
	单品种初榨橄榄油试制	陇南市科技局	12	邓煜	9	2014—2018年	确定了陇南油橄榄的最佳采收期		
	油橄榄集约茶园营建技术中间试验示范	陇南市科技局	7	王茜	8	2016—2019年	制定了茶用油橄榄品种选择标准及赋值表		
	餐用油橄榄品种选育及餐用油橄榄罐头创制	甘肃省科技厅	10	刘婷	9	2016—2018年	选择餐用油橄榄品种26个，提出餐用油橄榄罐头的标准草案	甘肃林业科技进步三等奖	
	油橄榄优良品种及新品种繁育示范推广	甘肃省林草局	100	赵强宏	15	2016—2018年	推广实用技术，改造低产园，建设繁育温室		

中国油橄榄产业发展蓝皮书（2022）

续表

省、市	成果名称	立项单位	项目经费（万元）	主持人姓名	参加人数（人）	实施期	主要内容及创新点	获得的奖励	备注
甘肃省陇南市	陇南西汉水流域特困片带油橄榄扶贫产业中试示范基地建设	甘肃省科技厅	10	赵强宏	9	2018—2021年	建设油橄榄扶贫基地1处，推广优良品种3个		
	油橄榄温室轻基质育苗技术试验示范	陇南市科技局	30	王茜	8	2018—2020年	筛选出了不同品种油橄榄轻基质育苗的最优组合，实现周年3次育苗		
	甘肃省西汉水流域油橄榄集约化栽培关键技术示范推广	甘肃省林草局	100	赵强宏	14	2018—2020年	推广油橄榄集约化栽培技术		
重庆市	重庆地区油橄榄良种选育	重庆市林业局	50	张正文	10	2016年1月至2018年12月	初步选育出重庆地区适宜的良种		
	油橄榄丰产栽培技术推广	重庆市林业局	90	蒋宣斌	15	2016年1月至2018年12月	推广示范丰产栽培技术		
	佛奥（油橄榄）良种推广	重庆市林业局	80	漆波	10	2017年1月至2019年12月	推广示范油橄榄良种		
	油橄榄落叶落果及病虫害综合防控关键技术集成与示范	重庆市林业局	40	朱恒星	10	2018年1月至2020年12月	研究总结出重庆地区油橄榄主要病虫害发生规律		
	油橄榄良种科拉蒂及提质增效技术推广	重庆市林业局	120	朱恒星	11	2019年1月至2021年12月	推广示范良种及提质增效技术		

续表

省、市	成果名称	立项单位	项目经费（万元）	主持人姓名	参加人数（人）	实施期	主要内容及创新点	获得的奖励	备注
重庆市	油橄榄特异种质生产"三峡1号"特性评价研究	重庆市林业局	40	陈本文	10	2021年1月至2023年12月	开展新种质生产特性评价及区域试验		
	重庆地区油橄榄落叶落果关键技术研究	重庆市科技局	50	蒋宣斌	12	2017年1月至2019年12月	开展油橄榄落叶落果关键技术研究及示范		
	油橄榄产业提质增效综合技术集成应用	重庆市科技局	100	朱恒星	10	2020年6月至2023年1月	主要内容：1. 优良品种配置；2. 轻基质容器苗应用推广；3. 保果技术应用推广；4. 加工废弃物循环利用推广；5. 示范园、专家大院及结对帮扶 创新点：1. 根据海拔及品种特性丰富品种配置，拉长原料供应和加工时间；2. 应用推广轻基质容器大苗，通过典型示范推广转变传统油橄榄种植观念；3. 油橄榄果渣等生产废弃物利用，通过微生物转化为有机肥在重庆成果转化还为空白		
	油橄榄种质资源鉴定及评价	重庆市科技局	8	黄飞逸	5	2020年12月至2022年12月	开展重庆地区特异种质资源鉴定与评价		
	油橄榄炭疽病绿色防控技术研究	重庆市科技局	20	黄飞逸	5	2022年12月至2024年12月	开展油橄榄炭疽病系统性研究		

续表

省、市	成果名称	立项单位	项目经费（万元）	主持人姓名	参加人数（人）	实施期	主要内容及创新点	获得的奖励	备注
重庆市	低温冷榨橄榄油关键技术集成开发及应用示范	重庆第二师范学院		王强	10	2017年6月至2019年12月	主要内容：分别研究了本地橄榄果实组分、橄榄果成熟度与出油率及油品质之间相关性。确定了油橄榄最佳采摘成熟度。储存条件，并对油水分离等单元操作进行技术攻关，并对油瓶身色调、色度、储藏条件、储藏期等产品质量的外源条件等内容。基于企业生产的实际，对企业生产线橄榄果预冻处理、平衡时间、压榨速率、油水变速分离等等碎片技术进行优化。创新点：对典型油橄榄果的不同成熟度果实进行分类、分级压榨，采用单果压榨、混合压榨等多种手段，获得高羟基酪醇和多酚系列产品，高出油率系列产品，改变传统盲目压榨及浪费严重的问题，实现产业的新及科技创新及提质增效。确定了橄榄油储存条件，并对微油融合、油水分离和典型操作进行技术优化。通过调整敞式搅拌温度、离等单元操作提高油脂的出油率，平衡时间克服油目前融合系统长期采用均速搅拌模式，获得了较高的果渣固相干度，有效避免油对分散度过于均匀影响油水分离的问题。开展了油橄榄内源性有效成分的检测方法学研究，对油橄榄果、橄榄油中羟基酪醇、角鲨烯等多酚物质进行了限际测定，并初步探索了油橄榄果渣中有效物质的测定及富集技术，这为今后油橄榄有效成分的回添技术奠定了前期研究基础、兼具高效、经济、环保的效果		

续表

省、市	成果名称	立项单位	项目经费（万元）	主持人姓名	参加人数（人）	实施期	主要内容及创新点	获得的奖励	备注
重庆市	油橄榄多倍体质源的创制与评价项目	重庆市科技局	50	党江波		2020年1月至2022年12月	油橄榄新种质创制		
湖北省	油橄榄丰产栽培技术推广示范	十堰市林业技术推广中心	90	孙文勇姜德志	15	2021—2023年	1. 引进60个油橄榄品种，建立油橄榄种质资源圃30亩 2. 新建油橄榄示范基地100亩，造林保存率90%以上；管护油橄榄综合管理技术示范园200亩；管护油橄榄综合管理技术示范园200亩 3. 开展油橄榄栽培技术培训		
四川省	油橄榄栽培	四川省油橄榄产业促进会			21	2019—2022年	四川省油橄榄栽培技术		
浙江省	油橄榄产业支撑关键技术研究与示范	浙江省科技厅	600	朱申龙	20	2021—2023年	种质评价与特异种质发掘、良种选育、配套应用技术研发与示范 鉴定成果2项，获中国商业联合会科技技术奖一等奖1项（在研） 把项目经费600万元和参加人数20人合计进去		
合计			1001		123				

●附表7

中国油橄榄专著

序号	专著名称	编著人员	出版社	出版年份	获得的奖励	备注
1	《油橄榄驯化育种》	贺善安、顾姻	江苏科学技术出版社	1984		
2	《中国油橄榄种质资源与利用》	徐纬英	长春出版社	2001		
3	《油橄榄及其栽培技术》	徐纬英、王贺春	中国林业出版社	2004		
4	《油橄榄的栽培与加工利用》	杨凤云、崔学云	金盾出版社	2006		
5	《四川油橄榄种植与发展》	杨冬生、郭亨孝、王锡金等	四川科学技术出版社	2007		
6	《中国引种发展油橄榄回顾与展望》	李聚桢	中国林业出版社	2010		
7	《油橄榄引种栽培技术》	邓明全、俞宁	中国农业出版社	2011		
8	《油橄榄品种图谱》	邓煜	甘肃科学技术出版社	2014	中国西部地区优秀科技图书二等奖	
9	《油橄榄产业创新驱动的探索与实践》	张正武	甘肃科学技术出版社	2015		
10	《世界油橄榄品种图谱》	邓煜、刘婷、俞宁	甘肃科学技术出版社	2017	中国西部地区优秀科技图书三等奖	
11	《油橄榄加工与应用》	周瑞宝、姜元荣、周兵、邓煜	化学工业出版社	2018		
12	《中国油橄榄引种与产业发展》	李聚桢	中国林业出版社	2018		
13	《陇南油橄榄栽培及加工利用技术》	张正武	甘肃科学技术出版社	2019		
14	《油橄榄栽培技术图解》	姜成英、赵海云	甘肃科学技术出版社	2019		
15	《油橄榄栽培技术》（全彩版）	邓煜、张正武	化学工业出版社	2021		
16	《追梦半世纪》	中国经济林协会油橄榄分会	中国林业出版社	2021		

● 附表8

中国作者近年（2021—2023年）发表的油橄榄论文

序号	篇名	作者	刊名	发表时间
1	不同海拔油橄榄对自然低温的生理响应及抗寒性差异	海光辉、张正武、王茜、雍巧宁、邓煜	经济林研究	2023-1-5
2	油橄榄开花时期的茎流量动态变化及其与气象因子的关系	付洁、胡青、赵正雄、赵敏、陆斌	西北林学院学报	2022-11-26
3	3个杂交油橄榄品种实生后代果实性状的多样性分析	马婷、王玺、张艳丽、宁德鲁	西北林学院学报	2022-11-17
4	警惕检疫性害虫无花果蜡蚧在我国西南地区油橄榄种植区扩散	王成勃、向建英、邓忠坚、张媛	植物检疫	2022-11-15
5	甘肃油橄榄优良品种选择及栽培技术	吴玲娟	特种经济动植物	2022-11-10
6	甘肃油橄榄生产机械化技术研究与试验示范	何成秀、石林雄、张中锋、刘鹏霞、邓煜	中国农机化学报	2022-9-27
7	油橄榄落果规律及果实发育期叶片可溶性糖、淀粉、内源激素含量变化	赵海云、姜成英、戚建莉、赵梦炯、金高明	中国果树	2022-9-26
8	油橄榄智能滴灌水肥一体化栽培技术应用效果分析	刘江林	甘肃林业	2022-9-25
9	丽江市油橄榄良种"贝拉"栽培技术简介	赵丽芳	南方农业	2022-9-25
10	扦插基质和浓度对油橄榄穴盘育苗的影响	雍巧宁、王贵德、邓煜、王茜、高瑞琴	林业科技通讯	2022-8-26

续表

序号	篇名	作者	刊名	发表时间
11	2种蒿属植物挥发油对油橄榄根结线虫的杀虫活性	张伟涛、杨永兴、曹永红	林业科技通讯	2022-8-15
12	油橄榄传粉昆虫群落结构特征及多样性分析	陆欢欢、黄思程、刘文平、邓煜、朱恒星	生态学报	2022-7-29
13	基于表型和SSR标记的陇南油橄榄品种鉴定与遗传多样性分析	徐悦、黄兰、李金花、邓煜、张建国	林业科学研究	2022-7-27
14	不同品种油橄榄腊叶标本的采集与制作	冯丽、张荣	甘肃林业	2022-7-25
15	不同品种油橄榄在丽江市的搭配种植试验	谭继红、李庆华	林业调查规划	2022-7-15
16	十堰市引种栽培油橄榄品种的叶片与果实表型性状分析	孙文勇、肖小华、王玉芳、舒常庆	湖北林业科技	2022-6-28
17	油橄榄叶果营养元素动态及其相关性	戴前莉、朱恒星、黄飞逸、卢敏、陈本文	中国农学通报	2022-6-25
18	异质土壤施肥的油橄榄枝条生长效应	冯丽、赵梦炯、姜成英、吴文俊、陈炜青	甘肃林业科技	2022-6-15
19	不同施肥处理对油橄榄生长、结果及品质的影响	马婷、谢正万、景跃波、王洋、卯吉华	经济林研究	2022-6-8
20	不同成熟度油橄榄果实表观与内在品质变化及相关性分析	郑浩、杨倩雨、李志强、苏淑钗	核农学报	2022-5-7
21	三个油橄榄品种花芽分化和果实发育过程观测	牛二利、裴红宾、丁检、朱申龙	浙江农业学报	2022-5-6
22	云南省玉龙纳西族自治县金沙江干热河谷区油橄榄种植技术	张珍萌	世界热带农业信息	2022-4-15
23	云南迪庆油橄榄产业发展策略初探	和润云、苏震雷	贵州林业科技	2022-3-15
24	将油橄榄本土化进行到底	卢燕	绿色中国	2022-3-1

续表

序号	篇名	作者	刊名	发表时间
25	3个生态区域内5个油橄榄品种的叶片生理特征及开花坐果率研究	李欣欣、叶敏、王丽华、慕长龙、邓小兵	西部林业科学	2022-2-20
26	不同条件下5个油橄榄品种花粉萌发率评定	胡蓉、易徐徐、徐敏、佟兆国、徐贵芝	四川农业科技	2022-2-15
27	城固县油橄榄经济林基地建设思考	邹军	陕西林业科技	2022-2-15
28	陇南白龙江流域不同海拔油橄榄生长指标对气候变化的响应差异	焦润安、常正星	甘肃农业科技	2022-1-28
29	油橄榄耐酸砧木品种及其高成活率嫁接组合筛选	牛二利、吴文俊、王伟、李雪、朱申龙	浙江林业科技	2022-1-15
30	浅谈油橄榄的栽培管理技术	李飞、李金亮	内蒙古林业调查设计	2022-1-15
31	油橄榄砧木"田园1号"嫁接对"阿波桑娜"叶片和果实形态及生理性状的影响	季新月、王兆山、李金花、曾艳飞、张建国	西北农林科技大学学报(自然科学版)	2021-11-11
32	油橄榄叶片营养诊断研究	姜成英、赵梦炯、陈炜青、戚建莉	果树学报	2021-11-8
33	凉山油橄榄主栽品种叶中营养物质和酚类含量的季节性变化	王碧霞、杜小奇、邓燕、蔡晓梅、苏光灿	南京林业大学学报(自然科学版)	2021-9-1
34	油橄榄果实物理力学特性研究	文双涛、张青、何智、王明辉、崔功佩	农机化研究	2021-8-27
35	油橄榄果实经济性状随成熟度的变化	杨倩雨、郑浩、李志强、苏淑钗	中国油脂	2021-7-30
36	南方油橄榄适宜良种及其授粉品种筛选	牛二利、傅玉楼、刘丽娥、朱申龙*	核农学报	2021-2-20
37	初榨橄榄油中多酚化合物的UPLC-FLD检测及其抗氧化活性研究	李雪、张玉、王君虹、朱作艺、孙素玲、刘志、朱申龙、沈国新、Agusti ROMERO、王伟*	浙江农业学报	2021-4-26
38	固相萃取-超高效液相色谱法测定橄榄油中角鲨烯含量	李文、王伟*、关荣发、张玉、李雪、沈国新	食品工业	2021-3-20

续表

序号	篇名	作者	刊名	发表时间
39	浙江油橄榄引种和产业发展现状及对策	方新高、程军勇、姜德志、龙伟	湖北林业科技	2021-6-28
40	Quality assessment and geographical origin authentication of extra-virgin olive oils imported into China	Li Xue, Zhang Yu, Liu Zhi, Wang Wei, Sun Sulin, Wang Junhong,Zhu Zuoyi,Liu Jun,Yang Hua,Zhu Shenlong,Niu Erli,Agusti Romero	Journal of Food Composition and Analysis	2022-6-30
41	Comparative evaluation of the phytochemical profiles and antioxidant potentials of olive leaves from 32 cultivars grown in China	Zhang Chengcheng, Xin Xiaoting, Zhang Jianming, Zhu Shenlong, Niu Erli, Zhou Zhongjing, Liu Daqun*	Molecules	2022-2-15
42	Changes in phytochemical profiles and biological activity of olive leaves treated by two drying methods	Zhang Chengcheng, Zhang Jianming, Xin Xiaoting, Zhu Shenlong, Niu Erli, Wu Qinghang, Li Ting, Liu Daqun*	Frontiers in Nutrition	2022-4-28
43	Genome-wide identification and functional differentiation of fatty acid desaturase genes in Olea europaea L.	Niu Erli, Gao Song, Hu Wenjun, Zhang Chengcheng, Liu Daqun, Shen Guoxin, Zhu Shenlong*	Plants	2022-5-26
44	GC-MS-LC-MS and transcriptome analyses revealed the metabolisms of fatty acid and flavonoid in olive (Olea europaea L.)	Niu Erli, Hu Wenjun, Ding Jian, Wang Wei, Romero Agustí, Shen Guoxin, Zhu Shenlong*	Scientia Horticulturae	2022-3-9
45	Comprehensive evaluation of the response to aluminum stress in olive tree (Olea europaea L.)	Niu Erli, Gao Song, Yu Xiaomin, Soleimani Ali, Zhu Shenlong*	Frontiers in Plant Science	2022-7-28
46	我国油橄榄产业发展的挑战与对策	布渌灏、曾燕如、龙伟、盛建喜	中国油脂	2022-10-13
47	不同授粉方式对3个油橄榄品种结实性的影响	牛二利、沈敏、傅玉楼、潘明、朱申龙*	浙江农业科学	2023-2-14

续表

序号	篇名	作者	刊名	发表时间
48	Profiling of phenolic compounds in domestic and imported extra virgin olive oils in China by high performance liquid chromatography–electrochemical detection	Zuoyi Zhu, Xue Li, Yu Zhang, Junhong Wang, Fen Dai , Wei Wang	LWT – Food Science and Technology	2023-1-3
49	Alterations of Phenotype, Physiology, and Functional Substances Reveal the Chilling-tolerant Mechanism in Two common Olea Europaea Cultivars	Chenkai Jiang, Wenjun Hu, Hongling Lu, Lin Chen, Erli Niu, Shenlong Zhu and Guoxin Shen	Frontiers in Plant Science	2023-2-1
50	Comparative Transcriptome Profiling Reveals Key MicroRNAs and 2 Regulatory Mechanisms for Aluminum Tolerance in Olive	Yi Wu , Fangbin Cao, Lupeng Xie, Feibo Wu, Shenlong Zhu, Chengwei Qiu	Plants	2023-2-21

●附表9

中国油橄榄专利（含软件著作权）

序号	专利名称	专利类型 （外观、实用新型、发明、软著权）	发明人	获得时间	专利权人
1	包装袋（橄榄乐）	外观	邓煜	2013	陇南市经济林研究院油橄榄所
2	一种绿色环保的新型昆虫诱捕器	实用新型	张正武	2014	陇南市经济林研究院油橄榄所
3	标贴（参芪橄榄罐头）	外观	邓煜、刘婷	2018	陇南市经济林研究院油橄榄所
4	橄榄油感官评价系统平板客户端软件	软著权	陇南市经济林研究院油橄榄所	2019	陇南市经济林研究院油橄榄所
5	橄榄油感官评价系统电脑端软件	软著权	陇南市经济林研究院油橄榄所	2019	陇南市经济林研究院油橄榄所
6	富含均衡不饱和脂肪酸的橄榄油衍生物的制备方法及应用	发明	崔球、邓煜、宋晓金、刘婷	2022	青岛中科潮生生物技术有限公司 陇南市经济林研究院油橄榄所
7	一种油橄榄果渣油及其制备方法、应用	发明	王强、黄帅、谢跃杰、黄梅桂、王睿、张书鸣	2022-8-30	
8	一种油橄榄幼苗移栽挖苗器	实用新型	徐昌明	2021-8-31	
9	一种油橄榄种植用的育苗箱	实用新型	徐昌明	2021-8-31	

续表

序号	专利名称	专利类型（外观、实用新型、发明、软著权）	发明人	获得时间	专利权人
10	一种配备有杀虫灯的油橄榄种植基地用驱虫装置	实用新型	徐昌明	2021-8-31	
11	用于油橄榄保健食品加工的固液物料混合搅拌装置	实用新型	张怀忠	2021-7-6	
12	一种油橄榄种植培育装置	实用新型	姚俊平、邓世军	2019-7-30	
13	一种油橄榄扦插育苗装置	实用新型	姚俊平、邓世军	2019-7-23	
14	利用橄榄废料制备的用于改良橄榄林地土壤的有机肥	发明	张怀忠	2019-5-3	
15	利用橄榄废料制备的土壤保水调节剂	发明	张怀忠	2019-4-19	
16	油橄榄高产种植方法	发明	张怀忠	2019-4-2	
17	橄榄废料有机肥	发明	张怀忠	2019-3-29	
18	利用橄榄废料改善橄榄林地土壤地力衰退的多效性土壤调理剂	发明	张怀忠	2019-3-19	
19	利用橄榄果叶酿造酱油的方法	发明	张怀忠、苏刚贤、苏桁、张岚清、苏垄	2019-2-22	
20	一种橄榄酒的制备方法	发明	张怀忠、苏刚贤、苏桁、张岚清、苏垄	2019-2-22	
21	利用橄榄果汁制橄榄叶的酿造醋	发明	张怀忠、张岚清	2019-2-22	
22	一种橄榄花香型橄榄油的制作方法	发明	姚俊平、邓世军	2019-2-22	
23	橄榄醋的制备方法	发明	张怀忠	2019-2-22	

197

续表

序号	专利名称	专利类型（外观、实用新型、发明、软著权）	发明人	获得时间	专利权人
24	一种橄榄酒	发明	张怀忠、苏刚贤、张岚清、苏桁、苏垄	2019-1-29	
25	一种用于油橄榄种植的专用有机复合肥及其制备方法	发明	张怀忠、王伟、蒋宣斌、张蓝夫	2018-1-19	
26	一种筛选油橄榄种植最佳施肥组合系统	实用新型	王伟、蒋宣斌、谢海全、刘春生、吴晓龙、张正文	2017-9-5	
27	一种提高油橄榄鲜榨出油率的加工方法	发明	王强、谢跃杰、熊政委	2017-9-5	
28	一种油橄榄有机肥	发明	董文平、石国钢、罗彬彬、付飞、董金山、董江、陈李兵、董文桃	2017-7-14	
29	油橄榄剥孔机	实用新型	袁东升	2016-8-10	
30	一种橄榄叶茶饮料的制备方法	发明	朱瑾艳、郑竞成、田华、胡传荣、何东平、赵翼铭、罗质、雷芬芬、贺蕊	2018	鑫榄源公司
31	一种橄榄叶茶粉果冻的制备方法	发明	郑竞成、朱瑾艳、田华、何东平、赵翼铭、胡传荣、张四红、雷芬芬、吴建宝、贺蕊	2018	鑫榄源公司
32	一种橄榄叶芬露的制备方法	发明	朱瑾艳、郑竞成、田华、胡传荣、赵翼铭、何东平、罗质、雷芬芬、吴建宝、贺蕊	2018	鑫榄源公司
33	一种特级初榨橄榄油的脱水装置	实用新型	朱瑾艳、雷大贵	2021	鑫榄源公司

续表

序号	专利名称	专利类型（外观、实用新型、发明、软著权）	发明人	获得时间	专利权人
34	一种油橄榄的过滤设备	实用新型	朱瑾艳、何东平、胡传荣、刘零怡、方东、朱晓露	2021	鑫榄源公司
35	一种油橄榄生产用搅拌装置	实用新型	朱瑾艳、何东平、胡传荣、刘零怡、方东、朱晓露	2021	鑫榄源公司
36	一种橄榄面条波浪成型装置	实用新型	朱瑾艳、何东平、胡传荣、刘零怡、方东、朱晓露	2021	鑫榄源公司
37	一种油橄榄的筛选装置	实用新型	朱瑾艳、何东平、胡传荣、刘零怡、方东、朱晓露	2021	鑫榄源公司
38	一种油橄榄料分离装置	实用新型	朱瑾艳、何东平、胡传荣、刘零怡、方东、朱晓露	2021	鑫榄源公司
39	一种橄榄面条制作装置	实用新型	朱瑾艳、何东平、胡传荣、刘零怡、方东、朱晓露	2021	鑫榄源公司
40	一种橄榄油的灌装装置	实用新型	朱瑾艳、何东平、胡传荣、刘零怡、方东、朱晓露	2021	鑫榄源公司
41	一种油橄榄的清洗设备	实用新型	朱瑾艳、何东平、胡传荣、刘零怡、方东、朱晓露	2021	鑫榄源公司
42	一种橄榄的自动化生产设备	实用新型	朱瑾艳、何东平、胡传荣、刘零怡、方东、朱晓露	2021	鑫榄源公司
43	一种油橄榄生产的油水分离器	实用新型	朱瑾艳、何东平、胡传荣、刘零怡、方东、朱晓露	2021	鑫榄源公司
44	一种橄榄面条码垛装置	实用新型	朱瑾艳、何东平、胡传荣、刘零怡、方东、朱晓露	2021	鑫榄源公司

续表

序号	专利名称	专利类型（外观、实用新型、发明、软著权）	发明人	获得时间	专利权人
45	一种油橄榄切片装置	实用新型	朱瑾艳、何东平、胡传荣、刘零怡、方东、朱晓露	2021	鑫榄源公司
46	一种油橄榄的破碎研磨设备	实用新型	朱瑾艳、何东平、胡传荣、刘零怡、方东、朱晓露	2021	鑫榄源公司
47	一种油橄榄的输送装置	实用新型	朱瑾艳、何东平、胡传荣、刘零怡、方东、朱晓露	2021	鑫榄源公司
48	一种油橄榄的压榨装置	实用新型	朱瑾艳、何东平、胡传荣、刘零怡、方东、朱晓露	2021	鑫榄源公司
49	包装盒（母婴健康橄榄油）	外观设计	朱瑾艳	2019	鑫榄源公司
50	包装罐（特级初榨橄榄油）	外观设计	朱瑾艳	2019	鑫榄源公司
51	包装盒（特级初榨橄榄油至尊版）	外观设计	朱瑾艳	2019	鑫榄源公司
52	包装瓶（橄榄果汁油）	外观设计	朱瑾艳	2019	鑫榄源公司
53	包装盒（特级初榨橄榄油）	外观设计	朱瑾艳	2019	鑫榄源公司
54	一种橄榄油生产用存储装置	实用新型	吕成华	2019	兴源生公司
55	一种橄榄油生产用原料搅拌混合装置	实用新型	吕成华	2019	兴源生公司
56	一种橄榄果加工用研磨装置	实用新型	吕成华	2019	兴源生公司
57	一种用于橄榄油生产的油水分离器	实用新型	吕成华、洪斌	2019	兴源生公司
58	一种半自动橄榄油压榨装置	实用新型	吕成华	2019	兴源生公司
59	一种利用油橄榄果和叶生产油橄榄酒的方法	发明	洪斌、吕成华	2017	兴源生公司

续表

序号	专利名称	专利类型（外观、实用新型、发明、软著权）	发明人	获得时间	专利权人
60	一种橄榄油生产用立式碟片离心机	实用新型	吕成华	2019	兴源生公司
61	一种橄榄果粉碎用过滤装置	实用新型	吕成华、文怀远	2020	兴源生公司
62	一种橄榄果清洗用水槽	实用新型	吕成华	2019	兴源生公司
63	一种橄榄果加工用橄榄果去叶机	实用新型	吕成华、文怀远	2019	兴源生公司
64	一种橄榄油生产用橄榄果清洗装置	实用新型	吕成华	2019	兴源生公司
65	一种橄榄油制造用原料粉碎装置	实用新型	吕成华	2019	兴源生公司
66	一种大枝扦插油橄榄树的方法	发明	吕成华、洪斌	2019	兴源生公司
67	一种碟片式多层离心机	实用新型	吕成华、洪斌	2019	兴源生公司
68	一种立式螺旋沉降碟片离心机	实用新型	吕成华、洪斌	2019	兴源生公司
69	一种卧式螺旋离心机的转鼓排液机构	实用新型	吕成华、洪斌	2019	兴源生公司
70	一种利用油橄榄果汁和果渣酿制油橄榄白酒的方法	实用新型	王金平、王瑞、刘五红	2019	陇南陇锦园油橄榄开发有限责任公司
71	油橄榄果罐头的加工方法	实用新型	宁德鲁、耿树香、廖永坚	2012	云南省林业科学院
72	一种油橄榄果罐头的制作方法	实用新型	刘玉红、白鹏程	2016	陇南市祥宇油橄榄开发有限责任公司
73	基于SNP位点的油橄榄品种鉴定的扩增引物、筛选方法及鉴定方法	实用新型	邵文豪、王兆山、张建国	2021	中国林业科学研究院林业研究所 中国林业科学研究院亚热带林业研究所

续表

序号	专利名称	专利类型（外观、实用新型、发明、软著权）	发明人	获得时间	专利权人
74	一种油橄榄果蜜饯的制作方法	实用新型	王文雄、杨建宠、王钧	2017	丽江三全油橄榄产业开发有限公司
75	含蛇床子和油橄榄叶提取物的农药组合物及其制备方法	实用新型	何其明、刘科、牟天秀	2018	成都新朝阳作物科学股份有限公司
76	一种油橄榄花茶、芽茶的制作方法	实用新型	李建科、杨永青	2017	陇南市祥宇油橄榄开发有限责任公司
77	一种油橄榄果蜜饯的制作方法	实用新型	孟涛	2019	贵州中欧科技有限公司
78	一种巧克力味油橄榄罐头的制作方法	实用新型	白小芳	2018	
79	油橄榄茶的加工方法	实用新型	杨颢	2017	易门县康蓉油橄榄农业种植专业合作社
80	油橄榄性状数据采集系统V1.0	软件著作权	朱申龙	2016-9-12	浙江省农业科学院
81	油橄榄种质资源查询系统V1.0	软件著作权	朱申龙	2017-1-10	浙江省农业科学院
82	一种油橄榄肥料快速发酵方法	发明	严唯玮、龙伟、王力立、王裕斌	2018-5-29	中国林科院亚热带林业研究所
83	一种特级初榨橄榄油中潜在抗炎活性成分的筛选方法	发明	李雪、王伟、杨华、张玉、王君虹、朱作艺、孙素玲	2020-9-25	浙江省农业科学院
84	一种橄榄油品质检测系统及方法	发明	王伟、何思凡、关荣发、张卫华、阿古斯特·罗·阿罗卡、李雪、张玉、王君虹、朱作艺、孙素玲	2021-2-12	浙江省农业科学院

续表

序号	专利名称	专利类型 (外观、实用新型、发明、软著权)	发明人	获得时间	专利权人
85	一种油橄榄体细胞胚胎发生及植株再生方法	发明	龙伟、姚小华、任华东	2021-12-3	中国林科院亚热带林业研究所
86	一种油橄榄渍水胁迫试验器具	实用新型	龙伟、姚小华、王开良、任华东	2022-11-4	中国林科院亚热带林业研究所
87	一种具有定量施肥覆草保墒机构的油橄榄种植装置	发明	徐梁、程诗明、柏明娥、韩素芳、成亮、徐秀荣、周世水	2022-5-6	浙江省林科院
88	一种油橄榄水培箱	实用新型	牛二利、朱申龙、高草	2022-4-5	浙江省农业科学院
89	一种橄榄油压榨选料装置及方法	发明	胡文君、陈琳、蒋陈凯、卢红伶、干少芳、牛二利、朱申龙、沈国新	2022-5-31	浙江省农业科学院
90	一种橄榄油压榨用果核分离机构	发明	胡文君、蒋陈凯、卢红伶、陈琳、干少芳、牛二利、朱申龙、沈国新	2023-2-17	浙江省农业科学院
91	一种油橄榄种质耐铝性评价方法及其应用	发明	牛二利、朱申龙、郁晓敏、高草	2023-4-14	浙江省农业科学院

●附表10

中国油橄榄相关标准（规范）

序号	标准（规范）名称	标准号	标准类别（国标、行标、地标、团标）	颁布/执行时间	颁布单位	提出单位	主要编制人	备注
1	橄榄油、油橄榄果渣油	GB/T 23347–2021	推荐性国家标准					
2	橄榄油，油橄榄果渣油检验维生素E测定法	ZB B66005.14–1990	原国家专业标准					
3	橄榄油，油橄榄果渣油检验脂肪酸成分含量测定	ZB B66005.13–1990	原国家专业标准					
4	橄榄油，油橄榄果渣油检验含皂量测定法	ZB B66005.12–1990	原国家专业标准					
5	橄榄油，油橄榄果渣油检验含皂试验	ZB B66005.11–1990	原国家专业标准					
6	橄榄油，油橄榄果渣油检验不皂化物测定法	ZB B66005.10–1990	原国家专业标准					
7	橄榄油，油橄榄果渣油	ZB B66005.1–1990	原国家专业标准					
8	餐用油橄榄	Z8 866004–1990	原国家专业标准					
9	油橄榄鲜果	ZB B66003–1990	原国家专业标准					

续表

序号	标准（规范）名称	标准号	标准类别（国标、行标、地标、国际）	颁布/执行时间	颁布单位	提出单位	主要编制人	备注
10	橄榄油，油橄榄果渣油检验净体重量，净体积测定法	LY/T 1552-1999	行业标准					
11	橄榄油，油橄榄果渣油检验茶油的定性试验	LY/T 1551-1999	行业标准					
12	橄榄油，油橄榄果渣油检验半干性油试验	LY/T 1550-1999	行业标准					
13	橄榄油检验油橄榄果渣油的试验	LY/T 1549-1999	行业标准					
14	橄榄油，油橄榄果渣油检验维生素E测定法	LY/T 1547-1999	行业标准					
15	橄榄油，油橄榄果渣油检验脂肪酸成分含量测定	LY/T 1546-1999	行业标准					
16	橄榄油，油橄榄果渣油检验合皂试验	LY/T 1544-1999	行业标准					
17	橄榄油，油橄榄果渣油检验不皂化物测定法	LY/T 1543-1999	行业标准					
18	橄榄油，油橄榄果渣油检验皂化值测定法	LY/T 1542-1999	行业标准					
19	橄榄油，油橄榄果渣油检验碘值测定法	LY/T 1541-1999	行业标准					
20	橄榄油，油橄榄果渣油检验酸及过氧化值测定法	LY/T 1540-1999	行业标准					

续表

序号	标准（规范）名称	标准号	标准类别（国标、行标、地标、团标）	颁布/执行时间	颁布单位	提出单位	主要编制人	备注
21	橄榄油，油橄榄果渣油检验酸度测定法	LY/T 1539-1999	行业标准					
22	橄榄油，油橄榄果渣油检验杂质测定法	LY/T 1538-1999	行业标准					
23	橄榄油，油橄榄果渣油检验透明度色泽、气味、滋味鉴定法	LY/T 1536-1999	行业标准					
24	橄榄油，油橄榄果渣油检验、检验总则	LY/T 1535-1999	行业标准					
25	橄榄油，油橄榄果渣油	LY/T 1534-1999	行业标准					
26	餐用油橄榄	LY/T 1533-1999	行业标准					
27	油橄榄鲜果	LY/T 1532-1999	行业标准					
28	橄榄油，油橄榄果渣油检验合皂量测定法	LY/T 1545-1999	行业标准					
29	油橄榄	LY/T 1532-2021	行业标准	2021	国家林草局	甘肃省林业科学研究院、云南省林业和草原科学院、陇南市武都区油橄榄研究开发中心	姜成英、吴文俊、赵海云、赵梦炯、段德怀、李智、钟锐、陈海云、宁德鲁、同仲平、陈炜青、祁海红、马婷、吴平、李娜、王勇杰、张艳丽、刘雅弦、刘在国、吕鹏、斌燕	

续表

序号	标准（规范）名称	标准号	标准类别（国标、行标、地标、团标）	颁布/执行时间	颁布单位	提出单位	主要编制人	备注
30	油橄榄生态种植技术规程	DB4203/T 109—2016	地标	2016-3-1	十堰市质量技术监督局	十堰市农业局 十堰市林业局	吕成华、同仁凯、李涛、杜明义、张林、方东、周京章、洪艳、陈平、马莉、黄晓珊、吴耀卿、汪建敏、周彩珍	
31	油橄榄生态种植技术规程				十堰市市场监督管理局	十堰市林业技术推广中心、丹江兴源生油橄榄有限公司	已立项，待发布	
32	初榨橄榄油感官评价方法	T/ZNZ 095—2021	团体标准	2022-1-15	浙江省农产品质量安全学会	浙江省农业科学院农产品质量安全与营养研究所、甘肃省陇南市经济林研究院油橄榄研究所、浙江农业科学院作物与核技术利用研究所、浙江省农业科学院蚕桑与茶叶研究所	李雪、王伟、邓煜、张玉、孙素玲、朱申龙、沈国新、王君虹、朱作艺	

207

附表11　中国油橄榄国际国内合作交流

省、市	项目名称（国际、国内）	性质（考察、培训、参会）	内容	参与人数（人）	组团单位	时间	备注
甘肃省陇南市	2018年国际橄榄油质量品鉴培训班	培训	橄榄油质量品鉴	2	陇南市经济林研究院油橄榄研究所	2018年	
甘肃省陇南市	国际橄榄油质量品鉴和油橄榄种植技术培训班	培训	油橄榄种植技术	1	陇南市经济林研究院油橄榄研究所	2018年	
甘肃省陇南市	国际油橄榄理事会（IOC）在华第二届初榨橄榄油感观分析课程培训班	培训	橄榄油品鉴	75	陇南市经济林研究院油橄榄研究所	2019年	
甘肃省陇南市	2019年中国橄榄油师认证培训班	培训	橄榄油品鉴	2	陇南市经济林研究院油橄榄研究所	2019年	
甘肃省陇南市	2019年橄榄油感官高级品鉴师培训班	培训	橄榄油品鉴	2	陇南市经济林研究院油橄榄研究所	2019年	
湖北省十堰市	赴四川省金堂县、凉山州西昌市考察油橄榄种植基地、精深加工工厂及品牌建设情况、招商活动	考察	考察	10	十堰市林业局	2022年6月	
湖北省十堰市	赴四川省金堂县、凉山州、绵阳学习考察油橄榄产业建设情况	考察	考察	7	十堰市林业科学研究所	2022年11月	

续表

省、市	项目名称（国际、国内）	性质（考察、培训、参会）	内容	参与人数（人）	组团单位	时间	备注
湖北省十堰市	赴四川省金堂县、凉山州西昌市考察油橄榄种植基地、精深加工工厂及品牌建设情况	考察	考察	5	十堰市郧西县林业局	2022年8月	
湖北省十堰市	赴北京科学研究院参加橄榄油精深加工研发培训	参会	参会	7	十堰市科技局	2022年2月	湖北鑫榄源油橄榄科技有限公司
湖北省十堰市	赴北京国家林科院拜访邓明全教授、请教十堰市油橄榄种植基地建设情况	拜访	拜访	5	十堰市人民政府驻北京办事处	2022年7月	湖北鑫榄源油橄榄科技有限公司
湖北省十堰市	参加世界大健康博览会	参会	参会	3	十堰市人民政府	2022年8月	湖北鑫榄源油橄榄科技有限公司
湖北省十堰市	赴武汉轻工大学拜访党组书记王立兵、何东平会长、探讨交流油橄榄精深加工项目研发情况	拜访	拜访	3	湖北鑫榄源油橄榄科技有限公司	2022年9月	湖北鑫榄源油橄榄科技有限公司
湖北省十堰市	赴北京央视CCTV-17三农频道做品牌推广情况	考察	考察	3	湖北鑫榄源油橄榄科技有限公司	2022年9月	湖北鑫榄源油橄榄科技有限公司
湖北省十堰市	参加国家粮食局粮油展会	参会	参会	2	湖北省粮食局	2022年12月	湖北鑫榄源油橄榄科技有限公司
浙江省	王伟、李雪赴澳大利亚沃加学习橄榄油检测技术	培训	橄榄油中品质分析技术学习	2	浙江省农业科学院	2016年5月21日—6月6日	
浙江省	杨华副院长率团出访澳大利亚新南威尔士部和新西兰GNS科学部环境与材料中心	考察	"国际橄榄油品质研究中心"平台建设推进	5	浙江省农业科学院	2016年11月15日—22日	

续表

省、市	项目名称（国际、国内）	性质（考察、培训、参会）	内容	参与人数（人）	组团单位	时间	备注
浙江省	王伟、朱申龙、张玉一行3人前往澳大利亚，访问Boundary Bend 橄榄油公司和澳大利亚食用油研究实验室	考察	橄榄油产业发展学习考察	3	浙江省农业科学院	2018年6月9日—15日	
浙江省	王伟赴澳大利亚阿德莱德担任国际大赛裁判员	参会	王伟赴澳大利亚阿德莱德担任国际大赛裁判员	1	浙江省农业科学院	2018年10月2日—7日	
浙江省	王伟赴加泰罗尼亚农业和食品科技研究所（IRTA）开展学术交流	考察	王伟赴加泰罗尼亚农业和食品科技研究所（IRTA）开展学术交流	1	浙江省农业科学院	2017年6月19日—25日	
浙江省	王伟带队（褚田芬、朱申龙、王君虹）赴加泰罗尼亚农业和食品科技研究所（IRTA）开展学术交流	考察	执行"木本油料品质营养国际联合实验室"建设与提升项目任务	4	浙江省农业科学院	2019年6月25日—7月2日	

省、市	项目名称（国际、国内）	性质（考察、培训、参会）	内容	参与人数（人）	组团单位	时间	备注
浙江省	王伟赴澳大利亚阿德莱德担任国际大赛裁判员	参会	王伟赴澳大利亚阿德莱德担任国际大赛裁判员	1	浙江省农业科学院	2019年9月10日—18日	
浙江省	澳大利亚油橄榄协会（AOA）承办的国际橄榄油大赛（中国赛点）在杭州举办	主办	王伟、朱申龙、邓煜等担任裁判员	5	浙江省农业科学院	2020年9月19日—20日	
浙江省	澳大利亚油橄榄协会（AOA）承办的国际橄榄油大赛（中国赛点）在杭州举办	主办	王伟、朱申龙、邓煜等担任裁判员	6	浙江省农业科学院	2021年9月19日—21日	
浙江省	澳大利亚油橄榄协会（AOA）承办的国际橄榄油大赛（中国赛点）在杭州举办	主办	王伟、朱申龙、邓煜等担任裁判员	7	浙江科技学院	2022年09月6日—7日	

●附表12

中国油橄榄技术培训情况

省、市	培训班次	参培人数	培训内容	培训地点	组织单位	培训时间	备注
甘肃省陇南市	中央财政油橄榄大堡示范点冬季综合管理技术培训班	91	冬季综合管理技术	大堡油橄榄科研试验园	油橄榄研究所	2017.12	
甘肃省陇南市	中央财政油橄榄丰产栽培技术培训班	82	丰产栽培技术	武都区汉王镇祥宇生态园	油橄榄研究所	2018.4	
甘肃省陇南市	中央财政泥湾沟油橄榄丰产栽培技术培训班	117	丰产栽培技术	泥湾沟常红油橄榄园	油橄榄研究所	2018.4	
甘肃省陇南市	陇南市林业特色产业示范点建设培训会	120	丰产栽培技术	京都大酒店	油橄榄研究所	2018.5	
甘肃省陇南市	青岛陇南东西扶贫协作帮扶项目	210	油橄榄高接换优	金桔饭店	油橄榄研究所	2018.9	
甘肃省陇南市	"三区"人才支持计划油橄榄产业综合管理培训班	653	油橄榄综合管理	武都区各乡镇	油橄榄研究所	2018.1	
甘肃省陇南市	"三区"人才支持计划油橄榄产业综合管理培训班	110	油橄榄综合管理	武都区各乡镇	油橄榄研究所	2020.3	
甘肃省陇南市	"三区"人才支持计划油橄榄产业综合管理培训班	100	油橄榄综合管理	武都区各乡镇	油橄榄研究所	2022.3	
重庆市	油橄榄"乡土专家孵化"实用技术培训	42	油橄榄建园及定植技术、油橄榄丰产栽培技术和油橄榄病虫害防治等技术	奉节县	奉节县林业局	2022.12.16—2022.12.18	

续表

省、市	培训班次	参培人数	培训内容	培训地点	组织单位	培训时间	备注
重庆市	油橄榄管护技术培训	150	防治油橄榄病虫害、施肥、浇水、修剪、保果等技术	奉节县鹤峰乡、甲高镇和五马镇	奉节县林业局	2022年6月	
重庆市	油橄榄春季生产关键技术培训	80	油橄榄病虫害防治、施肥技术和整形修剪技术	奉节县鹤峰乡	奉节县林业局	2021.11.17	
重庆市	残疾人职业技能培训	33	油橄榄种植技能培训	奉节县甲高镇	新天地职校	2019.10.29	
重庆市	油橄榄栽培技术管理培训	200	油橄榄园土壤改良、优良品种选育及果园管理	合川油橄榄科普示范基地	合川区科协	2019.10.25	
重庆市	农户培训	152	油橄榄田间管理技术培训	奉节县甲高镇	奉节县科协	2018.3.13	
重庆市	油橄榄技术培训	120	冬季田间管理	奉节县鹤峰乡青杠村油橄榄产业基地	奉节县油橄榄产业协会	2017.12.12	
重庆市	油橄榄丰产栽培技术推广	105	油橄榄园地整理、苗木定植、施肥及整形修枝	奉节县五马镇	奉节县五马镇	2017.2.26	
重庆市	县、乡镇、企业和专业合作社油橄榄技术人员培训	350	油橄榄丰产栽培技术专题培训	奉节县	奉节县林业局	2016.7.11—2016.7.14	
重庆市	油橄榄种植扶贫创业培训	150	品种筛选、园区建设、修剪、土肥水管理和病虫害防治等技术	奉节县	重庆市奉节县扶贫移民局	2014.11.4—2014.11.7	
重庆市	油橄榄管护技术培训	150	防治油橄榄病虫害、施肥、浇水、修剪、保果等技术	奉节县鹤峰乡、甲高镇和五马镇	奉节县林业局	2022.6.1	
湖北省十堰市	油橄榄栽培技术培训	400	油橄榄丰产栽培技术及病虫害防治	湖北十堰市郧阳区	十堰市林业科学研究所	2022	
湖北省十堰市	油橄榄管护技术培训	230	油橄榄丰产栽培及病虫害防治	湖北十堰市郧阳区杨溪铺镇、谭山镇	湖北鑫榄源油橄榄科技有限公司	2022	
合计		3645				2017—2020	

● 附表13

中国油橄榄加工利用情况统计表

省、市	有榨油生产线的加工企业名称	生产线数（条）	加工设备品牌	加工设备型号	相数	加工能力（吨/小时）	设备生产国地	备注
甘肃省	陇南市祥宇油橄榄开发有限公司	1	Flottweg	AC 1510	二相	9.6	德国	
		1	Flottweg	AC 1510	二相	9.6	德国	
		1	Pieralisi	M093462015	二相	4.2	意大利	
		1	Pieralisi	Maip	二相	1.0	意大利	
	陇南橄榄时光油橄榄科技有限公司	2	贝亚雷斯		三相	3.0	意大利	
	陇南田园油橄榄科技开发有限公司	1	阿法拉伐		三相	1.0	意大利	
	陇南市武都区盛源和油橄榄种植专业合作社	1	安徽赛而特	赛而特卧式离心机750型	三相	0.75	中国安徽	
	陇南市金纽带油橄榄科技有限公司	2	HAUS	OLIVEPLUS 64	三相	5.0	土耳其	
	陇南橄榄绿农业开发有限公司	1	HAUS		三相	0.5	土耳其	
		1	南京		三相	6.0	中国南京	
	武都区召林良种苗木种植农民专业合作社	1	HAUS		三相	3.0	土耳其	
		1	HAUS		三相	0.75	土耳其	
	甘肃陇源丹谷油橄榄开发有限公司	2	赛而特	赛而特卧式离心机750型	三相	1.0	中国安徽	
	陇南橄榄之城农林产品开发有限公司	1	HAUS	OLIVEPLUS	三相	3.0	土耳其	
	陇南市世博林油橄榄开发有限公司	2	RAPANELLI		三相	2.5	意大利	

续表

省、市	有榨油生产线的加工企业名称	生产线数（条）	加工设备品牌	加工设备型号	相数	加工能力（吨/小时）	设备生产国地	备注
甘肃省	陇南市丰海油橄榄科技有限公司	1	Pieralisi	1	三相	1.0	意大利	
	陇南市田玉油橄榄开发有限公司	1	RAPANELLI		三相	0.5	意大利	
	陇南陇锦园油橄榄开发有限公司	1	赛而特	赛而特卧式离心机L750型	三相	0.75	中国安徽	
	陇南崛起原生态农产品开发有限公司	1	HAUS	OLIVEPLUS	三相	0.75	土耳其	
	陇南市凯立鹏油橄榄责任有限公司	1			三相	3.0	中国南京	
	陇南市阶州油橄榄开发有限公司	1	丹阳		三相	0.4	中国绵阳	
	陇南市奥林油橄榄科技研发有限公司	1	HAUS	OLIVEPLUS	三相	0.75	土耳其	
	陇南恩来油橄榄科技有限公司	1	丹阳		三相	0.4	中国绵阳	
	宕昌县今畅油橄榄开发有限公司	1	Pieralisi	1	三相	2.5	意大利	
	文县琪至油橄榄开发有限公司	1	HAUS	1000	三相	1.0	土耳其	
	文县田宇油橄榄开发有限公司	1	贝亚雷斯	2000	三相	2.0	意大利	
四川省	绵阳华欧	1	阿法拉伐	3000			意大利	
	达州天源	1	阿法拉伐	3000			意大利	
	西昌中泽	1	豪斯	2000			土耳其	
	南充中意	1	贝亚雷斯	2000			意大利	
	金堂中西	1	贝亚雷斯	1500			意大利	
	金堂聚峰谷	1	贝亚雷斯	2000			意大利	

续表

省、市	有橄榄油生产线的加工企业名称	生产线数（条）	加工设备品牌	加工设备型号	相数	加工能力（吨/小时）	设备生产国地	备注
四川省	凉山州冕宁	1	德国	1000			德国	
	凉山州冕宁	1	贝亚雷斯	2000			意大利	
	广元蜀北	1	贝亚雷斯	3000			意大利	
	广元拱光	1	中国丹阳	1000			绵阳江油	
云南省	丽江田园油橄榄科技开发有限公司	1	PIERALISI		三相	2.2	意大利	
	丽江三全油橄榄产业开发有限公司	1	PIERALISI		两相	2.2	意大利	
	德钦康力邦油业有限公司	1	PIERALISI		两相	3.0	意大利	
	昆明奥力联盟农业开发有限公司	1	PIERALISI		两相	0.3	意大利	
	永仁绿原农业开发有限公司	1	ENOROSSI		两相	0.25	意大利	
	永仁太谷农业发展有限公司	1	HAUS		两相	4.5	土耳其	
	香格里拉市丰标农牧开发有限公司	1	HAUS		三相	1.5	土耳其	
	丽江十邦生物工程有限责任公司	1	HAUS		三相	3.5	土耳其	
	云南永仁欣源油橄榄开发有限公司	1	HAUS		三相	2.0	土耳其	
	易门橄源林业科技开发有限公司	1	赛而特		两相	0.25	中国安徽	
	丽江森泽林业科技发展有限公司	1	赛而特		两相	0.5	中国安徽	
	永仁共享油橄榄发展有限公司	1	组装		三相	1.0	中国安徽	
	玉溪市润泽农业开发有限公司	1	奥立		三相	2.0	中国安徽	
重庆市	重庆江源油橄榄开发有限公司（合川）	1	贝亚雷斯			2.1	意大利	

续表

省、市	有榨油生产线的加工企业名称	生产线数（条）	加工设备品牌	加工设备型号	相数	加工能力（吨/小时）	设备生产国地	备注
重庆市	禄丰天润油橄榄开发有限公司（万州）	1	赛而特	GLY-3XRH-000		1.5	中国安徽	
	金峡油橄榄开发有限公司（奉节）	1	赛而特	GLY-3XRH-000		1.5	中国安徽	
	奉节县甲高镇的生产线，三峡之巅橄榄油（奉节）	2	赛而特	GLY-3XRH-000		1.5	中国安徽	
			蒙斯	maxoil53		2.1	土耳其	
湖北省	湖北鑫源油橄榄科技有限公司（十堰）	1	贝亚雷斯	MOLINETTO-F1		1.5	意大利	
	丹江口市兴源生橄榄油科技发展有限公司（丹江口市）	1	组装			0.3	中国南京	
	湖北润邦农业科技有限公司（黄冈）	1	贝亚雷斯	MOLINETTO-F1		2.2	意大利	
合计		62						

●附表14

中国油橄榄主副产品生产、销售情况统计表

省、市	生产企业名称	主、副产品名称	注册商标名称	产品获奖名称及年度	有机认证及年度	产量（吨）	销售量（吨）	备注
甘肃省	陇南市祥宇油橄榄开发有限责任公司	特级初榨橄榄油、餐用橄榄、软胶囊、日化用品等	祥宇	美国、日本、澳大利亚、以色列、希腊等国际橄榄油大赛金银奖	有机认证	3000	3000	
	陇南橄榄时光油橄榄科技有限公司	特级初榨橄榄油	橄榄时光			1000	1000	
	陇南田园油橄榄科技开发有限公司	特级初榨橄榄油、餐用橄榄、双垆、茶珍、日化用品等	田园	IOC马里奥·索利纳斯奖	有机认证	500	500	
	陇南市武都区盛源和油橄榄种植专业合作社	特级初榨橄榄油				100	100	
	陇南市金纽带油橄榄科技有限公司	特级初榨橄榄油	金纽带			500	500	
	陇南橄榄绿农业开发有限公司	特级初榨橄榄油				100	100	
	武都区召林良种苗木种植农民专业合作社	特级初榨橄榄油				200	200	
	甘肃陇源丹谷油橄榄开发有限公司	特级初榨橄榄油	陇源丹谷			200	200	

续表

省、市	生产企业名称	主、副产品名称	注册商标名称	产品获奖名称及年度	有机认证及年度	产量(吨)	销售量(吨)	备注
甘肃省	陇南橄榄之城农产品开发有限公司	特级初榨橄榄油				100	100	
	陇南市世博林油橄榄开发有限公司	特级初榨橄榄油						
	陇南市丰海油橄榄科技有限公司	特级初榨橄榄油、橄榄酒等	丰海			200	200	
	陇南市田玉油橄榄开发有限公司	特级初榨橄榄油						
	陇南陇锦园油橄榄开发有限公司	特级初榨橄榄油、餐用橄榄、橄榄酒等	陇锦园			200	200	
	陇南崛起原生态农产品开发有限公司	特级初榨橄榄油						
	陇南市凯立鹏油橄榄有限责任公司	特级初榨橄榄油	凯立鹏					
	陇南市阶州油橄榄开发有限公司	特级初榨橄榄油						
	陇南市奥林油橄榄科技研发有限公司	特级初榨橄榄油	奥林					
	陇南恩来油橄榄科技有限公司	特级初榨橄榄油	御圣康			100	100	
	文县琪军油橄榄开发有限公司	特级初榨橄榄油				50	50	
	文县田宇油橄榄开发有限公司	特级初榨橄榄油	田宇			50	50	

续表

省、市	生产企业名称	主、副产品名称	注册商标名称	产品获奖名称及年度	有机认证及年度	产量（吨）	销售量（吨）	备注
云南省	永仁太谷农业发展有限公司	特级初榨橄榄油	牧溪庄园			38	38	
	丽江三全油橄榄产业开发有限公司	特级初榨橄榄油	久顺			15	15	
	永仁共享油橄榄发展有限公司	特级初榨橄榄油	糯达庄园			6	6	
	昆明奥力量盟农业开发有限公司	特级初榨橄榄油	奥力量、奥力美			15	15	
	丽江森泽林业科技发展有限公司	特级初榨橄榄油	森泽、程海时光			20	20	
	德钦康邦油业有限责任公司	特级初榨橄榄油	康邦美味			40	40	
	丽江十邦生物工程有限责任公司	特级初榨橄榄油	十邦生物			15	15	
	香格里拉市丰禾农牧开发有限责任公司	特级初榨橄榄油				30	30	
	永仁绿原农业开发有限公司	特级初榨橄榄油	德尔派			5	5	
	玉溪市润泽农业科技发展有限公司	特级初榨橄榄油	润甸源			6	6	
	云南永仁欣源油橄榄开发有限公司	特级初榨橄榄油	欣源	2022年在意大利举行的EVO IOOC国际橄榄油比赛金奖		42	42	

续表

省、市	生产企业名称	主、副产品名称	注册商标名称	产品获奖名称及年度	有机认证及年度	产量（吨）	销售量（吨）	备注
云南省	易门揽源林业科技开发有限公司	特级初榨橄榄油	滇夷			32	32	
	丽江田园油橄榄科技开发有限公司	特级初榨橄榄油	高原时光			110	110	
重庆市	重庆江源油橄榄开发有限公司	特级初榨橄榄油	渝江源	2017年获得中国十大橄榄油品牌第五名和"第二十四届中国杨凌农业高新科技成果博览会·后稷特别奖"；2018年获得"第十五届中国林产品交易会·金奖"并入选"巴味渝珍"公共品牌				
		油橄榄茶	欧丽康语					
		特级初榨橄榄油	渝江源					
	江蜻蜓油橄榄开发有限责任公司	特级初榨橄榄油	三峡之巅					
湖北省十堰市	湖北鑫榄源油橄榄科技有限公司	特级初榨橄榄油	鑫榄源	2016年健康油脂金奖，2017年优质产品金奖，2017北京大健康—领军企业，2020年—2023年荆楚好粮油，2020年森博会金奖	2020年—2023年	370	304	2022年
		橄榄护肤系列	橄恩·麦子			600件	500件	50瓶/件
		橄榄玉米调和油	秀水仙山			1000	820	2022年
		橄榄口服油	橄恩·麦子			10000件	7200件	6盒/件
		橄榄高多酚	橄恩·麦子			6000件	4200件	6盒/件

●附表15

中国油橄榄产业规划表

省、市	截至2022年底现有面积（万亩）	规划新发展面积（万亩）	规划总面积（万亩）	鲜果产量（万吨）	初榨橄榄油产量（吨）	产 值（亿元）	备 注
总计	177.59	73.60	250.74	12.71	15555	61.06	
甘肃省	91.93	13.00	104.93	5.32	6510	25.55	
四川省	45.00	20.00	65.00	3.29	4032	15.83	
云南省	20.32	15.00	35.32	1.79	2191	8.60	
重庆市	14.89	23.80	38.69	1.96	2400	9.42	
湖北省	5.00	1.80	6.80	0.34	422	1.66	
浙江省	0.30						
贵州省	0.10						
陕西省	0.05						
其他省市							

参考文献

[1] 徐纬英：《中国油橄榄》，长春出版社2001年版。

[2] 李聚桢：《中国引种发展油橄榄回顾及展望》，中国林业出版社2010年版。

[3] 邓明全、俞宁：《油橄榄引种栽培技术》，中国农业出版社2011年版。

[4] 邓煜：《油橄榄品种图谱》，甘肃科学技术出版社2014年版。

[5] 伍思智：《油橄榄传播路径：国家，文明，贸易，经济》，橄榄油信息网（www.oliveoillife.com），2022-11-21。

[6] 联合国粮农组织：《油橄榄种质资源——品种及世界野生资源的收集》。

[7] 中国经济林协会油橄榄专业委员会：《追梦半世纪》，中国林业出版社2014年版。

[8] 中国经济林协会油橄榄专业委员会：《中国油橄榄研究论文集（上、下册）》，中国林业出版社2014年版。

[9] 徐纬英、王贺春：《油橄榄栽培技术》，中国林业出版社2004年版。

[10] 周瑞宝、姜元荣、周兵、邓煜：《油橄榄加工与应用》，化学工业出版社2018年版。

[11] 邓煜：《总理树的故事》，陇南日报2014年3月3日。

[12] [美]卡罗尔·费瑞兹：《液体黄金：橄榄油的101种用法》（中文），译林出版社2012年版。

[13] 邓煜：《从中国油橄榄引种看木本食用油料产业发展》，《经济林研究》2010年第4期。

[14] 邓煜等：《中国油橄榄产业发展现状与对策》，《经济林研究》2015年第2期。

[15] 石永峰：《中国橄榄油市场发展现状及建议》，《中国油脂》2007年第1期。

[16] 胡增民：《我国橄榄油标准亟待与国际接轨》，《粮油市场报》2017年9月2日。

[17] 朱申龙、傅庆林：《浙江省油榄产业现状与发展对策》，《浙江农业科学》2016年第2期。

[18] 甘肃省林业和草原局：《甘肃省木本油料产业高质量发展规划（2022—2025年）（征求意见稿）》。

[19] Conghui Lu、Baoqiong Li、Quan Jing、Dong Pei、Xinyi Huang, A classification and identification model of extra virgin olive oil adulterated with other edible oils based on pigment compositions and support vector machine, Food Chemistry, 2023, p420.

[20] Francesco Caponio、Carmine Summo、Maria T Bilancia、Vito M.Paradiso、Ewa Sikorska、Tommaso Gomes, High performance size-exclusion chromatography analysis of polar compounds applied to refined, mild deodorized, extra virgin olive oils and their blends: An approach to their differentiation. LWT – Food Science and Technology, 2011, p44.

[21] Quan Jing、Xinyi Huang、Conghui Lu、Duolong Di, Identification of characteristic flavour compounds and quality analysis in extra virgin olive oil based on HS–GC–IMS, International Journal of Food Science and Technology, 2022.

[22] Tito Damiani、Daniele Cavanna、Andrea Serani, Chiara Dall'Asta, Michele Suman. GC–IMS and FGC–Enose fingerprint as screening tools for revealing extra virgin olive oil blending with soft–refined olive oils: A feasibility study. Microchemical Journal, 2020, p159.

[23] Paula Freitas Filoda、Lucas Flores Fetter、Franccesca Fornasier、Rosanade Cassia de Souza Schneider、Gilson Augusto Helfer、Bruna Tischer、Aline Teichmann, Adilson Ben da Costa. Fast Methodology for Identification of Olive Oil Adulterated with a Mix of Different Vegetable Oils, Food

Analytical Methods, 2019, 12: 293−304.

[24] Ting−Hao Kuo、Min−Shan Kuei、Yi Hsiao、Hsin−Hsiang Chung、ChengChih Hsu、Hong−Jhang Chen, Matrix−assisted laser desorption/ionization mass spectrometry typings of edible oils through spectral networking of triacylglycerol fingerprints, ACS Omega, 2019, 4(13): 15734−15741.

[25] Maria−Ysabel Piero、Mario Amo−Gonzalez、Rafael Delgado Ballesteros、Leticia Ruiz Pérez、Fernández de la Mora、Lourdes Arce, Jo Chemical fingerprinting of olive oils by electrospray ionization−differential mobility analysis−mass spectrometry: A new alternative to food authenticity testing, urnal of the American Society for Mass Spectrometry, 2020, 31(3): 527−537.

[26] Sylwia Mildner−Szkudlarz、Henryk H、Jeleń, The potential of different techniques for volatile compounds analysis coupled with PCA for the detection of the adulteration of olive oil with hazelnut oil, Food Chemistry, 2008, 110: 751−761.

[27] 张欣、杨瑞钰、陈迪、方晓明、丁卓平:《豆甾二烯用于特级初榨橄榄油掺假检测的研究》,《食品工业科技》2014年第35期。

[28] 杨振东、任雪梅、王健、于艳艳、田红芸、张红霞:《基于特征脂肪酸含量的橄榄油掺假快速鉴定模型的建立》,《食品安全质量检测学报》2019年第10期。

[29] 章颖强、董伟、张冰、王晓萍:《基于拉曼光谱和最小二乘支持向量机的橄榄油掺伪检测方法研究》,《光谱学与光谱分析》2012年第32期。

[30] 唐聪、邵士俊、温玉洁、梁卿、董树清:《基于光谱法的特级初榨橄榄油快速鉴伪技术》,《食品工业科技》2023年第44期。

[31] 邓晓军、马金鸽、杨巧玲、时逸吟、霍忆慧、古淑青、郭德华、丁涛、于永爱、张峰:《基于拉曼−紫外可见融合光谱技术的进口橄榄油质量等级可视化快

速鉴别方法研究 》,《光谱学与光谱分析》2023年第43期。

[32] 傅纤雯、金铭浩、花磊、李海洋、许光治、倪勤学、高前欣、张有做、王艳：《高气压光电离飞行时间质谱用于食用油掺假的快速定性定量鉴别》,《中国粮油学报》DOI: 10.20048/j.cnki.issn.1003−0174.000081.

[33] 王慧珺、刘阿静、刘兰霞、寇宗红、金凤、白兴斌、王波：《基于电子鼻技术鉴别掺假初榨橄榄油方法研究》,《中国口岸科学技术》2023年第5期。

后　记

　　油橄榄是世界著名的木本食用油料树种,将其鲜果采用离心冷榨的纯物理工艺制成的果汁油,保存了纯天然营养成分,是食用油脂中最有益于人体健康的植物油。长期食用能增强消化系统功能,减少心血管疾病,促进骨骼发育,对人体健康具有重要作用。橄榄油不但是人类的主要食用油,而且工业用途也非常广泛,是酿酒、饮料、医药、日用化工、纺织印染、电子仪表等行业的重要原料、添加剂或润滑剂,被誉为"液体黄金"。世界油橄榄主产国历来都将其作为提高民族健康的战略资源,目前全球年产橄榄油300万吨左右,中国每年进口橄榄油5万~6万吨,中国正在成为新兴的橄榄油消费国、橄榄油生产国及世界重要的橄榄油贸易国。大力发展油橄榄产业对于缓解我国粮油供需矛盾,维护国家食用油安全,优化膳食结构,保障人民健康,巩固拓展脱贫攻坚成果和促进乡村振兴具有重要意义。

　　习近平总书记在党的二十大报告中强调:"确保中国人的饭碗牢牢端在自己手中。"我国油料作物生产必须综合自给,以发展产量为核心,为公众的油脂与蛋白需求提供坚实保障。发展油橄榄等木本油料产业具有不与农争地、不与人争粮、不与作物争水的独特优势和发展潜力,有利于调整农业产业结构,加快林业产业结构的升级;有利于拓宽适生区农村就业渠道,增加就业机会、增加农民收入;有利于促进欠发达地区发展经济、维护社会稳定;有利于促进油橄榄产业开发技术水平的提高,增强适生区社会、经济可持续发展能力,满足消费者的需求;有利于缓解食用油市场供需矛盾,改善膳食结构、增进公民健康;有利于改善生态环境,促进生态文明建设。

　　为了推动中国油橄榄产业的高质量发展,巩固油橄榄产业的脱贫成效,在乡村振兴中发挥更大作用,2022年中国乡村发展志愿服务促进会布局了乡村振兴特色优势产业培育工程，安排中国油橄榄产业协同创新平台秘书长邓煜牵头并统稿编写了这部《中国油橄榄产业发展蓝皮书（2022）》。在中国乡村发展志愿服务促进会领导的关心和亲自指导下，由全国油橄榄适生区省市的相关专家组成编委会，经过方案设计、提纲确定、数据调研、实地考察、个别访谈、数据分析等环节，并召开多次线上线下专题研讨会、汇报会、调度会和专家评审会，通过编写组成员的通力合作，最终形成了《中国油橄榄产业发展蓝皮书（2022）》。

需要说明的是，由于油橄榄在全国和主产省市规模尚小尚未纳入国家统计范围以及统计数据滞后等原因，官方最新权威统计数据不足，其中国际油橄榄理事会（IOC）发布的2022年数据为预测数据，本书中除注明出处的引用数据资料外，均为本次编写时各省编写人员了解到的上报数据，仅供参考。

本书各章撰写人员如下：

第一章：油橄榄概述

  邓 煜（中国油橄榄产业协同创新平台秘书长、研究员）

  赵海云（甘肃省陇南市武都区油橄榄产业开发办公室、正高级
    工程师）

第二章：油橄榄产业现状

  邓 煜（中国油橄榄产业协同创新平台秘书长、研究员）

  赵海云（甘肃省陇南市武都区油橄榄产业开发办公室、正高级
    工程师）

  张 军（甘肃省陇南市林业和草原局科长）

第三章：国内外油橄榄市场分析

  伍思智（橄榄油信息网主编、北京金万洲会展服务有限公司
    董事长）

  刘 婷（甘肃省陇南市经济林研究院油橄榄研究所高级工程师）

第四章：油橄榄产业科技创新

  宁德鲁（云南省林业和草原科学院副院长、研究员）

朱申龙（浙江省农业科学院研究员）

海光辉（甘肃省陇南市经济林研究院油橄榄研究所工程师）

薛雅琳（国家粮食和物资储备局科学研究院首席研究员）

第五章：油橄榄产业发展规划及趋势预测

陆　斌（云南省林业和草原科学院研究员）

姜德志（湖北省林业科学研究院研究员）

朱恒星（重庆市林业科学研究院高级工程师）

李勇杰（云南省林业和草原科学院研究员）

第六章：油橄榄产业发展的对策措施

邓　煜（中国油橄榄产业协同创新平台秘书长、研究员）

张　军（甘肃省陇南市林业和草原局科长）

第七章：油橄榄产业联合组织及典型企业案例

肖星星（四川省油橄榄促进会秘书长）

周立江（四川省油橄榄促进会会长）

肖　剑（四川省油橄榄促进会副会长）

数据统计：

全国汇总：邓　煜　海光辉　梁　芳

甘　肃　省：赵海云　张　军　路丽娟　邓冠亭

四　川　省：肖星星　周立江　肖　剑

云　南　省：宁德鲁　李勇杰

重　庆　市：朱恒星

湖　北　省：姜德志

本书是集体智慧的结晶，在各省市数据调查统计中得到了甘肃、四川、云南、重庆、湖北等省市各级领导、专家和企业家的大力支持；在修改过程中俞宁博士、首席专家邓明全、资深专家李聚桢、首席研究员薛雅琳和中国科学院兰州分院化学物理研究所邸多隆团队黄新异研究员、裴栋研究员提供了补充资料，为完善本书作出了重要贡献，在此向蓝皮书统筹规划、篇章写作和参与评审的专家们表示感谢!本书由编委会主任刘永富审核。正是由于大家的辛勤努力和付出，保证了该书能够顺利出版。此外，中国出版集团及研究出版社也对本书给予了高度的重视和热情的支持，在时间紧、任务重、要求高的情况下，为本书的出版付出了大量的精力和心血，在此一并表示衷心的谢意！

本书是我国第一本论述油橄榄产业发展的蓝皮书，由于我们对编写蓝皮书经验不足，在时间紧、任务重的情况下资料收集、数据统计和编写工作难度很大。虽然我们编写组全体成员尽了很大的努力，但由于种种原因，书中仍然存在一些不足和有待改进完善的地方，真诚欢迎专家学者和广大读者批评指正。

本书编写组

2023年6月